RENLI ZIYUAN
GUANLI JIAOCHENG

人力资源管理教程

（第二版）

袁 蔚　杨加陆
方青云　孙 慧　主

 復旦大學 出版社

前　言

　　人力资源管理与生产管理、营销管理、财务管理等一样,是企业管理的基本职能之一,在工商管理专业教学及管理实践中占有举足轻重的地位。如何把员工作为一种特殊的资源加以开发利用,如何真正调动员工工作的积极性与主动性,是现代人力资源管理的核心任务,也是企业管理人员的首要职责。尤其是企业的管理层必须认识到:组织的成功越来越取决于该组织管理人力资源的能力。正如惠普总裁维斯·普莱特所说:"21世纪的成功企业,是那些尽力开发、储藏并平衡员工知识的组织。"

　　本书重点介绍了人力资源管理的基本原理和方法,以人力资源管理的主要职能为主线进行内容的编写。全书分为九章,第一章导论主要介绍人力资源管理的基本概念和基本理论;第二章工作分析和第三章人力资源规划是人力资源管理工作的基础,第四～第九章是人力资源管理的重要活动过程,主要包括人力资源的招聘、培训、职业生涯管理、绩效考核、薪酬管理以及劳动关系等内容。

　　本书是复旦大学出版社《人力资源管理教程》(2010年版)的修订版,注重人力资源管理的原理、方法和实务的结合。根据章节内容的需要,补充了"阅读材料、管理故事、小案例思考"等栏目,并增加了人力资源管理方法运用的示例,使抽象的人力资源管理知识变得更加直观、具体和生动,在方便读者理解的同时,也增加了其阅读的趣味性。在每章结束后,设计了"综合案例分析、实践运用"等项目任务,以期提高学习者的应用能力,达到学以致用的目的。适合于高等院校的经济管理类专业的教学使用,也可以供企业人力资源管理的专业人员、各级管理人员以及将来有志于从事人力资源管理的人士学习参考之用。

　　本书是集体合作的成果。孙慧教授负责编写大纲及各章结构框架,并对全书进行审阅和修改。编写小组成员及分工如下:孙慧编写第一章、第九章;杨家陆编写第二章、第三章、第四章;方青云编写第五章、第六章;袁蔚编写第七章、第八章。

在本次教材修订过程中,我们参阅了国内外大量不同时期、不同来源的文献资料,也参考了大量的网页资料,获得很多宝贵的思想和启示,在此谨向原作者和出版社致以诚挚的感谢。还要感谢南京信息工程大学程柯老师在文字校对与润色方面所做的辛苦工作。最后,向复旦大学出版社李华博士、谢同君编辑及其同事们的敬业态度和专业精神致以真挚的谢意和敬意。

在编写教材过程中,尽管我们对所参阅的资料已在参考文献部分尽可能地列出,但百密难免有疏,遗漏之处请及时和我们联系,以便修订。同时,对于本教材中可能存在的不足和错误之处,亦请读者不吝批评、指正。

为了方便读者学习,我们会提供配套的 PPT 和习题,如有需要,可以发邮件到:sunh.hi@163.com。

编　者
2018 年 8 月于上海

目 录

第一章　导论 ············ 1
　　第一节　人力资源与人力资源管理的基本概念 ············ 1
　　第二节　人力资源管理的理论基础 ············ 15
　　第三节　人力资源战略 ············ 33

第二章　工作分析 ············ 45
　　第一节　工作分析概述 ············ 45
　　第二节　工作分析的方法 ············ 61
　　第三节　编写工作说明书和工作规范 ············ 73

第三章　人力资源规划 ············ 87
　　第一节　人力资源规划概述 ············ 87
　　第二节　人力资源的预测与供需平衡 ············ 99
　　第三节　人力资源规划的编制 ············ 116

第四章　招聘 ············ 124
　　第一节　招聘概述 ············ 124
　　第二节　招募 ············ 130
　　第三节　甄选和录用 ············ 145

第五章　培训 ············ 166
　　第一节　培训概述 ············ 166
　　第二节　培训的流程 ············ 174

第三节　培训的方法 …………………………………………… 187

第六章　职业生涯管理 …………………………………………… 199
　　第一节　职业生涯管理概述 …………………………………… 200
　　第二节　职业生涯理论 ………………………………………… 204
　　第三节　职业生涯规划与管理 ………………………………… 214

第七章　绩效考核 ………………………………………………… 232
　　第一节　绩效考核概述 ………………………………………… 232
　　第二节　绩效考核指标体系设计 ……………………………… 244
　　第三节　绩效考核方法 ………………………………………… 253

第八章　薪酬设计与管理 ………………………………………… 264
　　第一节　薪酬概述 ……………………………………………… 264
　　第二节　薪酬体系设计 ………………………………………… 273
　　第三节　薪酬管理 ……………………………………………… 298

第九章　劳动关系 ………………………………………………… 310
　　第一节　劳动关系概述 ………………………………………… 311
　　第二节　劳动合同 ……………………………………………… 319
　　第三节　劳动安全与健康 ……………………………………… 330
　　第四节　劳动争议处理 ………………………………………… 336

参考文献 …………………………………………………………… 346

第一章　导　论

企业的资源包括很多,但真正的资源只有一项,就是人力资源。企业都是通过使人力资源更有活力来执行其工作。

——彼得·德鲁克

汉高祖刘邦在平定天下后总结自己成功经验时曾说:"夫运筹策帷帐之中,决胜于千里之外,吾不如子房;镇国家,抚百姓,给馈饷,不绝粮道,吾不如萧何;连百万之军,战必胜,攻必取,吾不如韩信。此三者,皆人杰也,吾能用之,此吾所以取天下也。"足见人才的重要性。人力资源是现代企业的第一资源,如何有效招聘、配置、激励、开发和维护企业人力资源,"于千万人之中,遇见你所遇见的人",发挥人力资源的互补、协同效应,为企业在激烈的市场竞争中谋取竞争优势,成就财富霸业,无疑是现代企业人力资源管理的宏旨与任务。

第一节　人力资源与人力资源管理的基本概念

经济学上资源是指为了创造财富而投入到生产活动中的一切要素,可将资源划分为人力资源、经济资源、物质资源、信息资源四大类资源。其中,人力资源是生产活动中最活跃的因素,是最重要的资源。马克思指出,劳动力作为一种特殊的商品,不仅可以创造出价值,而且可以创造出比自身价值更大的价值。当代经济学家也认为,土地、厂房、机器、资金等已经不再是国家、地区和企业致富的源泉,只有人力资源才是企业和国家发展之根本。由此可以看出:人力资源管理对企业管理是具有重要意义的,它是企业发展的动力源泉,是企业可持续发展的根本保障。

一、人力资源的含义与特征

(一)人力资源的含义

"人力资源"这一概念最早由彼得·德鲁克在1954年出版的《管理实践》一书中提出的。

 **人力资源**

> 人力资源是指在一定范围内能够为社会创造物质财富或精神财富、具有体力劳动或脑力劳动能力的人口的总和。

与人力资源概念接近的还有人口资源、人才资源。人口资源是指一个国家或地区所拥有的人口总量;人才资源是指一个国家或地区中具有较多科学知识、较强劳动技能,在价值创造过程中起关键或重要作用的那部分人,人才资源是人力资源的一部分。这三个概念之间存在包含关系:人口资源体现出人口总量特点,是形成人力资源的基础;人口资源中具有体力劳动或脑力劳动能力、能为社会创造财富的那部分才是人力资源;而人才资源是人力资源中劳动质量高、创造财富能力强的那部分。本教材对这三个概念不做严格区分,三者之间的关系见图1-1。

对人力资源的概念,需要从以下几个方面来把握。

(1)人力资源是个时空的概念。定义中的"一定范围"既可以指一个国家或一个地区,也可以指一家企业、学校、医院或其他组织。因此,从宏观角度来看,人力资源是指一个国家或地区所有具有一定劳动能力的人口的总和;从微观角度来看,人力资源是企业等组织雇佣的具有

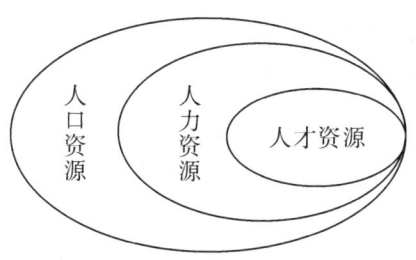

图1-1 人口资源、人力资源、人才资源的关系

劳动能力的全部员工的总和。

（2）人力资源的实质就是人所具有的进行物质财富或精神财富生产的能力，它包含体能和智能两个基本方面。体能即对劳动负荷的承载力和劳动过后迅速消除疲劳的能力，以及对工作或事物的心理承载力和平衡能力。它表现为人的身体素质，如力量、速度、耐力、反应力等；还表现为人的心理素质，如心理承受力、克服心理障碍、寻求心理平衡的能力等。智能包含智力、知识和技能三方面，智力是指人类具备的认识事物、运用知识解决问题的能力，包括观察力、理解力、思维判断力等；知识是指人类具备的从事社会生产和社会生活实践活动的经验和理论；技能是指人们在智力、知识的支配和指导下，运用生产资料生产物质财富和精神财富的能力。

（3）人力资源表现为具有劳动能力的人口的总和。此处所讲的劳动能力不仅包括体力劳动能力，还包括脑力劳动能力，这是人类所独具的，是以人体为其存在的载体。因此，现实生活中，人力资源表现为具有劳动能力的人口的总和。

 阅读资料1-1

中国人口新红利正在形成

人口红利指的是一个国家劳动年龄人口占总人口比重较大、人口抚养比较低的现象。存在人口红利的国家或地区的居民储蓄率较高,可以促进高投资,保持较高经济增长率。因此,衡量人口红利常用的指标是劳动年龄人口占比重、老龄化率和人口抚养比。国家统计局的数据显示,我国2014年15周岁以上至65周岁以下的劳动年龄人口占总人口的比重为73.4%,比上年减少113万人;2015年我国劳动年龄人口进一步下降,占总人口的比重为73%,比上年减少108万。从2011年起,我国人口抚养比开始逐步上升,说明我国面临人口红利消减和老龄化加速的双重压力。有些人据此认为,人口红利的消失将大大削弱未来中国经济增长潜力。

然而,只从人口数量的角度来看人口红利是片面的,我们需要用"人口新红利"的观点来看待人口对经济增长的贡献。人口新红利是指受劳动力素质提升、劳动年限延长和就业结构优化等因素影响,劳动参与率和劳动生产率大幅提高,经济结构得以优化升级,从而使一个国家或地区实现更高质量的经济增长。

从实际情况看,我国形成人口新红利的潜力巨大。一方面,虽然我国劳动年龄人口基数很大,但劳动力素质相对不高,提高劳动力素质还有较大空间。根据国家统计局抽样调查结果显示,2015年全国农民工总量超过2.77亿人,占全国就业人员比例高达35.8%,但其中只有25.2%的人具有高中及以上学历,受过高等教育的比例更低。另一方面,虽然我国老龄化趋势在加剧,但人口平均寿命也在不断增加。目前,我国人口预期寿命已经达到75岁,绝大多数劳动者在60岁时还具有完全劳动能力。未来我国人口平均预期寿命还会进一步提高。我国现行的退休政策是新中国成立初期确定的,已经几十年未变,导致劳动年龄人口过早退出劳动力市场。如果能够适当延长退休年龄,继续发挥60岁以上人才的优势,将会获得更多的劳动力供应。

资料来源:根据人民日报(2017年4月27日)资料改编。

(二) 人力资源的特点

人力资源是进行社会生产最基本、最重要的资源，与其他资源相比较，它具有如下特点。

1. 人力资源具有能动性

能动性是人力资源的首要特征，是人力资源与其他一切资源最根本的区别所在。自然资源、物质资源及财力资源等资源在其被开发过程中完全处于被动的地位，而人力资源的开发与利用，是通过拥有者自身的活动来完成的，具有能动性。这种能动性主要表现在三个方面：一是人的自我强化，即人通过学习能够提高自身的素质和能力；二是选择职业，人力资源通过市场来调节，选择职业是人力资源主动与其他资源结合的过程；三是积极劳动，这是人力资源能动性的主要方面，也是人力资源发挥潜能的决定性因素。人具有思想、感情，具有主观能动性，能够有目的、有意识地认识和改造客观世界。在改造客观世界的过程中，人能有意识地对所采取的行为、手段及结果进行分析、判断和预测。由于人具有社会意识和在社会生产过程中所处的主体地位，使得人具有了能动作用。因此衡量人力资源开发程度如何，就看开发者对人力资源能动性发挥得如何。

2. 人力资源具有资本性

人力资源作为一种经济性资源，它具有资本属性，与一般的物质资本有共同之处。人力资源的资本属性主要表现为两个方面：

（1）人力资源是个人、企业和社会等投资的产物，其质量高低主要取决于投资的程度。因为人作为一种原生性资源，其能力不可能是先天就有、与生俱来的，是通过后天的学习而获得的。为了形成能力，人必须接受教育和培训，必须投入资金和时间。而且，为了维持人力资源形成后的能力，同样需要一定资金和时间的投入。

（2）人力资源在一定时期内可能源源不断地带来收益，它一旦形成，便能够在适当的时期内为投资者带来收益。

3. 人力资源具有内耗性

自然资源是数量越多越好，形成一定规模后，作用越来越大。矿藏储量越大越有开发价值，资金越多越有投资效益。然而，人力资源却不一定越多越能产生效益,关键在于我们怎样去开发和利用。常言道,一个和尚挑水喝,两个和尚抬水喝,三个和尚没水喝。也就是说,倘若不能科学合理地开发和利用各类人力资源,它们之间就会出现内耗现象。

4. 人力资源的开发具有持续性

作为自然资源与物质资源,一般只有一次、二次开发,形成产品使用之后,通常便不能再继续开发了。但人力资源则不同,使用后还能继续开发,使用的过程也是开发的过程,可以连续不断地开发与发展。人在工作以后,可以通过持续的学习更新知识,提高技能;再者,通过工作,可以积累经验,充实提高。所以,人力资源能够实现自我补偿,自我更新,自我丰富,持续开发。这就要求人力资源的开发与管理要注重终身学习与教育,加强后期培训与开发,不断提高其知识水平与技能。

5. 人力资源的使用具有时效性

人力资源存在于人的生命之中,它是一种具有生命的资源,其开发和利用都会受到时间方面的限制。从个体角度看,作为生物有机体的人,有其生命周期,如果人力资源得不到及时与适当的利用,个体所拥有的能力就会随着时间的流逝而降低甚至丧失。而作为人力资源,人能够从事劳动的自然时间又被限定在其生命周期的中间一段,即青壮年期;在不同年龄阶段,能从事劳动的能力不尽相同。从社会角度看,人力资源的开发和使用也有培养期、成长期、成熟期和老化期。

6. 人力资源具有互补性、协同性

现代企业由不同岗位或不同职能部门构成。企业内部的分工客观上要求企业不同部门、不同员工工作职能必须具备互补性、协同性。人力资源的互补性体现在岗位职责互补、能力互补、气质互补、年龄互补等方面。"君子用人如器,各取所长",不同员工通过发挥自己的比较优势,扬长避短,密切配合,通过互补、协同产生的合力比单个员工的能力简单相加要大得多,形成"1+1>2"效应。

第一章 导　论　　7

 管理故事 1-1

为什么庙宇进门都是弥勒佛而背后却是韦陀？

去过佛教寺庙里的人都知道，一进寺庙大门，正面首先供奉的是弥陀佛，笑脸迎客，而在他的背面，则是满脸威仪拿着金刚杵的韦陀。但是相传在很久以前，弥勒佛和韦陀其实并不在一个庙里，而是分别掌管不同的庙宇。在弥勒佛掌管的庙里，因为弥陀佛热情快乐，大肚能容天下之事，所以来的人非常多，但弥勒佛什么都不在乎，不善于理财，虽然人很多，但依然入不敷出。与此相反，韦陀虽然管账是一把好手，但因为过于严肃，成天阴着个脸，来韦陀掌管的寺庙的人越来越少，最后连香火几乎都断绝了。

佛祖在查看香火的时候发现了这个问题，于是就把弥勒佛和韦陀放在同一个庙里，而且做了分工。由弥陀佛负责公关，坐在大门口，笑迎八方，于是香火大旺。而韦陀铁面无私，一丝不苟，则让他负责财务和面对庙内负责管理寺庙的纪律，严格把关。在两人的分工合作下，庙里一派欣欣向荣的景象。

资料来源：根据360doc网页资料改编。

请思考：

这则神话故事对于人力资源管理有哪些启示？试结合人力资源特点进行分析。

二、人力资源管理的含义与内容

（一）人力资源管理的含义

1954年德鲁克提出人力资源概念后，1958年社会学家怀特·巴克（E. W. Bakke）将人力资源管理（human resource management，HRM）视为企业的一种普通的管理职能，从而第一次提出了人力资源管理的概念。其后，众多学者从人力资源管理的目的、过程、主体等方面阐释了此概念。

基本概念　　人力资源管理

> 人力资源管理是指在人力资源战略的指导下,运用科学的方法,以人力资源规划和工作分析为基础,对组织所需的人力资源进行招聘、培训与开发,对员工的绩效、薪酬以及劳动关系等环节进行管理,实现人力资源的合理配置,最终实现组织目标和员工价值的过程。

人力资源管理的概念框架见图1-2,本书内容就是按照此框架展开。

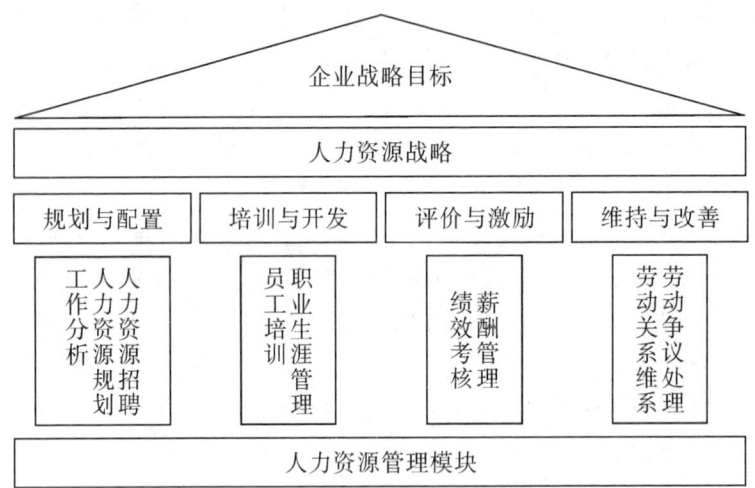

图1-2　人力资源管理基本框架

与现代人力资源管理相比,传统的人事管理可谓是现代人力资源管理的"基础阶段"。与传统人事管理相比,现代人力资源管理特点主要表现为:

(1)体现了"人本管理"的思想。人力资源管理把人看作是一种"资源",而且是最重要的、最宝贵的"第一资源",强调以人为中心,对人的心理、意识进行动态的开发和调节,注重的是产出和开发。传统人事管理则把人看作是一种"工具",以事为中心,强调控制与管理人,注重的是投入、使用和控制。

（2）体现了"系统性"的观点。人力资源管理将企业内部的人力资源系统地加以规划，制定适当的选拔、培养、任用、调配、激励等政策，以便最大限度地发挥人力资源的效用。而传统人事管理则使选拔、培训、任用等各项工作自成体系，互不干涉，使人力资源难以得到有效利用。

（3）人力资源管理部门具有决策的职能。现代人力资源管理将人力资源管理部门看作具有战略性的决策部门，是企业的生产效益部门，是使企业获取竞争优势的部门。传统人事管理则把人事管理部门视为非生产、非效益部门，属于执行层部门。

（4）强调人与环境的协调发展。现代人力资源管理重视人与事、人与环境的协调。传统人事管理则忽视人与环境间的协调和配合。

 管理故事1-2

林肯巧用酒鬼

1864年，当林肯总统任命格兰特将军为陆军总司令时，有人来密告说，格兰特嗜酒如命，难当大任。林肯却不以为然，回应说，"假如我知道他喜欢什么酒，我会送他几桶。"当然，林肯总统不是不知道酗酒贪杯可能误事，但他更清楚在北军诸多将领中，只有格兰特能够运筹帷幄、决胜千里，在关键时刻能够保持头脑清醒。历史表明，格兰特将军临危受命，正是南北战争胜负的转折点。内战结束之后，格兰特将军挟着战争英雄的光环，积极参与政治，于1868年代表共和党参加总统选举，并以绝对优势当选美国总统（连任两届）。

资料来源：根据和讯网资料改编。

请思考：

林肯的用人哲学对人力资源管理有何启示？

(二) 人力资源管理活动的内容

1. 工作分析

为了实现企业的战略目标,人力资源管理部门要根据企业结构确定各职务说明书与员工素质要求,并结合企业、员工及工作的要求,为员工设计激励性的工作。工作分析是收集、分析和整理关于工作信息的一个系统性程序。工作分析的信息被用来规划和协调几乎所有的人力资源活动,如决定员工的挑选标准,制定培训方案,确定绩效评估标准等。

2. 人力资源规划

根据企业的发展战略和经营计划,评估企业的人力资源现状及发展趋势,收集和分析人力资源供给和需求方面的信息和资料,利用科学的方法预测人力资源供给和需求的发展趋势,制定人力资源招聘、调配、培训及发展计划等必要的政策和措施,以使人力资源的供求得到平衡,保证企业目标的实现。

3. 员工招聘

根据人力资源的规划或供需计划而开展的招聘与选拔、录用与配置等工作是人力资源管理的重要活动之一。要完成企业的目标,企业用招聘来定位和吸引申请具体职位的人,可能从内部或外部招聘候选人。招聘的目标在于迅速地、合法地和有效地找到企业所需的合适求职者。在这过程中,需要采用科学的方法和手段对所需要的人员进行评估和选择。

4. 员工培训

培训和开发是训练员工的过程。它主要是根据不同员工的技术水平和素质差异采用不同的训练方式和训练内容,提供他们完成任务所需要的知识、技术、能力和工作态度,进一步开发员工的潜能,帮助他们胜任现任工作和将来的职务。培训与开发的主要目的在于通过提高员工们的知识和技能水平去改进企业的绩效。

5. 职业生涯管理

人力资源管理部门和管理人员有责任鼓励和关心员工的个人发展,帮助其制定个人发展计划,并及时进行监督和考察。这样做有利于促进企业的发展,使员工有归属感,进而激发其工作积极性和创造性,提高企业绩效。人力资源管理部门在帮助员工制定其个人发展计划时,有必要考虑它与企业发展计划的协调一致性。

6. 绩效考核

企业通过绩效考核工作衡量其员工的工作绩效,并把这些评价传达给他们。其目的在于激励员工们继续恰当的行为并改正不恰当的行为。绩效评价结果可以给管理部门提供有关决策的依据,如晋级、降级、解职和提薪等。

7. 薪酬管理

科学合理的工资报酬福利体系关系到企业中员工队伍的稳定与发展。人力资源管理部门要从员工的资历、职级、岗位及实际表现和工作业绩等方面,来为员工制定相应的、具有吸引力的工资报酬福利标准和制度。员工福利是社会和企业保障的一部分,是工资报酬的补充或延续。员工福利的范围包括医疗保险、失业保险、带薪休假、文体活动、良好的工作条件等。

8. 劳动关系

劳动关系是劳动者与用人组织在劳动过程和经济活动中发生的关系。一个组织的劳动关系是否健康和融洽,直接关系到人力资源管理与开发活动能否有效开展,直接关系到组织的人力资源能否正常发挥作用。企业应依法实施各种劳动保护制度,确保劳动过程中的员工安全和身心健康,避免工作场所的各种有害因素对劳动者的伤害,维持员工的劳动能力水平。

阅读资料1-2

大数据助力人力资源管理

大数据是以容量大、类型多、存取速度快、应用价值高为主要特点的数据集合,具有抓取力强、刷新及时的神通力量,本质是用来洞察关系、需求和趋势，是人类认识新世界的工具。所谓大数据促进人力资源管理升级，就是向精细化、及时化、人性化、智能化方向转型升级。大数据人力资源管理大致可从以下7个环节来理解：

1. 大数据育人。基于互联网、大数据、云计算的人才培育，能够大大提升人才培育的质量和效率，而且人们可以在任何时间、任何地点、随时进行学习活动。大数据育人，可以利用云课本、云学堂、云考试等。北京大学通过基于互联网与大数据的慕课，使北大对社会人才的培养贡献翻了一番，两千多年前孔子所讲的"有教无类"，到了今天才有可能真正得以实现。

2. 大数据招聘。以往由于缺少对招聘对象的准确描述，对合适的人选到底是谁很难把握；再加上不公开透明，很容易产生不公平、不公正的招聘，乃至于"萝卜招聘"。在大数据方法的支持下，国外已经改进了这一过程，明显提升招聘质量。招聘者可以从各个维度给出求职者一个分值，如职业背景、专业影响力、能力状况、性格特征、职业倾向等，这样的好处在于，以数据作为衡量人才的前提，以模型作为评价人才的标准，能够迅速有效地进行筛选，保证招聘质量。

3. 大数据管人。大数据管人能做到精细而准确。企业员工的日常管理，比如考勤状况、勤奋状况，都可以借助大数据进行。

4. 大数据用人。每家企业都会产生大量的数据踪迹，通过分析员工之间的数据沟通，不仅能够了解员工的个人表现，还可以掌握员工的合作状况，从而能够采取有效措施，提高企业内团队的合作效率，甚至在团队组成之前就能预测出队员间的合作情况以及可能出现的问题，让公司长期获益。

5. 大数据考核。考核是人力资源管理的重要环节。在大数据思想的指导下，组织可以通过软件记录员工每天的工作量、具体工作内容、工作业绩，然后使用云计算处理、分析这些数据，了解到员工的工作态度、忠诚度、进取心等等，为员工的绩效考核提供依据。

6. 大数据薪酬。为了获得国内外同行之间的竞争力,需要参考大数据提供的数据来调控企业薪酬水准,使用云计算技术,能够快速解决此类问题。

7. 大数据评测。大数据能够评测人才,这是一个新的思路。在大数据时代来到之前,没有人能把一个人的"社会关系综合"搞清楚,但如今社会上已经出现"搜索引擎",信息仓库里的信息越来越多,不良分子难以遁形藏身,而优秀的人才也能依次进行挖掘,因此大数据方法是人才测评和研究的利器。

资料来源:根据360doc网页资料改编。

请思考:

大数据时代人力资源管理与传统相比,有哪些相同与不同之处?

三、人力资源管理的目标

人力资源管理的首要目标是实现人力资源的合理配置,即所有的人力资源管理活动都是围绕如何创造和维持员工与工作岗位的匹配而展开的。通过人力资源的合理配置,挖掘员工的潜能,调动其积极性,进而实现组织的目标和员工的价值。具体包含以下几方面的内涵(图1-3):

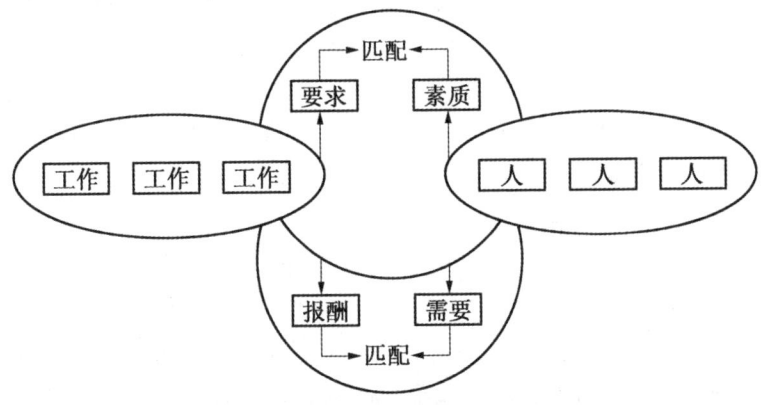

图1-3 人力资源管理的目标

（1）人-事匹配。即人的素质与工作要求相匹配,事得其人,人适其事,人尽其才。

（2）人-物匹配。即人的需求与工作报酬的匹配,人的能力与劳动工具和物质条件的匹配,使得酬适其需,人尽其才,物尽其用,激励绩效。

（3）人-人匹配。即要求人与人合理搭配,协调合作,以增进合作,最大地发挥员工主观能动性,提高工作效率。

 管理故事1-3

猴子的生存实验

加利福尼亚大学的学者曾做过这样一个实验:把6只猴子分别关在3间空房子里,每间两只,房子里分别放置一定数量的食物,但放的位置高度不一样。第一间房子的食物放在地上,第二间房子的食物分别多次从易到难悬挂在不同高度上,第三间房子的食物悬挂在屋顶。数日后,他们发现第一间房子的猴子一死一伤,第三间房子的两只猴子死了,只有第二间房子的两只猴子活得好好的。

原来,第一间房子里的猴子一进房子就看到了地上的食物,为了争夺唾手可得的食物大动干戈,结果一死一伤。第三间房子的猴子虽做了努力,但因食物太高,够不着,活活饿死了。只有第二间房子的两只猴子先按各自的本事取食,最后随着悬挂食物高度的增加,一只猴子托起另一只猴子跳起取食。这样,每天依旧取得足够的食物。

由猴子的生存实验可以感悟人力资源管理之道:岗位难度过低,人人能干,体现不出能力与水平,反倒促进内耗甚至残杀,如同第一间房子里的两只猴子;而岗位的难度太大,虽努力却不能及,最后人才也被埋没抹杀,就像第三间房子里的两只猴子;只有岗位难易适当,并循序渐进,犹如第二间房子里的食物,才能真正体验出人的能力与水平,发挥人的能动性和智慧。如何实现人力资源的最佳组合是人力资源管理永恒的命题。

资料来源:根据百度文库资料改编。

请思考:

猴子生存实验对人力资源管理中定人或定岗安排有哪些启示?

第二节 人力资源管理的理论基础

人力资源管理作为一门应用性较强的学科,建立在丰富的、扎实的理论基础之上,其理论基础主要包括人性假设理论、人本管理理论和激励理论三大类,每一类理论又由不同的假说或流派组成。

一、人性假设理论

美国学者埃德加·H·薛恩(E. H. Schein)1965年在其著述的《组织心理学》一书中将此前学者们关于人性假设的研究成果归纳为"经济人假设""社会人假设"和"自我实现人假设",并提出了自己的人性假设观点"复杂人假设"。由于薛恩较为深入地把握了人性假设的内涵,看到了人性假设的根本特点及各种人性假设观点的相互区别,因此,他对人性假设类型的划分被人们广泛接受。

(一)"经济人"假设

"经济人"假设又称"实利人"假设或"唯利人"假设,该理论认为员工受经济性刺激物的刺激而工作,只要能获得最大经济利益,他就会干任何工作。由于组织控制经济性刺激物,因此,员工在本质上总是被动地在组织的操纵、驱使和控制下工作。人的感情是非理性的,必须对其进行防范,免得其干扰员工对自己利益的理性权衡。

由此可见,对具有"经济人"特性的员工的管理一方面要靠金钱的收买与刺激;另一方面要靠严密的控制、监督和惩罚,迫使其为企业目标努力,即所谓的胡萝卜加大棒的方法。

(二)"社会人"假设

"社会人"假设又称"社交人"假设,是由梅奥等人在霍桑实验的基础上提出来的。该理论认为,社交需要是人类行为的基本动机,员工要求与同事之间建立良好的人际关系,以获得基本的认同感。因为从工业革命开始并延续下来的机械化,导致工作单调进而丧失了许多的内在意义,所以必须从工作的社会关系中找回工作的意义;同正式组织中管理部门所采用的奖酬及控制等手段相比,非正式组织中员工与同级同事组成的社会交往关系,对员工有着更大的影响力。

"社会人"假设使得越来越多的管理学家和企业管理者认识到,员工生产积极性的发挥和工作效率的提高,不仅受物质因素的影响,更重要的是受社会和心理因素的影响。于是,管理者不再只把目光局限在完成任务上,不再采取层层控制式的管理,转而注重尊重人、关心人、体贴人、满足人的需求,建立相互了解、团结融洽的人际关系和友好感情,重视非正式组织的存在,鼓励上下级的意见沟通,以消除不满和争端。

(三)"自我实现人"假设

"自我实现"是指每个人都有发挥自己的潜力、表现自己的才能的需要,只有自己的才能表现出来,才可以得到最大的满足。人的需要有多种,从低级到高级可分为多个层次,从最基本的需要出发,依次为生理需要、安全需要、社会归属需要、尊重需要和自我实现的需要。当人们的最基本的需要得到满足后,会转向满足较高层次的需要,人们会寻求工作中的意义和任务完成的满足感;个人总是在工作中追求成熟并且能日渐成熟,他们培养自己的能力和技术,并以较大的灵活性去适应环境;员工能够自我激励和自我控制,自我目标的实现会提高组织绩效,个人目标与组织目标并不冲突,在合适的条件下,员工会自愿地调整个人目标以配合组织的目标。

此时的管理者已不是指挥者或监督者,而是起辅助者的作用,以便给员工以支持和帮助。管理者的主要任务是创造一个使人得以发挥才能的工作环境,发挥出员工的潜力,并使员工在为实现企业的目标贡献力量时,也能达到自己的目标。对员工的激励主要来自于工作本身,让其承担富有挑战的工作和更多的责任,给予员工更多的自主权,允许其参与管理和决策,满足自我实现的需要,从而激发员工的积极性。

(四)"复杂人"假设

薛恩认为:"人们的需要与潜在欲望是多种多样的,而且这些需要的模式也是随着年龄与发展阶段的变迁,随着所扮演的角色的变化,随着所处境遇及人际关系的演变而不断变化的。"据此,他提出了复杂人假设,其要点是:人的需要是多种多样的,这些需要会随着人的发展和环境条件的变化而不断变化;而且由于人的工作性质不同、社会地位不同、能力不同、与周围人的关系不同,其需要与动机模式也不同。

薛恩认为,前三种假设在某种程度上是正确的,它们都为"认识组织是怎样发挥其功能以及怎样管理组织等问题,提供了某种见解",但过于简单化和一般化;而"复杂人"假设则充分考虑了人性、工作性质和组织情境等因素,进而提出了权变的观点,认为不存在一种适合于任何时代和任何人的通用的管理方式与管理策略,必须根据不同员工的不同需要和不同情况予以相应的调整。

 小案例 1-1

海底捞如何进行员工管理?

说到海底捞,你肯定会联想到它贴心的服务,网上也盛传"海底捞服务有毒"的说法。海底捞员工不仅要提供正常的客户服务,还要额外提供"哄客人开心"等特色服务。在给员工额外"加活"的情形下,员工依然很少离职,据说3年离职的员工不超过100人,他们是怎么做到的呢?究竟怎样才能留住人才?海底捞是如何进行员工管理的?

1. 待遇

待遇不仅仅是钱的问题。餐饮行业大多包吃包住,但很多餐饮企业服务员住的是地下室,吃的是店里简单的员工餐。海底捞的宿舍一定是有物业管理的小区,虽然挤一点,但是档次是高的。房间还有电脑、wifi。海底捞的服务员不用自己洗衣服,有阿姨洗;吃饭也不在店里,由阿姨做菜。

有人说海底捞培训好,先培训标准再上岗。海底捞的新员工培训除了岗位技能之外,还包括如何使用 ATM 机,包括如何乘坐地铁:买卡、充值等。他们的培训是在帮助多数是农民的员工,如何尽快去融入一个城市。

2. 授权

海底捞的核心是授权,这是其企业文化的一大核心。海底捞的服务员有权给任何一桌客人免单。大家要注意:是服务员不是经理,是免单也不是免一两个菜品。送菜、送东西之类的就更别提了。可以输入关键词"人类已经不能阻止海底捞了"查一下,网上相关的段子很多。

其中有一个段子很有意思。杨小丽是跟着老板张勇打天下的第一人,也是海底捞的第一副总。当年海底捞走出简阳的第一站是西安,店长就是杨小丽。有一天,杨小丽给张勇打来电话,兴奋地说:"张哥,我们有车了。"张勇问:"什么车?"杨小丽说:"一辆小面包车,刚买的。"张勇当时就傻了,一家刚刚异地开分店的小火锅店,店长买了一辆车,竟然没跟老板请示。张勇却也完全没怪罪她,后来,这也就成了海底捞的文化。

3. 真诚

海底捞真是一个奇怪的企业。作为餐饮行业最常考核的指标(KPI),比如利润、利润率、单客消费额、营业额、翻台率,这些都不考核。张勇说,我不想因为考核利润导致给客人吃的西瓜不甜、擦手的毛巾有破洞、卫生间的拖把没毛了还继续用。

那么他们考核什么?考核客户满意度、员工积极性、干部培养。这三个指标,作为一个做了很多年管理工作的人,我实在想不出他们是如何解决内部公平问题的。但是我知道,今天你看到的海底捞员工真诚的微笑,就来自于这里。海底捞不考核翻台率,但是海底捞的员工比谁都重视翻台率。回到开头的那句话,企业文化才是魂,所有的利润和翻台率,都是附加的、随之而来的、不重要的。

4. 尊重

尊重不仅仅来自待遇,不仅仅是让员工吃得好,住得好,而是尊重员工的每一个想法。现在被诸多火锅店抄袭的眼镜布、头绳、塑料手机套,这样的一个个的想法,都是出自一些没有什么文化的服务生。而且,这一个个点子,就很快复制到了每一家店面。

海底捞刚进北京的时候,租的第一个店面就被骗了,整整300万,这是老板张勇账上所有的现金,当时负责的主管经理急得好几天吃不下饭。张勇也不敢给他打电话。后来听说主管经理要找黑社会解决这个骗子,他才给主管经理打了电话。张勇说,你们就值300万?干点正经事吧,别冒着犯法的风险去帮公司追钱!张勇说,他心疼被骗的钱,但是不怨员工,将心比心,是他自己去办,也可能会受骗。对于一个职业人,遇到高薪,遇到高职位,都不稀奇,难得的是遇到老板的理解和尊重。

海底捞的待遇、授权、真诚、尊重、承诺,说到底就是对员工的信任,发自心底地的信任,自上而下的信任。

资料来源:根据搜狐网页资料改编。

请思考:
请运用人性理论分析海底捞员工管理的方法及启示?

二、人本管理理论

(一) 人本管理的含义

人本管理是20世纪80年代以来风靡全球的一种管理理念,它的兴起与繁盛表明了管理学与伦理学的融合趋势,人本管理理论是对人性理论的进一步发展。关于人本管理的含义有着多种不同的说法和意见,较为全面的一种解释是:人本管理是一种把"人"作为管理活动的核心和组织最重要的资源,把组织全体成员作为管理的主体,围绕着如何充分利用和开发组织的人力资源,服务于组织内外的利益相关者,从而同时实现组织目标和组织成员个人目标的管理理论和管理实践活动的总称。人本管理的核心价值观是以人为本,即尊重人、关心人、激发人的热情,满足人的合理需要。企业只是满足人的需要的一种工具,它以满足人的需要为终极目标,保证人的幸福和自由全面的发展。

(二) 人本管理的原则

人本管理的原则是以人为本管理过程中应遵循的基本准则,它涉及以人为本管理的基本方式选择以及以人为本管理的核心与重点。

1. 个性化发展原则

个性化发展的准则要求组织在成员的岗位安排、教育培训,在组织的工作环境设计、文化氛围塑造、资源配置过程等诸多方面均以是否有利于当事人按他本意、按其特性潜质发挥以及长远的发展来考虑,绝不是简单地处置,绝不是仅仅从组织功利性目标出发。

2. 引导性管理原则

引导性管理准则在组织运作中要求组织中的所有成员放弃由岗位带来的特权,平等友好地互相建议、互相协调,使组织成员凝聚在一起,共同努力完成组织最终的目标,在此过程中谋求各自的个性化发展。事实上自我管理就是个性化发展的一个条件,同时也是它的一个结果。

3. 人与组织共同成长原则

组织与个人共同成长的准则要求组织的发展不能脱离个人的发展,不能单方面地要求组织成员修正自己的行为模式、价值理念等来适应组织,而是要求组织的发展适应成员个性发展而产生的价值理念、行为模式,在全体成员的一致性基础上再做发展的考虑。组织与个人共同成长的最终目标实质上是在个人的个性化全面发展的基础上建立一个真正的以人为本管理的组织。

4. 环境创设原则

环境创设的准则是指组织要努力创设良好的物质环境和文化环境,以利于组织成员的个性化发展和自我管理。

以人为本管理的上述四个原则实际上不仅仅是开展人本管理的准则,而且还是检验人本管理的标准。许多组织尤其是经济组织在标榜自己在进行以人为本的管理时,实际上只是表明它们对人非常重视,而目的则是为了调动人的积极性更好地帮助组织实现目标。这不是真正的以人为本的管理。

 小案例 1-2

阿里巴巴、腾讯、京东的人性化

随着时代的发展,互联网企业的发展日新月异,这些互联网公司之间的竞争也是越来越激烈,从拼技术、拼管理人员等软实力,到拼办公场所等硬实力。

对于员工来说,都希望自己能在一个安逸温馨场所里工作,在良好的场所里工作,心情舒畅,工作干劲相应就更足了,工作效率就会变得很高。互联网三巨头之间竞争十分激烈,就连工作环境也要比一下哪家企业更强。

阿里巴巴公司的楼层设计显得年轻富有活力。让人赏心悦目,充满动力。楼里面配套设施齐全,还有各种休息和娱乐场所。工作休息之余,可以去茶艺室喝喝茶,聊聊天。也可以去锻炼身体,发泄工作的压力,还可以去玩玩桌游,与同事们相互交流。

深圳市最豪华的大厦就是腾讯公司了,各种配套设施十分齐全,你能想到的公司都考虑到了。办公场所最大的特点就是有许多绿色植物和绿色植被装饰,让严肃的办公环境变得更富有生机。

京东公司就显得极为人性化了,会议室极具科幻色彩,进入会议室的人仿佛来到了未来世界,会议室的设施应有尽有且独具特色,一些设备甚至是世界一流质量。京东公司老总甚至还为孕妇和有工作压力的员工提供了相应的休息和发泄场所,人性化被京东运用得淋漓尽致,这也体现出公司对公司员工的关怀。

这三家互联网巨头虽然配套设施之间都很齐全,但京东的公司设计更加体现出了人文关怀,也正是因为这样的特点,让京东公司大楼独具特色。

资料来源:根据 http://baijiahao.baidu.com/资料改编。

请思考:

阿里巴巴、腾讯、京东三家公司在实践中是如何体现人本管理的原则?

(三) 人本管理的基本方法

以人为本的管理强调以人为出发点和中心,因而只要对激发和调动员工的主动性、积极性、创造性有积极作用的、能够促进人的发展和企业发展的方法都可纳入其管理方法的范畴,因此,以人为本的管理方法是极其丰富且形式多样的。从组织当前和今后面临的经营环境来看,以人为本的管理方法主要可归纳为目标管理、权变领导、沟通、工作轮换、工作扩大化和工作丰富化、企业文化建设等几个方面。

1. 目标管理

以人为本的目标管理在一般意义上的目标管理的基础上更加强调组织目标与个人目标的协调,强调全体员工或员工代表参与组织重大问题的决策。在以人为本思想指导下的目标管理有以下几个突出的特点:实行自我管理;充分授权,使员工参与管理;强调个人与组织共同发展。

2. 权变领导

权变领导是指在企业领导方式上要充分尊重人、关心人,根据员工的个性差异以及相应的环境来实行因人制宜的领导,以克服由工作任务或职权等方面而产生的不利影响,取得好的领导效果。

3. 沟通

沟通,就是信息交流。以人为本的管理中的沟通指的是人与人之间的信息交流。在企业内部员工之间的沟通有助于增进员工的相互信任和了解,有利于培育员工的集体意识、参与意识、团队精神和责任感。因此,企业必须创造适合于员工间沟通的条件和环境,培养员工沟通的技能,使沟通在企业内部尽可能无障碍地进行。

4. 工作轮换、工作扩大化和工作丰富化

工作轮换是指员工可以在不同的工作岗位上进行工作,以充分发挥自己的特长。工作扩大化是指扩大工作内容,使员工承担更多的责任。工作丰富化是指把一种更高的挑战性和成就感体现在工作之中。工作轮换、工作扩大化和工作丰富化是能够很好地体现以人为本的思想的管理方法,它可以扩张人的知识和技能,挖掘人的创造潜力,激励员工承担更大的职责,给员工提供更多的发展机会和更大的施展才能的空间。

5. 企业文化建设

企业文化是指企业在长期的生产经营过程中所形成的管理思想、管理模式、价值观念、企业精神、企业个性、道德规范、行为准则、规范制度、风俗习惯等等。在以人为本的管理中,企业文化的建设有利于在企业中形成一种和谐进取、学习创新、品格高尚、团结协作的环境与氛围,使得员工在这样的环境与氛围中可以充分发挥自己的聪明才智,完善自我,实现自身的价值,同时也促进企业的不断发展。

三、激励理论

(一) 需要型激励理论

1. 马斯洛的需要层次理论

美国心理学家和行为学家亚伯拉罕·马斯洛(Abraham Maslow)在1943年出版的《人的动机理论》一书中,提出了需要层次理论。他把人的需要归纳为五个层次,由低到高依次为生理需要、安全需要、社交需要、尊重需要和自我实现需要。

马斯洛认为人的需要一般按照由低层次到高层次的顺序发展,只有在低层次的需要满足以后,才会进一步追求较高层次的需要;而且随着需要层次的升高,满足的难度相对增大,满足的程度相对减小;人在不同的时期、发展阶段,其需要结构不同,但总有一种需要发挥主导作用。因此,管理者只有真正掌握员工在某一时期或发展阶段的主导需要,才能有针对性地进行激励。

马斯洛的理论阐述了人类需要的多样性和层次性,并明确地指出了人的优势需要的支配作用。该理论关于阶梯需要的关系过于机械，与实证研究不符。

2. 阿尔德费的 ERG 理论

美国心理学家阿尔德费（Clayton Alderfer）在对大量员工进行研究之后，对马斯洛的需要层次理论进行了修订，在《生存、关系以及成长：人在企业环境发展中的需要》等著作中指出，人的需要可以分为三种，即生存需要、关系需要以及成长需要。由于这三个词的第一个字母分别为 E、R、G，所以称之为 ERG 理论，该理论与马斯洛的需要层次理论的对应关系如表 1-1 所示。

表 1-1 ERG 理论与需要层次理论的对应关系

需要层次理论	ERG 理论
生 理 需 要	生存需要
安 全 需 要	
社 交 需 要	关系需要
尊 重 需 要	成长需要
自我实现需要	

(1) 生存需要（existence），指维持生存的物质条件，相当于马斯洛的生理和安全需要。

(2) 关系需要（relatedness），指人维持重要人际关系的欲望，相当于马斯洛的社交需要。

(3) 成长需要（growth），指追求自我发展的欲望，相当于马斯洛的尊重需要和自我实现的需要。

ERG 的理论表明：哪个层次的需要得到的满足越少，人们就越希望使这种需要得到满足；较低层次的需要得到越多的满足，就越希望满足较高层次的需要；如果较高层次的需要不能得到满足的话，对满足较低层次需要的欲望就会加强。在满足需要的过程中，既存在需要层次理论中所描述的"满足—上升"趋势,也存在"挫折—倒退"趋势。

  与马斯洛的需要层次理论相比,ERG 理论要灵活变通得多,人们可以同时去追求各种层次的需要,而且在某些条件的限制下,各种需要之间可以进行灵活转化。例如,如果一份工作对员工具有挑战和吸引力,员工能从工作本身中得到快感,那么他也许就不太在意薪水的高低;但如果工作没有任何新鲜感和挑战性,员工从工作中得不到任何快乐,那么他可能会更在乎物质报酬,以此得到平衡。因此,管理人员首先要了解员工有哪些需要是尚未满足的或者有哪些需要是员工最想满足的,然后有针对性地采取措施,以促使员工积极工作。

  3. 赫茨伯格的双因素理论

  美国心理学家赫茨伯格(F. Herzberg)及其同事于 20 世纪 50 年代末期在匹兹堡地区对 200 多名工程技术人员和会计人员进行了大量的访问调查,调查被访者对工作感到满意和不满意的原因各是什么,试验的目的在于验证以下假设:人们在工作中存在两种不同的需要,即作为动物要求避开和免除痛苦,作为人要求在精神上不断发展、成长。赫茨伯格根据调查研究的资料和成果,提出了"双因素理论"。

  双因素理论又称"激励—保健因素"理论(motivation-hygiene theory),该理论认为员工不满意与满意的因素是两类不同性质的因素。使员工感到不满意的因素称为保健因素,这类因素的改善可以预防或消除员工的不满,但不能直接起到激励的作用。这些因素大多与工作环境或工作条件有关,具体有公司政策和行政管理、监督、与主管的关系、工作条件、薪金、同事关系、个人生活、与下属的关系、地位和安全保障等十个方面。使员工感到满意的因素称为激励因素,这类因素的改善可以使员工感到满意,产生强大而持久的激励作用。这些因素主要与工作内容和工作成果有关,具体有成就、认可、工作本身、责任、晋升和成长等六个方面,当激励因素缺乏时,员工的满意度降低或消失,但却不会出现不满意的情况。简单地说,保健因素只会消除不满,却不会产生满意,只有激励因素能产生满意。

  赫茨伯格的双因素理论与马斯洛的需要层次理论具有相似之处。双因素理论中的保健因素相当于需要层次理论中的生存需要、安全需要和社交需要等较低层次的需要,激励因素则相当于尊重需要、自我实现需要等较高层次的需要。当然,他们的具体分析和解释是不同的。赫茨伯格的双因素理论像其他激励理论一样,在实际工作中得到了广泛的应用,其中心思想就是通过增加工作中的激励因素,来充分发挥员工的积极性、主动性和创造性。

(二) 过程型激励理论

过程型激励理论着重研究人们选择其所要进行的行为的过程。即研究人们的行为是怎样产生的,是怎样向一定方向发展的,如何能使这个行为保持下去,以及怎样结束行为的发展过程。其中具有代表性的理论是期望理论和公平理论。

1. 期望理论

1964年,美国行为学家佛隆姆(V. H. Vroom)在他的著作《工作与激励》一书中首先提出了比较完备的期望理论。该理论认为,某一活动对人的激励水平取决于他所能得到的成果的全部预期价值与他认为达到该成果的期望概率。用公式表示就是:

$$M(\text{motivation}) = V(\text{valence}) \times E(\text{expectancy})$$

其中:M 为激励水平。指调动一个人的积极性、激发出人的内部潜力的强度。

V 为效价。指某项活动成果所能满足个人需要的价值的大小,或者说是某项活动成果的吸引力的大小,它不是指某一单项效价,而是指各种效价的总和。效价既可以是精神的,也可以是物质的;同一项活动和同一个激励目标对不同的人效价是不一样的;对于同一个人在不同的时候,效价也是不一样的。其变动范围在[-1,+1]之间。

E 为期望值。指一个人根据经验所判断的某项活动导致某一成果的可能性的大小,它与个人的能力、经验以及愿意做出的努力程度有直接关系。以概率表示,其变动范围在[0,1]之间。

期望理论对我们实施激励有如下启示:管理者不要泛泛地抓各种激励措施,而应当抓多数企业成员认为效价最大的激励措施;设置某一激励目标时应尽可能加大其效价的综合值,如果每月的奖金多少不仅意味着当月的收入状况,而且与年终分配、工资调级和获得先进工作者称号挂钩,则将大大增大效价的综合值;适当控制实际概率与期望概率。期望概率并不是越大越好,也不是越小越好,而是要适当。期望概率过高,容易产生挫折;期望概率太低,又会降低激励水平。但期望概率并不完全由个人决定,它与实际概率的大小有关,而实际概率在很大程度上是由企业或领导者决定的。实际概率应使大多数人受益,它最好大于平均的个人期望概率,让人喜出望外,而不要让人大失所望。但实际概率应当与效价相适应,效价大,实际概率可小些;效价小,实际概率可大些。

管理故事 1-4

玩具与奖品

心理学家针对小孩子做了一个实验。将小孩分成两组,两组都给予同样好玩的玩具。不同的是,一组只是给玩具,并让小朋友自己玩,另一组除了给玩具外,还用诸如糖果等奖品来激励小朋友玩。实验结束后,过一段时间,心理学家再次测量这两组小孩对玩具的喜欢程度。结果发现,没有给激励的小朋友,大多数小孩还是很喜欢玩这些玩具,而给奖励的小组,多数小孩对玩这些玩具提不起精神。

请思考:
如何看待这个实验的结果?请解释这种现象。

2. 公平理论

公平理论又称社会比较理论,它是美国的亚当斯(J. S. Adams)于20世纪60年代首先提出来的。该理论侧重于报酬对人们工作积极性的影响。其基本观点是,当一个人做出了成绩并取得报酬以后,他不仅关心所得报酬的绝对量,而且关心自己所得报酬的相对量。因此,他要

进行种种比较来确定自己所获报酬是否合理,比较的结果将直接影响今后工作的积极性。该理论的核心是用以下公式表示:

$$O_p/I_p = O_a/I_a \text{ 或 } O_p/I_p = O_h/I_h$$

其中:O_p 为对自己报酬的感觉;

O_a 为对别人所获报酬的感觉;

I_p 为对自己所作投入的感觉;

I_a 为对别人所作投入的感觉;

O_h 为对自己过去报酬的感觉;

I_h 为对自己过去投入的感觉。

公平理论指出,每个人都会自觉或不自觉地把自己付出的投入和所获报酬相比的收支比率,同其他人在这方面的收支比率作社会比较,又同自己过去在这方面的收支比率作历史比较。如果这种比较表明收支比率相等,即上述等式成立,他便会感到自己受到了公平的待遇,因而心情舒畅,努力工作。如果收支比率不等,即上述等式不成立,则可能出现以下情况:

(1) 当 $O_p/I_p < O_a/I_a$ 或 $O_p/I_p < O_h/I_h$ 时,他会感到不公平,他可能要求增加自己的报酬或减少自己今后的努力程度;或者要求企业减少比较对象的报酬、让其今后增大努力程度;或者另外找人作比较对象,以求得心理上的平衡;也可能发牢骚、讲怪话,消极怠工,制造矛盾甚至弃职他就。

(2) 当 $O_p/I_p > O_a/I_a$ 时,他可能要求减少自己的报酬或在开始时自动多做些工作,但久而久之,他会重新估计自己的技术和工作情况,最终觉得自己确实应当得到那么高的待遇,于是工作状态又会回到过去的水平了。

(3) 当 $O_p/I_p > O_h/I_h$ 时,他一般不会感到不公平,而会认为就应该这样,因而不会更加积极地工作。

心理学认为,不公平会使人们的心理产生紧张和不安状态,因而影响人们的行为动机,导致工作积极性和工作效率的降低,旷工率、离职率随之上升。因此,管理者应当在工作任务的分配、工资和奖金的评定以及工作成绩的评价中,力求公平合理,以保护和调动员工的积极性。但公平是相对的、主观的,在客观上只能做到让多数人认为公平,让每个人都感到公平是不可能的。

(三) 行为改造型激励理论

行为改造型激励理论不同于需要型和过程型激励理论,它把激励过程看作是一种"黑箱",只关注激励过程的结果,也就是只关注最终的行为及行为的结果对以后行为的影响。其中具有代表性的理论是强化理论和挫折理论。

1. 强化理论

美国心理学家斯金纳(B. F. Skinner)提出的强化理论认为,无论人还是动物,为了达到某种目的,都会采取一定的行为,这种行为将作用于环境。当行为的结果对他有利时,这种行为就会重复出现;当行为的结果对他不利时,这种行为就会减弱或消失。这就是环境对行为强化的结果。

强化理论认为,当人们因采取某种行为而受到奖励时,他们就非常有可能会重复这种行为;当某种行为没有受到奖励或者受到了惩罚时,则其重复的可能性就会非常小。具体来说,可以采用正强化、负强化、自然消退和惩罚这四种方式来对人的行为进行修正。

(1) 正强化。正强化就是奖励那些企业所希望的行为,从而加强这种行为。正强化的具体形式包括奖金、对成绩的认可、表扬、改善工作条件、提升、安排担任挑战性工作、给予学习和成长的机会等。

(2) 负强化。负强化也称规避,即事先告诉员工哪些行为是不符合要求及其后果是什么,从而努力改变或克服某种行为,以避免不合意或不希望的结果。例如,利用口头警告来防止不良行为的发生。

(3) 惩罚。惩罚即对于不希望的行为采取惩罚措施,使之不再出现的强化方式。惩罚的形式有批评、处分、降级等,甚至有时不给奖励或少给奖励也是一种惩罚。但是,在使用惩罚方式时应十分慎重,虽然惩罚可以在短期内改变一个人的不良行为,但过多的惩罚会给一个人的长期行为带来很多负面影响。

(4) 自然消退。自然消退是一种冷处理,指通过对于不希望发生的行为采取置之不理的态度,使其逐渐减少和不再出现。

斯金纳发现,"惩罚不能简单地改变一个人按原来想法去做的念头,至多只能教会他们如何避免惩罚"。事实上,过多地运用惩罚,往往会造成被惩罚者心理上的创伤,引起对抗情绪,乃至采取欺骗、隐瞒等手段来逃避惩罚。但是,有时又必须运用惩罚的方式。为了尽可能避免惩罚所引起的消极作用,应把惩罚同正强化结合起来。在执行惩罚时,应使被惩罚者了解受到惩罚的原因和改正的办法,而当其一旦有所改正时,即应给予正强化,使其符合要求的行为得到加强。

 管理故事1-5

老人和孩子

一群孩子在一位老人院子后的空地上踢球,嬉闹声使得老人难以忍受。于是,他出来给了每个孩子25美分,对他们说:"你们在这儿变得很热闹,我觉得自己年轻了不少,这点儿钱表示谢意。"

孩子们很高兴,第二天仍然来了,一如既往地嬉闹。

老人再出来,给了每个孩子15美分。他解释说,自己没有收入,只能少给一些。15美分也还可以吧,孩子仍然兴高采烈地走了。

第三天,老人只给了每个孩子5美分。孩子们勃然大怒,"一天才5美分,知不知道我们多辛苦!"他们向老人发誓,再也不会为他玩了!

从此,老人的院子又恢复了安静。

请思考:

1. 老人采用什么方法使孩子们每天来踢球的行为消失从而恢复自家院子的安静?

2. 如果他用最常用的方法训斥孩子,结果又会怎样?

3. 管理者在运用强化措施时能够从上述故事中得到什么启示?

2. 挫折理论

挫折理论是关于个人的目标行为受到阻碍后,如何解决问题并调动人的积极性的激励理论。行为科学认为,挫折是指人们在某种动机的推动下,在实现目标的活动中,遇到了无法克服或自以为是无法克服的障碍和干扰,使其需要或动机不能获得满足时,所产生的紧张状态和消极的情绪反应。挫折的构成如图1-4所示。

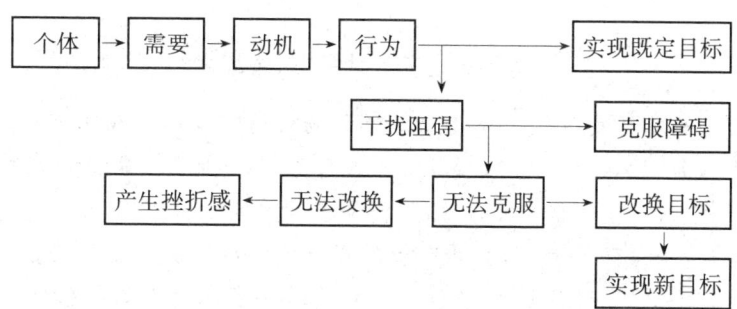

图1-4 挫折的构成

引起挫折的因素是多种多样的,人们受挫折的程度也各不相同,人们在受到挫折后,在心理上、生理上都将产生种种反应。在情绪上,可能采取愤怒的反击行动;也可能强行压制愤怒情绪,表现出冷漠、无动于衷的态度;或者表现出与自己的年龄、经历不相称的幼稚行为;或者固执地重复某种无效的动作;以及采取妥协性的措施来减轻心理或情绪的紧张状态等等。在生理上则可能引起血压升高、脉搏加快、呼吸急促等等。所有这些,都会影响人的积极性,必须加以缓解和消除。

挫折是追求的伙伴。追求中总是有成功,也有失败,而失败往往比成功更多。对待挫折应采取正确的态度和相应的措施,以减轻和消除人们的挫折感。个体在遭到挫折之后,应该有意识地运用挫折防卫机制进行自我心理调节,以减轻焦虑和痛苦,维持心理的稳定与平衡,同时,还应积极主动地寻求他人的支持和帮助,掌握自我调节的方法和技巧,也就是心理咨询与调节。就管理者而言,应耐心细致地帮助受挫者分析挫折的原因,予以必要的关心、劝慰和鼓励,使他们重新振作精神;

对犯错误的下属要创造一种环境,使他们感到集体的温暖,感到自己不会受到集体的排斥;也可以通过谈心活动等形式,使受挫者自由表达他们受压抑的情感,从而从挫折感中摆脱出来,由紧张情绪回复到理智状态。

 小案例 1-3

稻盛和夫培养人才的"笨蛋战术"

日本经营四圣之一、京瓷集团创始人稻盛和夫在2016年一次主题为"如何培育人才"演讲中提出了"笨蛋战术"。具体做法是:把第二、三把手留在大本营,拜托他们管好家里的工作,由其本人亲自出征,奔赴海外,去开辟新的据点。稻盛和夫出征所带的兵卒,是那些能力较差的、不够成熟的人,即在原来的公司被称为"笨蛋"的人。稻盛和夫强调,他所称谓的"笨蛋"指的是不那么聪明伶俐但认真老实的人,并无贬义。把这些"笨蛋"集合起来,去攻占新的市场,稻盛和夫称之为"笨蛋战术"。

在这过程中,原本那些在本公司被埋没的人、不够活跃的人,被稻盛和夫带到前线,与其同甘共苦,一起战斗,从中受到锤炼。采用这种战术,第一把手要承受极大的辛劳,但是这种做法对培养人才有很大的好处。采用"笨蛋战术"有一个条件,就是大本营能持续维持高收益,这样才能给很多员工提供表演的舞台,让他们有时间进行严酷修炼。同时,也能让领导人具备信心,在事业成功之前决不放弃,与员工们一起战斗到底。

资料来源:根据搜狐财经资料改编。

请思考:

结合人力资源管理相关理论,分析稻盛和夫采用的"笨蛋战术"对培养人才有哪些好处?

第三节 人力资源战略

随着经济全球化和市场国际化的进程日益加快,企业的生存和发展越来越依赖于人力资源管理,因此,人力资源管理的战略价值已逐渐被企业所认识,正在形成一种战略性人力资源管理的新模式。

一、人力资源战略概述

(一) 人力资源战略的含义

目前,对人力资源战略还没有一个公认的、权威的定义。但现有的研究大多从人力资源战略的本质特征、地位作用、途径方式等方面来界定人力资源战略,它既可以是"一组程序和活动",也可以是"一个计划或方法",还可以是"一种决策或政策"。

基本概念　　人力资源战略

> 人力资源战略是指企业为适应外部环境变化的需要和人力资源管理不断发展的需要,而制定的人力资源管理的纲领性的长远规划。

人力资源战略对人力资源管理活动具有重要的指导作用,是企业战略的重要组成部分,也是企业战略实现的有力保障。

人力资源战略是企业战略不可或缺的有机组成部分,其本质是为了实现企业战略目标而对人力资源各种活动进行规划的模式。人力资源战略的管理职能更加偏重于企业战略层次的决策、规划与实践活动,而非具体执行性事务。人力资源管理者由过去的一般执行者、协助者角色转化为战略制定和实施的关键参与者、倡导者及执行者。因此,人力资源管理部门也更受重视,人力资源管理部门经理成为组织高层领导中的一名重要成员。

(二) 人力资源战略的类型

1. 按对人力资源的认识不同分类

(1) 累积型战略。这种人力资源战略以长远观点看待人力资源管理工作。注重人力资源的培训,通过甄选来获取合适的人才。以长期雇佣为原则,以公平原则对待员工,员工晋升速度较慢,薪酬是以职务及年资为标准,高层管理者与新员工工资差距不大。

(2) 效用型战略。这种人力资源战略以短期观点来看待人力资源管理工作,较少提供培训。企业职位一有空缺随时进行填补,不提倡终身雇佣,员工晋升速度快,采用以个人为基础的薪酬。

(3) 协助型战略。这种人力资源战略介于累积型和效用型战略之间,职工个人不仅需要具备技术性能力,而且要能在同事间建立良好的人际关系。在培训方面,员工个人负有学习的责任,公司只是提供协助而已。

2. 按形成员工队伍的方式不同分类

(1) 诱引战略。这种人力资源战略主要通过丰厚的薪酬制度引诱和培养人才,从而形成一支稳定的员工队伍。由于薪酬较高,人工成本势必增加。为了控制人工成本,企业在实行高薪酬的诱引战略时,往往严格控制员工数量,所吸引的员工通常需要具备高度的专业化技能,招聘和培训的费用相对较低,企业和员工的关系纯粹是直接和简单的利益交换关系。

(2) 投资战略。这种人力资源战略主要是通过聘用数量较多的员工,形成一个备用人才库,通过储备多种专业技能人才来提高企业的灵活性。这种战略注重员工的开发和培训,注意培育良好的劳动关系。管理人员要确保员工得到所需的资源、培训和支持。企业采取投资战略的目的是要与员工建立长期的工作关系,视员工为投资对象,对员工十分重视,使员工感到有较高的工作保障。

(3) 参与战略。这种人力资源战略给予员工较大的决策参与机会和权力,使大多数员工能参与决策,从而提高员工的参与性、主动性和创造性,增强员工的归属感和责任感,管理人员要为员工提供必要的咨询和帮助。采取这种战略的企业很注重团队建设、自我管理和授权管理。企业在对员工的培训上也较重视员工的沟通技巧、解决问题的方法、团队合作等,日本企业设立的QC小组就是典型的参与型人力资源战略。

3. 按企业变革的程度不同分类

(1) 家长式人力资源战略。这种战略主要运用于那些希望避免变革、寻求稳定的企业,其主要特点是:集中控制人事的管理;强调秩序和一致性;硬性的内部任免制度;重视操作与监督;人力资源管理的基础是奖惩与协议;注重规范的组织结构与方法。

(2) 任务式人力资源战略。这种企业面对的是局部变革,战略制定采取的是自上而下的指令方式。有关部门在战略推行上有较大的自主权,但要对本部门的效益负责。采取这种战略的企业依赖于有效的管理制度,其主要特点是:非常注重业绩和绩效管理;强调人力资源规划、工作再设计和工作常规检查;注重物质奖励;同时进行企业内部和外部的招聘;开展正规的技能培训;建立正规程序处理劳动关系和问题;重视战略部门的组织文化。

(3) 发展式人力资源战略。当企业处于一个不断变化和发展的外部环境中时,为适应环境的变化和发展,企业采用渐进式变革和发展式人力资源战略,其主要特点是:注重发展个人和团队;尽量从内部招募;大规模的发展和培训计划;运用"内在激励"多于"外在激励";优先考虑企业的总体发展;强调企业的整体文化;重视绩效管理。

(4) 转型式人力资源战略。当企业已完全不能适应外部环境而陷入危机时,全面变革迫在眉睫,企业在这种紧急情况下没有时间让员工较大范围地参与决策,彻底的变革有可能触及相当一部分员工的利益而不可能得到员工的普遍支持,企业只能采取强制高压式和指令式的管理方法,在企业战略、组织机构和人事等方面上进行重大改变,创立新的结构、领导和文化。与这种彻底变革相配合的是转型式人力资源战略。其主要特点有:对企业组织结构进行重大变革,对工作岗位进行全面调整;进行裁员,调整员工队伍的结构,缩减开支;从外部招聘骨干人员;对经理人员进行团队训练,建立新的理念和文化;打破传统习惯,摈弃旧的组织文化;建立新的适应外部环境的人力资源系统和机制。

(三) 人力资源战略与企业战略

1. 企业战略的层次

企业的战略一般分为三个层次：企业总体战略、业务战略和职能战略，如图 1-5 所示。

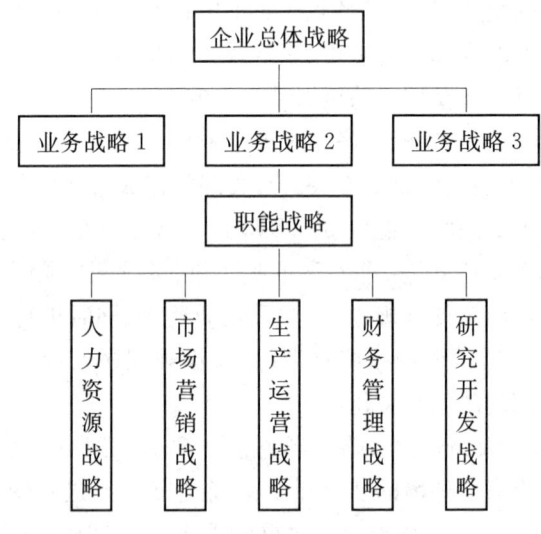

图 1-5　企业战略的层次

(1) 企业总体战略。

企业总体战略是从企业整体发展的角度考虑的战略，是企业的决策层以企业使命为基础，对其现有的业务领域重新定义、调整以及确定发展的方向和途径，并在此基础上进行企业资源的优化配置。企业总体战略大致可分为发展战略、维持战略和撤退战略三种。

发展战略是一种充分利用外部环境所给予的机会，不断投资，以求向更高一级期望目标发展的战略，其特点是：扩大生产规模，为现有产品开拓新的市场；通过产品创新和技术创新以增强自身竞争能力；通过联合和兼并实行纵向一体化或者跨行业的多样化。

维持战略是一种保持现状、稳固自身竞争地位的战略，其特点是：企业对过去状况的满足并决定继续追求与过去相同或相似的目标；企业业绩的增长速度每年大致相同；企业继续用相同的产品和服务来满足顾客需要;或企业虽然对现状不满,但企业无力扩大生产,只能维持现状。

撤退战略是一种缩小企业规模、撤销某些产品或服务的战略。

(2) 业务战略。

业务战略根据公司战略对各业务的发展定位,力图通过建立企业在业务领域中的竞争优势,实现企业总体战略的目标。企业在特定的业务领域内一般可以在以下三类具体战略中选择:

1) 成本领先战略。这是一种销售规模求大、成本求低的战略。成本领先战略的实施首先是规模经济,通过规模化来降低成本;其次是丰富的生产经验积累和低成本管理经验,通过管理出效益;此外,还要掌握低成本生产要素的来源,且这些低成本要素难以被竞争对手模仿。

2) 差异化战略。这是一种品种求新、功能求异、质量求优的战略。差别化战略是将产品或提供的服务差别化,树立起一些在全产业范围中具有独特性的东西。实现差别化战略可以有许多方式,如设计名牌形象、技术上的独特、性能特点、顾客服务、商业网络及其他方面的独特性。最理想的情况是公司在几个方面都有其差别化的特点。

3) 集中化战略。这是一种将企业资源和能力集中于某一特定市场和特定产品的战略。集中化战略可以表现为企业集中力量为不同细分市场提供同一种产品的产品集中化战略;向某一个地域的市场提供一系列相关产品的地域集中化战略;向一个特定的顾客群提供大量不同的相关产品的顾客集中化战略。

(3) 职能战略。

职能战略是从企业功能的角度对事业战略进行的具体化。其重点是在功能协调配合的基础上推动事业战略的实施。职能战略可分为人力资源战略、市场营销战略、生产运营战略、财务管理战略和研究开发战略等,其中人力资源战略是职能战略。

2. 人力资源战略与业务战略间的匹配

采用成本领先战略的企业多为集权式管理,生产技术较稳定,市场也较成熟,因此企业主要考虑的是员工的可靠性和稳定性,强调专业技能和与工作有关的特定训练,实行以工作为基础的薪酬制度,对工作进行高度分工和严格控制。企业追求的是员工在指定的工作范围内有稳定一致的表现,如果员工经常缺勤或表现参差不齐,必将对生产过程和成本产生严重影响,因此比较适合采用诱引型的人力资源战略。

采用差异化战略的企业主要以创新性产品和独特性产品去战胜竞争对手,其生产技术一般较复杂,企业处在不断成长和创新的过程中。这种企业工作类别广,工作规则松散,主要从外部招聘人员,进行以团队为基础的训练,强调以个人为基础的薪酬,强调创新与弹性,注重培养员工的独立思考和创新工作的能力。企业的任务就是为员工创造一个有利的环境,鼓励员工发挥其独创性,因此比较适合使用投资型或参与型的人力资源战略。其中,如果企业通过高品质来实现差异化,则高品质的产品必须依赖于广大员工的主动参与,因此,企业应重视培养员工的归属感和合作参与精神,通过授权,鼓励员工参与决策或通过团队建设让员工自主决策,即可以采用参与型的人力资源战略与之相配合。

集中化战略结合了成本领先战略和差异化战略的组织特点,因此应根据实际情况相机选择相应的人力资源战略。人力资源战略与企业业务战略间的匹配关系如表 1-2 所示。

表 1-2 人力资源战略与企业业务战略间的匹配关系

企业战略	一般组织特征	人力资源战略
成本领先战略	持续的资本投资; 严密地监督员工; 经常、详细的成本控制; 低成本的配置系统; 结构化的组织和责任; 方便制造的产品设计	诱引型人力资源战略 有效率的生产; 明确的工作说明书; 详尽的工作规则; 强调具有技术上的资格证明和技能; 强调与工作有关的培训; 强调以工作为基础的薪酬; 用绩效评估作为控制机制

续表

企业战略	一般组织特征	人力资源战略
差异化战略	营销能力强； 产品的开发与设计； 基本研究能力强； 公司以品质或科技的领先著称； 公司的环境可吸引高科技的员工、科学家或具有创造性的人	投资型/参与型人力资源战略 强调创新和弹性； 工作类别广； 松散的工作规划； 外部招聘； 以团队为基础的培训； 强调以个人为基础的薪酬； 以绩效评估作为员工发展的工具
集中化战略	结合了成本领先战略和差异化战略的组织特点	结合了上述三种人力资源战略

二、人力资源战略的制定

人力资源战略的制定与实施在本质上是有关人的工作，而社会环境、企业环境的改变将使人的思想行为不断发生变化。这就要求企业在制定人力资源战略时必须分析内外环境，这不仅为企业战略目标的实现奠定了坚实的基础，也为企业获得进一步的发展提供了更大的空间。

（一）人力资源战略分析

战略分析主要是侧重于企业内外环境分析。与人力资源战略分析密切相关的环境因素包括外部劳动力市场和企业内部员工期望等。外部劳动力市场分析的主要内容是：劳动力供需现状及发展趋势、就业及失业情况、经济发展速度与劳动力供需间的关系、劳动力的整体素质状况、国家和地区对劳动力素质的投入、人力资源的再生与发展趋势。另外，由于人力资源战略具有长远性的特点，它的实现需要有一支稳定的员工队伍，而组织的员工都有自己的期望和理想，当员工期望和理想得到或有可能得到满足时，他才愿意继续留在组织中，组织的员工队伍才能保持稳定发展，因此人力资源战略还必须考虑员工的期望。

随着跨国公司大量涌入，我国企业面临的劳动力市场竞争将更加激烈。尤其是跨国公司为了充分利用目标市场本土人才熟悉当地文化、有一定人际交往范围、有利于尽快开拓目标市场等优势,实施人才本土化战略。无论是汽车业的巨人通用,还是快餐业的霸主麦当劳,都已进行了成功的尝试并取得了显著的效果。美国的宝洁公司由于实施本土化战略不仅降低了企业经营的成本,提高了企业经营的效率,也降低了企业经营的风险。这对我国企业的人力资源战略乃至企业战略的制定与实施提出了更高的要求,如何正确制定人力资源战略,吸引、使用和留住高水平人才,这是企业面临的一个现实问题。

(二)人力资源战略制定

制定人力资源战略,首先要确定人力资源战略的总体目标。人力资源战略的总目标是根据组织的发展战略目标、人力资源现状与趋势、员工的期望与理想综合确定的。人力资源总体目标是对未来组织内部人力资源所要达到的数量与结构、素质与能力、员工士气与工作态度、人力资源政策措施、人力资源开发与管理的方式、途径、成本等提出的更高层次的具体要求。

人力资源战略的总体目标确定后,需要层层分解和落实到子公司、部门和个人。在分解人力资源战略的总体目标,即确定各层次子目标时需要注意以下两点:一是要根据子公司、各部门、员工的自身条件与能力来确定,切不可定出不切实际的子目标;二是分解后的目标应为具体明确的任务,具有可操作性、可监控性。

人力资源战略的实施计划是人力资源战略实现的保障。它主要回答如何完成、何时完成人力资源战略两个问题,即要将人力资源战略分解为行动计划与实施步骤,前者主要提出人力资源战略目标实现的方法、程序及相应的资源条件,而后者是从时间上对每个阶段组织、部门与个人应完成的目标或任务作出规定。

在制定人力资源战略的基础上,将人力资源战略落到实处,并检查战略与规划实施的进度与质量,寻找战略与现实的差异,及时纠偏,使之更加符合组织战略和实际过程,这个过程为人力资源战略的实施与控制的过程,本书不作进一步的阐述。

第一章 导　论　　41

本章小结

　　人力资源管理是现代管理的基本职能之一,所谓人力资源是指在一定范围内能够为社会创造物质财富和精神财富,具有体力劳动或脑力劳动能力的人口总和。人力资源具有能动性、资本性、内耗性、开发的持续性、使用的时效性、互补性和协调性等特点。

　　人力资源管理概念是指在人力资源战略的指导下,运用科学的方法,以人力资源规划和工作分析为基础,对组织所需的人力资源进行招聘、培训与开发,对员工的绩效、薪酬以及劳动关系等环节进行管理,实现人力资源的合理配置,最终实现组织目标和员工价值的过程。人力资源管理的首要目标是实现人力资源的合理配置。

　　人力资源管理的理论基础主要有人性假设理论、人本管理理论和激励理论三大类。人性假设理论的研究成果将人性归纳为"经济人假设"、"社会人假设"、"自我实现人假设"和"复杂人假设"四大类。人本管理理论是对人性理论的进一步发展,其核心价值观是以人为本,即尊重人,关心人,激发人的热情,满足人的合理需要。激励理论分为需要型激励理论、过程型激励理论以及行为改造型激励理论三大类。

　　人力资源战略是企业战略不可或缺的有机组成部分,其本质是为了实现企业战略目标而对人力资源各种活动进行规划的模式。人力资源战略一定要与企业的战略相匹配。

**案例分析**

AI巨头为了挖人不惜买公司

　　吴恩达从百度的离职,把"人工智能抢人大战"的话题又掀起一轮高潮。有报道评论,除了与经济下滑大势与AI人才惊人的薪酬数字形成鲜明对比之外,一句"有钱也挖不到人"才真正戳到了企业的痛处。回顾近年来的AI人才战,抢购小公司是典型的手法之一。软件和互联网行业笼络人才,实际上很多时候是通过收购人才所创立的小公司来完成的。

2013年,谷歌收购了DNNresearch,当然,此举醉翁之意不在酒,意在被收购公司背后的大神,多伦多大学的辛顿教授。而后,又以6.5亿美元的价格吞下位于伦敦的DeepMind,形成了它的第二个AI实验室。这两件事开启了整个行业的收购热潮。这些行业里大玩家的做法,用埃隆·马斯克的话来说,便是在AI初创公司起飞前,把它们扫荡一空,全部买到自己手里。

英特尔创建AI实验室,与之相伴的动作,是它于2016年以4亿美金的价格收购Nervana,目标紧盯谷歌和脸书的AI需求。英特尔能否达成取代nvidia GPU的目标我们不知道,但这个芯片巨头的紧迫感所释放出的信息,却明确无误地告诉我们,这场AI运动,已经深深地波及到硬件产业。

另一个例子是通用电气公司(GE),它主要生产喷气式发动机、风电及医疗设备等。然而这个已经120多年历史的老牌工业巨头,也在数字化年代开始调整自己。它致力于开发一种软件,希望从所有的硬件中提取数据,从而获取业界过去绝无可能获得的对生产过程的认识。然而问题在于,提取和分析这些数据非常困难,能完成这项任务所需要的人才十分稀缺。

于是GE开始四处收购。先是买下了一个伯克利机器学习创业团队Wise.io,收购价没有公开,团队有30个人,其中包括很多天体物理学家。GE的CEO杰夫·伊梅尔特说,"给他们提供航空数据,他们就是杀手。"这对于GE和伊梅尔特,以及他们的客户而言,当然是好事。可那些也希望将AI注入自己的操作生产环节的小公司怎么办呢?Wise.io曾经的理想是"将AI大众化",即创造出一种工具,任何人都可以借此创建自己的机器学习应用,可如今它从业界消失了,融进了GE。

再一桩围绕AI人才大战的显著收购发生在2016年年底。优步把刚刚两岁的初创公司Geometric Intelligence纳入麾下,发誓要超过互联网巨头谷歌和脸书正在研发中的深度学习系统。大家都在关注,这个由纽约大学心理学家加里·马科斯和剑桥信息工程教授祖宾·加若曼尼联合创建,其另外13名研究人员遍布全球的人工智能实验室一直闭口不提的神秘武功路数,究竟是什么。如果它需要的数据量远远小于目前的其他深度学习系统的话,这将无疑是个杀手锏。优步正在把自己从一个租车软件公司变成自驾车以及硬核AI公司。希望有朝一日能与四大齐名:谷歌、亚马逊、脸书、苹果。

过去的几年里,重量级公司疯抢来收入自己的麾下的AI创业公司,有些可能业外的人连名字也没听说过。推特买下Mad Bits、Whetlab以及Magic Pony;苹果把Turi和Tuplejump纳入囊中;Salesforce收购了MetaMind和Prediction I/O;英特尔收购Nirvana。……这还只是长长的清单里的一部分。更要命的是,收购大军不仅仅是软件和互联网公司,其他巨头例如三星和GE都在将AI应用到他们的产品中。一旦创业公司露出苗头,立即被那些最饥渴、最有钱的公司吞下去。

现实是,并非人人都可以去门外走一圈,如探囊取物一般就带回来30个擅长做AI的天体物理学家,或者收编一队身怀绝技的神秘高手。科技领域一直都是人才战场,巨头们正在利用收购将这个战场倾斜。

资料来源:根据腾讯网资料改编。

请思考:

1. 结合人力资源相关理论,简要分析案例企业"挖人买公司"的理论依据。

2. 案例中的企业"挖人买公司"对人力资源管理带来哪些挑战?

 实践运用

认知人力资源管理工作

实践目的:了解人力资源管理工作概况

实践内容:选择本地一家企业,对其人力资源管理工作进行调研。

实践组织:将学生分成若干组,每组4—6人。每组同学通过实地走访等方式进行调研,收集和整理有关资料,了解企业人力资源部门的构成、职责与主要工作事项,了解员工招聘、培训开发主要方式,收集薪酬福利制度等方面的信息。每组完成调研报告,并对企业人力资源管理工作提出若干改进建议。

实践考评:每组派选一名代表向全班同学报告调研情况,最后由教师对各小组的调研报告进行点评。

第二章 工作分析

> 用人必考其终,授任必求其当。
>
> ——张居正

工作分析在企业人力资源管理中居于基础地位,对其他人力资源管理模块产生举足轻重的影响。工作分析通过系统全面的情报收集手段,为人力资源规划提供了必要的工作信息、为人员的招聘录用提供了具体的标准、为人员的培训开发提供了明确的依据、为科学的绩效管理和薪酬政策奠定了基础。人力资源管理的核心是实现员工与职位的最佳匹配,工作和岗位是人力资源与组织的结合点,要求"事事有人做,人人有事做",可以说工作分析是实现"人""事"最佳匹配的桥梁和纽带。

第一节 工作分析概述

一、工作分析的内涵

 **工作分析**

工作分析,通常又称为职务分析或职位分析,是对组织中某一特定工作岗位或职务的任务、职责、权利、隶属关系、工作条件等相

关信息进行收集和分析,做出明确规定,并确认完成工作所需要的能力和资质的过程。

(一) 工作分析的内容

工作分析包括职务描述和任职者说明两个方面的基本内容。

1. 职务描述

职务描述又称工作描述,是获取职务要素信息、概括职务特征的直接分析,一般来说,职务描述包括以下主要内容:

(1) 工作基本资料。包括工作名称、所属部门、对应岗位等级、薪资水平、所辖人员、定员人数、工作性质等。

(2) 工作详细说明。包括工作概述、工作职责、工作权限、所使用的原材料和设备、工作流程、工作结果、工作环境、与其他工作的关系等。工作详细说明是职务描述的主体内容。

此外,在职务描述时,还可能对工作时数、工资结构、支付工资的方法、福利待遇、该工作在组织中的正式位置、晋升机会、培训机会等情况进行说明。

2. 任职者说明

任职者说明主要说明从事某项工作的人员必须具备的能力、资质和其他特性的要求。主要包括以下内容:

(1) 资历要求。主要包括任职者所需的最低学历、职位所需的性别、年龄的规定、所接受培训的内容和时间、从事与本职相关工作的年限和经验等。

(2) 心理要求。主要包括职位要求的相关的技能、任职者的性格、气质、兴趣、工作态度、敬业精神、事业心、合作性等。

(3) 生理要求。主要包括健康状况、体能要求、视力等。

(二) 工作分析的任务

工作分析所要回答的基本问题可以概括为七个方面,即国外的人事心理学家提出的6W+1H模式。

1. What——做什么

"做什么"指的是任职者所从事的工作活动。主要包括：工作活动的内容、结果以及衡量结果的标准。

2. Why——为什么

"为什么"表示的是任职者的工作目的，换言之也就是该项工作对组织的作用。主要包括：工作的目的、与其他工作的联系以及对其他工作的影响。

3. Who——用谁

"用谁"是指对任职者的要求。主要包括：身体素质、知识和技能、接受教育的背景、工作经验、个性特征以及其他方面的要求。

4. When——何时

"何时"是对工作活动的时间要求。主要包括：工作的起始时间、固定时间还是间隔时间以及工作的时间间隔。

5. Where——在哪里

"在哪里"表示对工作活动的环境规定。包括工作的自然环境和社会环境两方面。自然环境包括地点（室内还是户外）、温度、光线、噪声安全条件等；社会环境主要包括工作所处的文化环境、工作群体、完成工作所需的人际交往的数量和程度、环境的稳定性等。

6. For Whom——为谁

"为谁"是指工作中与哪些人发生关系，以及发生什么样的关系。主要包括：向谁请示报告、向谁提供工作信息和工作结果、可以对谁实施指挥和监控等。

7. How——如何做

"如何做"表示任职者应该如何从事工作活动。主要包括：工作活动的程序或流程、使用的工具、操作的机器设备、涉及的文件和记录、重点的和关键的环节等。

管理故事 2-1

毛泽东评点诸葛亮关键环节用错人

毛泽东认为诸葛亮军事败笔之一是选错将帅,用人不当。诸葛亮在事关蜀国发展战略的两个最关键性环节上用错人:一是用错关羽,二是用错马谡。

1948年5月中旬,毛泽东在西柏坡曾即兴对李银桥说:"我毛泽东一不是释迦牟尼,二不是诸葛亮;就是诸葛亮,也有错用关羽和错用马谡的时候啊!"在回答李银桥提问:"诸葛亮怎么错用关羽了?"毛泽东回答:"当初诸葛亮留守荆州,刘备调诸葛亮入川,诸葛亮不该留下关羽守荆州。让关羽守荆州是一着错棋,关羽骄傲着呢!关羽从思想上看不起东吴,不能认真贯彻执行诸葛亮联吴抗曹的战略方针,这就从根本上否定了诸葛亮的战略意图,结果失掉了根据地,丢了荆州,自己也被东吴杀掉了。"历史事实也是如此。连很少评说历史的邓小平同志也说,"诸葛亮用人是讲手段的,但对关羽就非常迁就,甚至不讲原则,助长了关羽的骄傲情绪,故后来铸成大错"。

毛泽东还指出"失街亭"也是诸葛亮用人不当。用错马谡导致街亭之失的后果,跟用错关羽失荆州是同样严重的错误,致使首次北伐的成果毁于一旦,整个形势发生逆转,蜀军除了撤退之外,已别无他途。蜀军从此由战略进攻转为战略防守,再无力伐曹。

案例来源:根据铁血社区资料改编。

请思考:

诸葛亮用人失当的惨重教训给工作分析带来哪些启示?运用"6W+1H"模式结合相关历史资料,讨论蜀将中守荆州或守街亭的"最佳人选"。

(三) 工作分析中的相关术语

在进行工作分析时,经常会使用到一些专业术语,有时,这些术语的含义与人们的日常理解不尽相同,准确地理解并掌握它们的含义,对于科学、有效地进行工作分析是十分必要的。

1. 行动

行动(action)也称工作要素,是指工作中不能继续再分解的最小动作单位。例如酒店负责接待客人的服务员,在客人刚到酒店时要帮助客人运送行李,运送行李的工作任务中包含四个工作要素:将行李搬运到行李推车上、推动行李推车、打开客房的行李架、将行李搬运到行李架上。

2. 任务

任务(task)也称工作任务,指的是工作中为了达到某种目的而进行的一系列活动。任务可以由一个或多个工作要素所组成。例如生产线上的工人给瓶子贴标签,此项任务只有一个工作要素;上面提到的运送行李的工作任务,由四个工作要素组成。

3. 责任

责任(responsibility)也称工作职责或工作责任,指的是任职者为实现一定的组织职能或完成工作使命而进行的一个或一系列工作任务。例如营销部的经理要实现新产品推广的责任,必须完成一系列工作任务,包括制定新产品推广的策略、组织新产品推广活动、培训新产品推广人员等。

4. 职位

职位(position)也称岗位,一组重要责任、任务的任职者所对应的位置就是职位。一般来说,有多少职位就有多少任职者。职位是以工作为中心而确定的,强调的是人所担任的岗位,而不是担任这个岗位的人。例如办公室主任同时担任人力调配、文书管理、日常行政事务处理等职责。职位一般与职员一一对应,一个职位即一个人。每个职位都有它特定的要求和报酬。工作分析就是用于分析和认识这些要求的程序。

5. 职系

职系(series)也称职种,指的是工作性质大体相似,但难易程度、工作责任不同的一系列职位的集合。每个职系是一个职位升迁的系统。例如财务会计、生产管理、市场营销、人事行政等属于不同的职系。

6. 职级

职级(class)指的是同一职系中职责大小,难易程度和任职资格相似的职位的集合。职级的职位数量并不相同,少至一个,多至数个。职级是同一序列职位在级别上的区分,例如销售代表职位可分为普通销售代表、中级销售代表、高级销售代表三个职级。

7. 职等

职等(grade)指的是在不同职系之间职责轻重、工作繁简复杂情况和任职资格条件充分相同的集合。例如各部门经理(财务经理、销售经理、人力资源经理等)属于同一职等。职等是针对职位的等级划分,各个序列下的职位,依据职等进行横向比较。

8. 职业

职业(occupation)指的是在不同时期、不同的组织中从事相似活动的一系列职务。例如教师、工程师、工人、司机、会计等属于职业。

二、工作分析的作用和时机

(一) 工作分析的作用

工作分析是人力资源管理工作的基础和起点,通过工作分析,能够使管理者和员工了解工作岗位的职责范围和需要完成的任务,明确工作流程,明确组织内上级和下级的隶属关系,为提高工作效率提供保障。具体来说,工作分析对人力资源工作发挥了以下方面的作用,如图 2-1 所示。

1. 增强人力资源规划的准确性和有效性

组织对各部门的工作职位安排和人员配备都必须有一个合理的规划,以确保组织内所有任务的合理安排和每个岗位之间的有效衔接。为此,必须准确而有效地预测组织在某一个时间节点上所需要的人员数量、种类和要求,以及组织在该时间节点上能够从内部满足的人力资

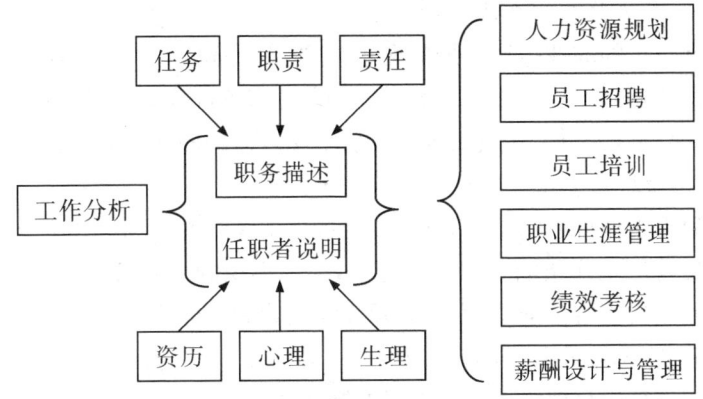

图 2-1 工作分析与人力资源管理职能的关系

源供给。人力资源规划过程中的这一类工作必须通过工作分析来完成。

2. 有助于人员的招聘、甄选和任用

组织在进行招聘工作时,需要对拟招聘岗位的职责和内容进行标准界定,也需要明确任职者的资格和要求。工作分析能够明确组织各个工作岗位的近期和长期的目标、阐明工作任务的静态和动态特点并进而提出对工作者的任职要求。这样,人力资源管理的招聘、甄选和任用工作就有了明确而有效的标准,组织就可以确定选人和用人的标准并通过相关的测评和考核,来选拔和任用符合工作需要和岗位要求的合格人员。

3. 为员工培训和开发提供客观依据

培训工作必须符合有效性和低成本的要求,培训的内容、方法必须与工作内容、岗位所需要的工作能力和操作技能相关。通过工作分析,可以明确任职者必备的技能、知识和各种心理条件的要求。按照工作分析的结果,准确地进行培训需求分析,并根据实际工作的要求和所聘用人员的不同情况,有针对性地安排培训内容、选择培训的方式和方法,这样就可以大大降低培训工作成本,提高培训工作的绩效。

4. 有助于员工的职业生涯发展

从员工的职业生涯规划的角度来看,为了满足员工在组织中的成长、发展需要,工作分析可以为员工的职业咨询和职业指导提供可靠和有效的信息,为员工在组织内的发展指明合适的职业发展路径。

5. 为绩效管理提供客观的评价标准

根据工作分析的结果,可以制定各项工作的客观标准和考核依据,既为员工的工作指明了努力的方向,又为组织的绩效管理提供了员工工作业绩的评定标准,从而可以保证绩效管理的公平、公正、公开。

6. 保证薪酬的内部公平性

工作分析是组织建立合理报酬制度的重要依据。工资奖励制度是与工作定额和技术等级标准密切相关的,通过工作分析,建立了评定工作定额和技术等级的标准,并且能够从工作责任、所需技能等几个方面对岗位和职务的相对值进行确定,从而使组织的薪酬政策有一个明确的、可解释的基础,使工资的发放有了可参考的依据,保证了薪酬的内部公平。

小案例 2-1

我们为什么拿这么点薪水?

我们为什么拿这么点薪水?这是伟业公司的不少员工发出的疑问。伟业公司是一家从事各种文化活动策划、设计、组织等业务的公司,在同行业里属于经营效益较好的,因此,公司平均的薪酬水平高于市场水平。为什么仍然有员工对自己所得到的薪酬感到困惑和不满意呢?

原来,伟业公司实行的是一套比较简单的薪酬制度。这套制度将职位按照责任大小分成4个等级:员工级、主管级、经理级和高层管理。每个等级里又分成两个档,本着向业务部门倾斜的原则,业务开发部和项目管理部这两个部门取其中的较高档,其他部门取其中的较低档,于是问题出现了。

其他部门的主管、经理等管理人员颇有意见。有人认为,业务开发部和项目管理部固然重要,但每个部门的工作量、任务难度是不同的,也是必不可少的。而且其他部门也不应该一刀切,应该有所差别。还有的主管人员认为,如果出了问题,管理人员所承担的责任比员工大得多,所以他们的薪水与员工的差别应该拉得再大一些。有些部门(例如创意设计部)的员工认为,他们虽然只是普通员工,但对公司的贡献很大,与行政管理这样的部门相比,他们的工作技术含量、难度都比这些部门的大得多。但他们的薪水却比这些部门的主管低,这样太不合理了。不一定主管人员的贡献就比员工大,要看是什么部门的主管和员工。

资料来源:根据360图书馆资料改编。

请思考:

为什么员工对自己薪水感到不满?你认为如何解决这一问题?

(二) 工作分析的时机

工作分析是人力资源管理的一项常规性的工作,要根据组织的战略、工作目标、工作流程以及环境的变化对工作作出相应的调整。一般来说,有下列几种情况最需要进行工作分析。

1. 创建新的组织

对于新成立的组织要进行工作分析,这样可以为后续的人力资源管理工作打下基础。由于新成立的组织,许多职位还是空缺,工作分析应该根据组织结构、经营发展计划等信息来进行,最迫切需要工作分析的是人员招聘方面,分析结果能够为组织招聘人员提供"职位职责"、"任职资格"等方面的说明,更为详细的工作分析可以在组织运行发展一段时间以后再进行。

2. 组织战略调整

一个组织在发展过程中必然会因为内外环境的变化而导致组织战略的调整,从而会使组织的工作内容、工作性质发生相应的变化,这些变化又会引起组织业务、组织结构或者组织人员数量的变化,这就需要组织根据变化的情况对工作进行重新分析。

3. 组织创新

当组织面临重大创新,比如,技术革新、流程再造、新的管理制度和管理规范的制定等,都需要重新定岗、定员,以便使工作分析适应组织变革的要求。

 管理故事 2-2

不拉马的士兵

一位年轻有为的炮兵军官上任后到下属部队视察操练情况,发现有几个部队在操练时有一个共同的情况:总有一名士兵自始至终站在大炮的炮管下面纹丝不动。军官不解,经过询问,得到的答案是:操练条例就是这样规定的。原来条例是用马拉大炮时代的规则,当时站在炮管下的士兵的任务是拉住马的缰绳,防止大炮发射因后座力产生的距离偏差,减少再次瞄准的时间。现在大炮发射已实现机械化,不再需要这一角色了,但条例没有及时调整,出现了"不拉马的士兵"。于是,军官对这一条例进行了修改,并因此而受到国防部的表彰。

资料来源:根据百度文库资料改编。

请思考:

联系实际,试分析现实工作中有"不拉马的士兵"现象吗?你认为企业该怎么办?

三、工作分析的程序

工作分析是对组织内部各项工作系统分析的过程,这个过程一般可以分为三个基本阶段:前期准备阶段、收集分析阶段和结果整合阶段。这三个阶段彼此衔接、相互联系、相互影响。

(一)前期准备阶段

准备阶段的工作越详细周密,工作分析工作便越可能顺利地进行。

一般来说,准备阶段的主要工作包括:了解工作职务的基本特征、选择工作分析人员、制定分析工作的具体计划方案。

1. 了解工作职务的基本特征

工作分析的最初工作是围绕了解职务的基本特征而开展的背景资料收集。对工作分析有参考价值的背景资料主要包括:

(1) 国家职业分类标准和国际职业分类标准。我国的职业分类大典将职业分为大类、中类、小类和细类4个层次,每一个层次都有不同的划分原则和方法。大类层次的职业分类是依据工作性质的同一性,并考虑相应的能力水平进行分类,共8个大类;中类层次职业共66类,是在大类的范围内,根据工作任务和分工的同一性进行分类的;小类层次的职业共413类,是在中类的范围内,按照工作环境、功能及其相互关系的同一性进行分类的;细类层次的职业共1 838类,细类职业分类即为职业的划分和归类,是在小类的基础上,按照工作分析的方法,根据工艺技术、对象、操作流程和方法的相似同一性进行分类的。

在工作分析的准备阶段,对于一般的职务,工作分析人员可以查阅职业分类词典,找到类似的职位描述,职业分类辞典中的职位描述并不是针对某一个具体组织中的职位的,同时,每一个职务的环境都是不一样的,在不同的环境中,同一个职务的工作特性都会有所不同。工作分析人员应该根据组织自身的实际情况作出分析,现有的资料只能作为参考。

在国际劳工组织1958年制定的《国际标准职业分类》中,共有8个大类、83个小类、284个细类、1 506个职业项目,为各国编制或修订职业分类提供了一个样本。但其分类标准已经相对过时,参考价值有限。一些发达国家编撰的职业分类词典,通常几年就更新一次,并提供了详细的和标准化的工作内容、工作任务描述,相对来说,其参考价值较高。

(2) 行业或职业协会的有关资料。除非是全新的一个职务,否则一般总能够收集到以前人们进行过的职务分析资料。行业或职业协会常常会保存这方面的资料,劳动和人事部门以及同行业的组织也会保存这方面的资料,这些资料往往是工作分析人员审查并重新编写工作说明书的起点。

（3）组织中的有关资料。工作分析所需要的组织方面的相关资料主要包括：

1）组织结构图。组织结构图描述了组织中各个组成部分之间的相互关系，它可以反映当前的工作与组织中其他工作的关系及其在组织中的地位，组织结构图确定了每一个职位的名称、权限关系、信息沟通与交流的方式。

2）工艺流程图。工艺流程图是对组织结构图的有关信息的详尽的补充，通过工艺流程图，工作分析人员可以比较好地了解工作部门或职位之间的动态联系。

3）部门职能说明书。组织中的各个职能部门说明书规定了每一个部门的使命和职能，它有助于工作分析人员将职能部门的职能全面有效地分解到部门内的各个职位上去。

2. 选择工作分析人员

（1）成立工作分析小组。工作分析的准备阶段，应该成立专门的工作分析小组。工作分析小组成员通常包括进行策划和提供技术支持的专家、具体实施操作的专业人员以及负责联络协调的人员。小组成员应该被赋予进行工作分析的权限，以保证分析工作顺利有效地进行。

在选择工作分析人员时，首先要考虑的是聘请外部工作分析专家、还是由组织内部的专业人员来进行，两种选择各有其优缺点。

1）外部专家。聘请外部专家的优点是：外部专家来自于组织外部的专业机构，他们通常经过专业的训练，能够系统地收集和分析工作信息；外部专家作为组织外部人员，对组织问题的分析更加客观、可信；外部专家往往具有在不同组织中实施工作分析的丰富经验。当然，外部专家对组织的具体工作业务缺乏全面深入的了解，他们将花费大量的时间去熟悉和研究工作业务，这可能影响工作分析的进程。同时，聘请外部专家会增加各方面的费用。另外，外部专家进行调查时，被调查者的合作性可能较差。

2）组织内部专业人员。组织内部的专业人员通常来自于人力资源管理部门或业务流程部门。从组织内部选择工作分析人员时应该充分考察工作分析人员的条件,一般来说,工作分析人员应该具备的条件包括:具备人事管理和心理学方面的知识;了解工作分析的技术和程序;具有观察、面谈、记录、分析等方面的能力和技巧;具有包容性,能够获得他人的信赖和合作。

(2) 工作分析涉及的其他人员。为建立组织的工作分析系统,需要得到组织方方面面的合作,其中,组织高层领导的重视是非常关键的。此外,工作任职者及其上级主管对工作信息的收集工作的支持也是必不可少的。

1) 工作任职者。工作任职者最了解工作的内容,有可能提供真实、完整、可靠的工作信息。当某个职位上的任职者数量较少时,一般使用所有符合要求的任职者收集工作信息;当某个职位上的任职者数量较多时,需要对符合要求的任职者进行抽样,保证样本的有效性。

2) 任职者的上级主管。作为上级主管,他们有机会观察任职者,能够客观地提供工作信息。他们往往倾向于从任职者"应该如何做"的角度而不是"实际如何做"的角度来描述任职者工作,因此,工作分析人员需要对他们所提供的信息进行鉴别。任职者的上级主管通常并不是主要的工作信息的来源,工作分析人员需要他们对已经收集来的工作信息进行检查与佐证。

3. 制定工作分析计划

在准备阶段,工作分析人员还应该制定一个详细的计划方案,用以指导具体的分析工作,计划方案通常包括以下内容。

(1) 界定分析对象和抽样方法。计划方案要说明分析工作职务的范围、他们的规范名称及非正式称谓,还要界定所要收集的信息类型和内容,界定抽样规模和抽样方法。

(2) 确定信息收集的方法。计划方案应该说明所采用的具体分析方法、所使用的分析仪器、设备及其他辅助工具,还应该说明工作描述数据的统计分析方法。

(3) 确定工作分析的步骤和起止时间。计划方案还必须确定工作分析的步骤,规定各项工作的起始时间和完成时间。应该选择各种工作活动最典型、最稳定的时期进行分析,对不同工作的分析应尽可能地集中在同一时间进行,实际分析时间应尽可能集中。

(4) 意外事件的处理措施。计划方案还应该提出各种可能发生的意外事件的处理措施。如,部分样本损失时应该如何补救,原定的分析方法不适应分析要求时应该采取哪些替代方法,仪器设备发生故障时的应变措施等。

(二) 收集分析阶段

这一阶段是工作分析的具体实施阶段,包括实际收集与分析整理两个环节。

1. 实际收集

这一个环节是工作分析人员运用计划所确定的信息收集方法对所需的信息内容和信息类型进行收集的过程。工作分析的性质、目的和用途,决定了所要收集信息的内容和类型。工作信息主要包括:

(1) 工作活动。这方面的信息主要是指任职者必须进行的与工作有关的具体活动,一般包括具体的工作时间、具体的工作事项和工作方式以及与他人交往的活动。

(2) 工作标准。这方面的信息主要涉及对任职者进行评价的各种标准,如完成工作的时间、工作质量、工作标准、工作误差分析等。

(3) 所使用的机器、工具、设备和辅助工作。这方面的信息主要是指为完成工作所采用的机器、工具、设备和所需要提供的辅助性工作,工作的辅助条件如所涉及的专业知识、加工的原材料以及所需的咨询和维护等方面的劳务。

(4) 工作环境。工作环境方面的信息涉及的是任职者的工作环境和工作背景,包括时空环境,如工作的物理环境、工作的日程安排;也包括任职者所处的组织环境和社会环境;此外还包括组织对任职者的各种激励措施,如经济性激励和非经济性的激励。

(5) 定位于人的活动。这方面的信息主要涉及任职者的行动,如有关身体动作的要求和沟通、基本的动作、体力的消耗等;以及工作本身对任职者接受教育背景的要求(如教育程度、专业要求、培训等)和素质要求(如思想品质素质、知识素质、能力素质、心理素质等),素质要求既要考虑职业的要求,也要考虑工作岗位的要求;另外,一些特殊的工作对工作者的个性或体能有特殊的要求,不能一概而论。

2. 整理和分析

对所收集的信息必须进行整理和分析,通过整理和创造性地分析,发现有关工作和任职者的关键信息,进而归纳、总结出工作分析所需要的材料和要素,使之成为可以使用的管理文件。整理分析的主要方法是鉴别和整序。鉴别是对工作信息的准确性、真实性和可行性进行分析,判断其误差的大小,以保证信息的真实可靠。鉴别的主要方法有核对、佐证、逻辑分析和复查。整序是把收集来的众多信息按照一定的标准和要求,进行归类整理,整序的主要方法是分类法。

3. 注意事项

在收集分析阶段,必然要涉及大量的工作任职者和管理人员,因此,赢得他们的支持是非常必要的。同时,对于获取信息的来源、途径以及对于信息研究方法的考虑也是非常重要的。具体来说,在收集分析阶段要注意以下事项。

(1) 注意从不同方面获取工作职务的差异。进行工作分析时,首先要明确各种工作职务活动本身存在的天然差异,此外,还可以从职务活动所处的自然环境和组织环境、工作职务的时间要素、作业活动要素以及任职者要素等各个方面去获取各个职务活动的差异。只有这样,才能避免单一角度进行分析可能产生的偏差。

(2) 注意定性信息与定量信息相结合。所有的有关工作职务的信息,既可以是定性的,也可以是定量的。定性的信息往往是可以用文字表达的项目,比如,工作条件、环境要素、任职者的资格条件等。定量的信息则是通过数字表达的项目,如工作计量、工作日程、工作群体的人数等。更多的工作信息则需要定性与定量的结合。

(3) 加强与有关人员进行沟通。可以通过会议的形式,向有关人员进行必要的宣讲和动员,使有关人员了解工作分析的目的和意义,消除顾虑和压力,争取他们的支持和合作;同时也应让他们了解工作分析的时间和进程,了解工作分析使用的方法以及需要的配合。这种沟通是信息收集工作有效进行的必要保证。

(4) 与有关人员共同审查和确认工作信息。为了避免偏差,必须与工作任职者及其上级主管就所收集的信息绩效核对、佐证和复查,以修正可能不准确的信息,同时也有助于工作任职者及其主管对工作分析结果的理解和认可,为他们今后实际使用工作分析结果奠定基础。

(三) 结果整合阶段

分析的结果要整理成书面的文件,形成工作分析的最终结果,即工作说明书和工作规范,以便在日后人力资源管理中使用。这种书面的文件通常有文字说明和图表说明两种形式。有关工作说明书和工作规范的编写,将在本章第三节作专门的介绍。

 小案例 2-2

福特汽车公司的职位流程与职位分析

亨利·福特一世不仅是一位家族企业家,而且是企业职位分析的始祖。他在自己的传记《我的生活和职位》中详细地叙述了T型轿车8 000多道工序对工人的要求:

949道工序需要强壮、灵活、身体各方面都非常好的成年男子;3 338道工序需要普通身体的男工;剩下工序可由女工或年纪稍大的儿童承担,其中50道工序由没有腿的人完成,2 637道工序由一条腿的人完成,2道工序由没有手的人完成,15道工序由一只手的人完成,10道工序由失明的人完成。

详尽的职位分析从一个侧面说明福特一世对企业的职位和流程了如指掌,对减少人力资源浪费、降低成本、提高管理企业水平无疑有巨大的意义与作用。

资料来源:陈剑,《人力资源管理》,清华大学出版社,2017年版。

请思考:

福特一世的职位分析对现代企业有哪些启示?

第二节 工作分析的方法

工作分析方法大致上可以分为定性方法和定量方法两大类。在工作分析中经常运用的定性方法主要有：观察法、访谈法、工作日志法、问卷法和关键事件法；属于定量方法的有 PAQ 法和 MPDQ 法。每一种方法都有其固有的长处和缺陷以及各自不同的适用条件，因此在实际的工作分析中，针对不同的工作分析的目的，我们可以有选择地采用某一种方法，或者将几种不同的方法综合起来运用。本书主要介绍定性分析的方法，因为这类方法在工作分析中广泛应用。常用的定性方法主要有：观察法、访谈法、工作日志法、问卷法和关键事件法，各种方法在操作的繁简程度和被运用的广泛程度是各不相同的。

一、观察法

观察法是工作分析人员通过对职务活动绩效系统观察而获取职务要素信息的方法，通过系统观察，收集有关工作内容、工作间的相互关系、人与工作的关系以及工作环境、条件等方面的信息，并用文字和图表的形式记录下来，进行分析、归纳和总结。

（一）观察法的特点

1. 观察法的优点

（1）全面性。观察法要求工作分析人员对各种有代表性的作业活动作普遍观察，因此，通过观察，工作分析人员能够比较全面地了解工作要求，观察法特别适用于那些主要运用体力活动来完成的工作。

（2）手段多样，效率较高。在观察分析中，工作分析人员可以深入到工作现场，借助于感官对某些特定对象的作业活动进行直接观察，观察人员还可以借助于各种测量仪器和记录设备，比如声级计、照度计、照相机、录音机、摄像机等，以提高观察的精确度和效率。

2. 观察法的缺点

观察法经常使用的是动作研究和时间研究，通常只能用于分析存在大量重复而且操作重复期较短的体力操作,因此它的局限性也十分明显。

(1) 适用范围具有一定的局限性。适合于以外显动作为主的职务,对于脑力劳动成分比较高的职务,效用不大;适合于活动范围不大的职务,对于职务活动范围很大的职务,由于分析工作所消耗的人力、物力和时间较大,难度也较大;对于在一些特设环境中活动的职务,难以运用观察法进行分析。

(2) 难以获得任职者的合作。对于一些任职者来说,会产生心理抗拒,他们会觉得自己受到监视或威胁,同时,也可能造成动作变形。

(3) 难以得到有关任职者资格要求的信息。

(二) 运用观察法的注意事项

(1) 注意工作样本的代表性。使用观察法时,工作分析者观察正在工作的一个或者几个人,并且对观察结果进行记录,包括做了什么、怎么做的、用了多长时间、工作环境如何和使用了哪些工具等内容。因此,工作样本的代表性将直接影响工作分析的结果。

(2) 观察前要制定详细的观察提纲。要事先确定观察的内容、观察时刻、观察的位置等。观察内容要全面,如工作的目标、任务、使用设备、工作时间、上下级关系、体能要求、工作环境等;观察的时刻可选用瞬时观察和定时观察;观察的位置的选择要确保能够观察到对象的全部行为而又不至于影响到对象的正常工作(如表2-1所示)。

示例2-1

表2-1　工作分析观察提纲示例			
观察者姓名		被观察者姓名	
工作职位		具体工作项目	
观察时间、地点		记录时间	

观察内容	1. 工作正式开始时间_____ 2. 上午工作多少时间_____ 3. 上午休息几次_____ 4. 第一次休息起讫时间_____ 第二次休息起讫时间_____ 其他休息情况_____ 5. 上午完成产品多少件_____ 6. 平均多长时间完成一件产品_____ 7. 与同事交谈约多长时间_____ 每次交谈约多长时间_____ 8. 室内温度_____ 9. 什么时间开始午休_____ 10. 次品产出量_____ 11. 搬了多少次原材料_____ 12. 工作环境的噪音分贝是多少_____

（3）充分考虑任职者的心理反应。观察者在场对于任职者会产生一定的心理影响，可能引起任职者形形色色的反应，如紧张、分心、预警、扮伪等等，从而影响到观察结果的真实性。为了能够观察和记录到真实、自然的工作活动信息，工作分析人员既可以采取隐蔽的措施，也可以采取开诚布公的态度。隐蔽的措施主要是隐蔽观察的意图或者观察者的身份以消除任职者的预警心理和扮伪策略；开诚布公的态度是事先明确观察分析的意图和意义，以求得任职者的真诚合作。

（4）观察和思考相结合。由于上述心理因素的影响，不能过高估计观察所得到的信息的准确性。即使是物理测量，其精确性也并不等于观察结果的准确性，不能过于迷信物理测量的手段。所以，工作分析者应将观察和思考相结合，避免机械记录，应对工作信息进行比较和提炼，以提高观察的准确性。

二、访谈法

访谈法是工作分析人员通过面对面询问而获取工作要素信息的方法,主要用于确定工作任务和责任等方面。访谈的对象可以是任职者本人,也可以是专家和主管人员;访谈的形式可以是个别访谈,也可以是群体座谈;访谈的程序可以是标准化的,也可以是非标准化的。

(一) 访谈法的特点

1. 访谈法的优点

(1) 具体准确。一般来说,任职者对于自己工作的特征最为熟悉,也最有发言权,由任职者本人描述工作内容,具体而准确。

(2) 双向沟通。访谈法是一种双向沟通,便于向任职者解释工作分析的必要性和功能,同时也有助于与任职者的沟通,消除其工作压力。

(3) 详细深入。访谈过程如果能够得到访谈对象的合作,可以对工作者的工作态度与工作动机等深层次的信息有比较详细和深入的了解。

2. 访谈法的缺点

(1) 信息可能是扭曲的,可信度不够高。

(2) 技巧性高。访谈者的技巧,直接关系到访谈的效果。访谈员要有多方面的知识和能力,需要经过专门的训练。

(3) 工作成本高。访谈法比较费时,工作成本较高。

(4) 对访谈结果的整理和分析比较困难。

(二) 访谈法的运用

访谈的实施大致包括访谈准备、进入访问、提问和记录整理等方面的工作。

1. 访谈的准备

访谈的准备工作是非常具体的,主要是确定访问方法和访问对象。为了保证访谈的效率与信度,一般宜采用结构式的访谈法,为此,事先应拟定一个结构合理、比较标准化的问题表,其内容应该涵盖所有的工作要素。在确定访谈对象时要注意人数要适当,对象要有代表性。

2. 进入访问

工作分析人员在进入访谈时,首先要作一个指导性的发言,说明研究的意图以及对管理、对任职者的意义。

3. 提问

提问是访谈的关键,提问时应该注意问题的内容和提问的方式。

(1) 问题的内容。问题应该与工作分析的目的相关,不应该超出任职者的知识经验范围,不应该涉及任职者的个人隐私。

(2) 提问的方式。表达要清楚,含义要准确;语言要浅显,避免生僻的专业性术语;不应带有暗示性和倾向性;避免发表个人观点和看法。除非任职者偏离正题或者表达不准确,工作分析人员一般不要加以干预和评论;不要与被访者争论,更不要偏离访谈的中心;当访谈对象的回答含糊不清、前后矛盾或回答不够完整时,应进行适当的追问。

4. 记录和整理资料

在访谈法中,信息资料是由访问者记录得来的。访问记录的方式分为当场记录和事后记录两类。访问法的后续工作是整理访问所得的资料,并在整理记录资料的基础上进行系统分析。

一般来说,访谈法往往用于任职人数较少同时又非常重要的职务,如主管领导等。访谈法经常要与问卷法结合起来运用,尤其是对于问卷中不易获得信息或者需要进一步核实的信息,通过访谈法,可以获得更深层次的信息内容。

示例 2-2

表 2-2 工作分析访谈提纲示例

访问者姓名		被访者姓名	
工作职位		具体工作项目	
访谈时间、地点		记录时间	

访谈内容	1. 你所从事的是_____性质的工作 2. 你所在的职位的主要工作是_____，你是_____做的 3. 你的工作环境与别人的不同之处是_____ 4. 做这项工作需要具备的教育程度、工作经历和技能是_____，它要求你必须具备的学历或资格证书是_____ 5. 你参与了_____活动 6. 这种工作的职责和任务是_____ 7. 你所从事的工作的基本职责是_____，工作标准有_____ 8. 你实际参与的活动包括_____ 9. 你的责任是_____ 10. 你对_____有决策权，对_____没有决策权 11. 你的工作环境和工作条件是_____，你希望改善的是_____ 12. 你的工作对体质的要求是_____ 13. 你的工作对个人性格和能力的要求是_____ 14. 你的工作对身体和健康的影响有_____ 15. 你的工作的意义和价值是_____ 16. 还需要补充的有_____

三、问卷法

问卷法是以书面问答的方式对任职者进行调查，以获取工作要素信息的方法。一般由有关人员设计出一套工作分析的问卷，由任职者或者工作分析人员填写，在此基础上对问卷进行归纳分析，对分析结果进行定量化处理，并据此写出工作职务描述。当所需分析的工作面大而且时间和成本有较大的限制时，采用这种方法是比较有效的。

(一) 问卷法的特点

1. 问卷法的优点

(1) 适用范围大,调查对象广泛。适用于对一切职务的调查分析,当同时对很多工作者进行调查时,速度快、时效性强。

(2) 形式多样。问卷的形式是多种多样的,既有适合于各种工作职务的问卷,也有针对某一特定工作职务的问卷;既有标准化的问卷,也有非标准化的问卷;既有结构性的问卷,也有非结构性的问卷。

(3) 便于定量分析。可以借助于计算机对于调查结果进行数据处理,便于对调查结果的定量分析。

2. 问卷法的缺点

(1) 技术性要求较高。问卷涉及对问卷的总体框架、问题的形式、问卷的语句和答案的设计,技术性要求较高,设计所花费的时间、人力和物力较多。

(2) 如果要求被调查者单独填表,被调查者可能不积极配合,同时缺乏必要的指导和沟通。

(3) 问卷的回收工作较为困难。

(二) 问卷的结构

问卷方法的关键问题是问卷的设计,问卷设计首先涉及问卷的结构,一份完整的问卷结构包括:

(1) 封面信。即一封给被调查者的短信。在封面信中,首先要说明调查者的身份(调查者的身份也可以通过落款来说明);其次要说明调查的内容和调查的目的(通常用一句话指出其内容范围);在信的结尾处,一定要真诚地感谢被调查者的合作与帮助等等。

(2) 指导语。指导语集中在封面信之后,并标明"填写说明"的标题,其作用是对填写问卷的方法、要求、注意事项等作出总说明。

(3) 问题和答案。问题和答案是问卷的主体,从问题的形式看,可以分为开放式问题和封闭式问题两类。开放式问题就是不为回答者提供具体答案,而由回答者自由填写的问题;封闭式问题是在提出问题的同时给出若干答案,要求被调查者做出选择。

(4) 编码及其他资料。在较大规模的统计调查中,常常采用以封闭式问题为主的问卷,为了将被调查者的回答转换成数字,以便输入计算机进行处理和定量分析,往往需要对回答结果进行编码。所谓编码就是赋予每一个问题及其答案一个数字作为它的代码。在实际调查中,研究者大多数采用预编码,一般放在问卷每一页的最右边,有时还可以用一条纵线将它与问题及答案部分分开。除了编码以外,有些采访问卷还需要在封面上印上访问员的姓名、访问日期、审核员姓名、被调查者住地等有关资料。

(三) 问题设计

问卷设计的关键是问题的设计,包括问题题干和问题答案的设计。

1. 问题题干的设计

(1) 概念准确。语句中所运用的概念要准确具体,尽量避免使用抽象的概念或一词多义的概念,杜绝使用造成调查者与被调查对象之间产生歧义的概念,以免造成对同一概念作不同的理解。

(2) 语言简洁、语句简短。

(3) 避免双重含义,即避免在一个问题中同时询问两件事。

(4) 避免倾向性和诱导性,即避免问题本身含某种倾向来引导被调查者回答方向。

(5) 注意问题的顺序。一般可以按照以下原则确定问题之间的相互次序:把被调查者熟悉的问题放在前面,比较生疏的问题放在后面;把简单易答的问题放在前面,较难回答的问题放在后面;按照时间先后、从外部到内部、从上级到下级等逻辑顺序排列;先问宽泛的、一般性的问题,后问与职位相关性很强的问题;开放式问题放在问卷的最后。为了便于对问卷调查资料的统计,问卷常常以封闭式问题为主。同时在最后附有一到两个开放式问题,以收集定性的、丰富多彩的资料,同时也便于在问卷分析以后进行重点的访谈分析。

2. 问题答案的设计

(1) 答案要具有穷尽性。所谓穷尽性是指答案应包括所有可能的情况,若所列答案不能穷尽所有项目,可在所列的若干答案后面加上"其他"类。如果一项调查结果中,选择"其他"一栏的人数相当多,说明答案的分类不恰当。

(2) 答案要具有互斥性。所谓互斥性是指答案相互之间不能重叠或互相包含。如果一个回答者可以同时选择属于某一问题的两个或更多的答案,那么,这一问题的答案就一定不是互斥的。要做到互斥有两种方法:一种是标准统一;另一种是针对比较复杂或抽象的问题进行同层次分类。

(3) 确定答案的测量档次。应按不同次序排列问题的答案,对于可以做数量加减计算的答案,应注意答案各档次间距不宜太宽,且各档次的间距要尽量相等,数字之间要衔接吻合,注意排除重叠和中断。

示例 2-3

表 2-3　通用型问卷示例

姓名		部门	
职务名称			
填表指导	请详细阅读全表,并如实回答,填表后交给主管。若有疑问,请向主管询问。		
你的职责	你每天应完成的工作活动和承担的职责是什么? 短期的或临时的责任是什么? 不规则且不定时承担的责任是什么?		
监督指导	多少人在你的直接监督之下(请列明职称与人数)? 你是否有全权指派工作、更正错误、鼓励员工、解雇员工以及答复申诉? 你是否对下属的工作进行指导和协调?		
物料、工具与设备	你所使用的主要物料是什么? 请列出你工作中使用的主要机器与设备。 请列出你工作中使用的主要工具与其他仪器器材。		
与其他工作的关系	除直接上司及部门的同事外,你在工作中尚需与哪些人接触? 请列出你工作中需要与之接触的人的职称与所属部门。 请说明你工作中与其他部门发生接触的性质。		

续表

决策	你有哪些不必请示主管就可以自行做出决策的事项？
记录及报告	哪些报告和记录是你个人要准备的？ 记录和报告的资料来源是什么？ 工作要求的生理条件： 你工作时站立的比例是：　　%。 你工作时坐的比例是：　　%。 你工作时走动的比例是：　　%。 你一个人在工作时需要举起或携带的重量是：　　（千克）。 在一个工作日里，你要举起或携带这一重量的时间是：　　%。 你的工作是否需要特殊的生理条件？
工作环境	请列举在你工作场所里影响工作或健康的燥热、噪声、烟尘、恶臭等情况。
危险因素	请说明在你工作时可能出现的危险或意外。
以下部分由你的主管填写	任职者的条件： 本工作对任职者教育程度的要求？ 从事本工作应有的经验？ 所需经验的时间要多久？ 一个新员工需要哪些岗前培训(请列出培训的种类、内容和时间)？ 主管签名：　　　　　　填表日期：

四、工作日志法

工作日志法是由任职者按时间顺序，详细记录自己在一段时间内的工作内容与工作过程，经过归纳、分析，达到工作分析的目的的一种工作分析法。日志的形式可以是不固定的，也可以由组织提供统一的格式。

工作日志法是在完成工作以后逐日即时记录的，具有详尽性的优点。同时通过工作日志法所获得的工作信息可靠性很高，往往适用于确定有关工作职责、工作内容、工作关系、劳动强度方面的信息，因此工作日志法又具可靠性的优点。

由于工作日志法是由工作任职者自行填写的,信息失真的可能性较大,任职者可能更注重工作过程,而对工作结果的关心程度不够。运用这种方法进行工作分析对任职者的要求较高,任职者必须完全了解工作职务的情况和要求。另外,这种方法的信息整理工作量大,归纳工作繁琐。

一般来说,在用于工作分析时,工作日志法很少作为唯一的、主要的信息收集技术,常常要与其他方法相结合。实际工作中,工作分析人员通常会将组织已有的工作日志作为问卷设计、准备访谈或者对某一项工作做初步了解的文献资料来源。

五、关键事件法

关键事件法(critical incident technique,CIT 法)是美国心理学家约翰·福兰纳根(John Flanagan)提出来的。所谓关键事件,就是对工作绩效有重要意义的职务背景关系及相应的行为。关键事件法是对完成工作的关键行为进行记录,并选择其中最重要的和最关键的部分进行评定的方法。关键事件法要求对岗位工作任务造成显著影响的事件进行归纳分类,从而形成对工作岗位的全面了解。

(一) 对关键事件的描述

对关键事件的描述应该包括的内容主要有:

(1) 该事件发生的背景和原因;

(2) 工作者有效的或多余的行为;

(3) 关键行为的后果能否被认知;

(4) 工作者控制上述行为的能力。

(二) 关键事件法的特点

1. 关键事件法的优点

(1) 能够识别提高员工绩效的关键性因素。关键事件法能够反映工作者特别有效的工作行为和特别无效的工作行为,从而能够更好地确定每一行为的利益和作用。

(2) 适用于工作周期较长以及工作者的行为对组织任务的完成具

有重要影响的情况,能够作为人力资源主管部门对工作绩效评估与工作训练时的参考。

(3) 建立的工作行为标准准确。关键事件法要求工作分析人员、管理人员、本岗位工作人员,将工作中的"关键事件"在进行时详细地加以记录,所以对职务行为的描述和由此而建立的行为标准更加准确。

2. 关键事件法的缺点

由于关键事件并不能对工作提供一种完整的描述,因此这种方法无法描述工作职责、工作任务、工作背景和最低工作资格的情况;同时,为收集必要数量的关键事件的信息所花费的时间往往较多;另外,这种方法对中等绩效的员工难以涉及,遗漏了平均绩效水平。

(三) 关键事件法的运用

运用关键事件法进行工作分析时,应该注意以下问题:一是调查期限不宜过短;二是关键事件的数量应该足够说明问题,但不能过多;三是正反两方面的事件应该能够得到兼顾,关键事件记录表如表2-4、表2-5所示。

示例 2-4

表 2-4　员工关键事件记录表(有效行为)

员工姓名	张三	所属部门	生产部门
记录时间	9月20日	记录人	李四
背景	17:00左右,部门接到被公司总部驳回的通知单(该方案主要是针对国庆假期而提出的增产计划)		
行为	生产经理张三下班后,重新认真研究了提交的增产计划,发现了方案不足之处,并提出了一份较为完善的生产计划,直至23:00完成工作后才打车回家。		
后果	不嫌劳苦,快速处理问题,为公司抓住商机尽责。		

表 2-5 员工关键事件记录表（无效行为）

员工姓名	王二	所属部门	生产部门
记录时间	9月20日	记录人	赵五
背景	7:00左右，部门接到被公司总部驳回的通知单（该方案主要是针对国庆假期而提出的增产计划）		
行为	因临近下班时间，王二想等明天上班后再作处理，于是下班离开。		
后果	这种行为可能会使公司失去很多潜在商机从而造成损失。		

第三节　编写工作说明书和工作规范

一、编写工作说明书和工作规范的总体要求

基本概念　工作说明书和工作规范

　　工作说明书，通常又被称作职务描述或工作描述。工作说明书以书面的形式对组织中的各个职位的工作性质、工作任务、工作职责、工作关系和工作环境等所作的统一要求，它实际要描述的是任职者的工作是什么、为什么做、如何做以及在何处做等。

　　工作规范，又称任职资格或者岗位规范，是根据工作分析所提供的信息，拟定任职者的资格，列举并说明具体任职者的个人特质、条件、所受教育和培训等，用于招聘以及职业培训等活动。

　　工作说明书与工作规范都是工作分析的结果，工作规范一般是从工作说明书中提取出来的。从编制的直接目的看，工作说明书是以"工

作"或"职务"为中心,对岗位进行全面、系统、深入的说明,为工作分类、工作评价提供依据。而工作规范是在工作说明的基础上,解释什么样的人员才能胜任本岗位的工作,以便为企业职工的招聘、培训、考核、选拔、任用提供依据;从两者涉及的内容范围来看,工作说明书的内容更为广泛,包括对岗位各有关事项的性质、特征、程序、方法的说明,而工作规范的内容较为简单,主要涉及对岗位人员任职资格条件的要求。

工作说明书和工作规范的编写并没有标准的格式,可能会因为工作性质、企业的需要和工作分析者等方面的不同,使得工作说明书的编写内容和编写方式存在许多差异,但编写的基本步骤、编写的基本原则应该是共同的,工作说明书和工作规范的内容和描述的结果应该是基本一致的。

(一) 基本原则

1. 科学性原则

这是对编写程序的要求。工作说明书和工作规范的编写,应该避免主观随意性,从程序上保证其科学性。这就需要相关专家共同参与撰写,任职者的主管审定,人力资源管理部门存档。

2. 适用性原则

这是对工作说明书和工作规范的内容要求。工作说明书和工作规范的内容应该简洁实用、重点突出,既不能过于详细,也不能失之简单,必须明确工作任务、工作职责和任职资格,使之能够被应用于人力资源管理的各项工作。

3. 准确性原则

这是对工作说明书和工作规范的语言表达方面的要求。工作说明书和工作规范应该对工作进行全面清楚的描述,任职者阅读以后能够明确其工作责任和工作流程;工作规范也应该列举并且说明任职者所必须具备的个人特质、条件、所受培训和教育经历等;同时,工作说明书和工作规范的描述应该准确,用词恰当,便于理解和把握。

4. 规范性原则

这是对工作说明书和工作规范的格式要求。工作说明书和工作规范是组织人力资源管理系统的重要文件资料,其内容和描述的结果应该是基本一致的,内容应该是完备的,文本格式应该是统一的,从而使之能够适应现代化技术应用与发展的要求。

(二)基本步骤

在完成工作分析以后,一般需要编写工作说明书和工作规范。工作说明书和工作规范可以分成两个文件来写,也可以合并在一份工作说明书内,其编写的基本步骤如下。

1. 草拟

根据所收集的有关工作信息,初步拟定工作说明书和工作规范的草稿。

2. 对照

将工作说明书和工作规范的草稿与实际工作进行对照,根据对照的结果决定是否需要再次进行调研。

3. 修正

修正工作说明书和工作规范,对于一些特别重要的工作岗位,需要多次反复的修订。

4. 定稿

经过多次反馈和修正,形成最终的工作说明书和工作规范,并将工作分析的成果运用于实际工作中。

5. 总结

对工作分析进行总结性评估,并将工作说明书和工作规范归档保存,建立工作分析成果的管理制度,为今后的工作分析提供基础。

6. 更新

在工作分析的成果运用于实际的人力资源管理工作过程中,要加强调研,注重反馈,从而不断完善工作说明书和工作规范。

(三)工作说明书和工作规范的编写误区

许多组织在工作说明书和工作规范的编写方面,还存在着许多认识误区和操作误区,具体表现在:

1. 由谁来编写

工作说明书和工作规范需要相关专家、任职者及其主管以及人力资源管理部门共同参与编写。在这个问题上,存在的错误认识和做法是：

（1）由任职者自行编写。许多人误以为任职者最了解自己的工作内容和工作职责，因此，只需任职者根据本岗位一直以来从事的工作内容编写工作职责，其结果是格式不统一、表达不规范，而且只写出做什么，而应该做到什么程度、什么时间做、怎么做，以及为谁服务、谁给予服务等要求一概不清。

（2）由专家编写。许多人误以为只有专家才是权威的，盲目地依赖专家，将编写工作全部交给专家去完成，其结果可能是：虽然工作说明书和工作规范格式规范、内容详细，但是严重脱离组织的实际情况和特殊要求，缺乏操作性，组织很难贯彻落实，而员工则会产生普遍的不满和敌对情绪。

（3）由人力资源管理部门编写。许多组织的人力资源管理部门包揽了编写工作，这在一定程度上失去了编写工作说明书和工作规范的本意。工作说明书和工作规范应该主要由各部门主管负责，人力资源管理部门不能代行其事，人力资源管理部门主要的职责是提供编写格式和方法，并给予适当的指导和审核。

2. 缺乏客观的公正性

缺乏客观公正性主要表现在工作说明书和工作规范的编写以现任的人员或者理想的人员为标准，而没有以工作特性为依据。工作说明书描述的只是工作职位应该具有的特性，而与本职位的现任人员无关。工作规范所列举的任何知识、技能和能力的要求，都应该建立在完成工作确实必需的内容之上，而不是理想的候选人应该具备的条件。

3. 一劳永逸

工作说明书和工作规范的编写不是一劳永逸的。所有的工作说明书和工作规范都存在可能过时的问题，为了使之能够及时反映工作中发生的变化，应该让任职者及其直接上级每年察看工作说明书和工作规范，以便确定现有的工作说明书和工作规范是否需要更新。

二、工作说明书的编写

工作说明书应该指明的是某项工作区别于其他工作的信息,所包含的内容要素及其编写要求如下。

(一) 内容要素

一份比较完备的工作说明书应该具备以下方面的内容。

1. 工作标识

工作标识包括工作名称和工作身份。工作名称应该能比较准确地反映工作的主要职责,并且应该指明任职者在组织等级制度下的相关关系。工作身份又称工作地位,一般在工作名称之后,包括所属部门、直接上级职位、工作等级、工资水平、所辖人数、定员人数、工作分析时间和人员等。

2. 工作概述

工作概述也称职务摘要,是对主要工作职责的简要说明,应该用简洁准确的文字揭示工作的总体性质、中心任务和工作目标。

3. 工作内容

工作内容是对基本的工作任务和工作关系的说明,包括:

(1) 工作活动内容。逐项说明工作活动内容与时间的百分比。

(2) 工作权限。界定任职者在工作活动内容上的权限范围,如决策的权限、对他人实施监督的权限以及经费预算的权限。

(3) 工作绩效标准。工作绩效标准又称工作结果,说明任职者的工作结果。一般应该有定量化的表述。

(4) 工作关系。工作关系又称工作联系,指任职者与组织内外其他部门和人员之间的关系,如监控的上级和监控的下属对象、可以晋升的职位、可以相互转换的职位、与哪些部门的职位发生联系等。

4. 工作条件和环境

工作条件主要涉及任职者使用的设备名称和所运用的信息资料的形式。工作环境更多地涉及工作所处的自然环境,包括工作场所、工作的危险性、工作的时间、工作的均衡性、工作环境的舒适性等。

（二）编写要求

在进行工作说明时，必须注意以下各点。

1. 内容详尽、完整

工作说明书的内容要详尽、完整。要避免的情况主要有以下两种。

（1）工作描述过于琐碎。工作描述如果过于详细的话，难免琐碎，这样工作描述将会变成动作分析。

（2）不能独立使用。工作说明书本身应该能够独立使用，对某一项目的描述不应该出现"参见第几页第几项"的字样。

2. 语句要简洁，逻辑性强

语句构成要简洁、规范，要有逻辑性；每一句话都应该能表达动作、对象、目的，并以动词起句；语句的排列应该按照工作的基本性质、职位高低、资格条件的重要性等排序。

3. 用词标准

要建立标准化的词库。词汇应该具体，避免抽象概念；除非必要，不用形容词；除非必要，避免难以理解的技术性词汇；如有可能，尽量用数学语言。

示例 2-5

表 2-6　工作说明书示例	
职务名称	副总裁（海外系统）　　代号：1-02
职务等级	2 级（注：总裁为 1 级，是薪酬依据）
直属领导	总裁
主要下属	海外事务子公司总经理、驻外办事机构主任共 14 人。
主要职责	根据董事会与总裁的战略规划，辅助总裁对海外销售业务的发展与业绩全面负责。
工作目标	根据 2018 年总公司的目标计划，当年完成利润 1 亿；根据总公司 5 年计划，在今后 5 年中实现利润翻一番，每年至少递增 20%。海外业务点拓展要在年内增加 1 倍。

续表

主要任务	1. 辅助总裁对总公司海外事务子公司与驻外机构的业务全面指导。 2. 制定短期、中期(5年)、长期(10年)发展规划与提供战略开拓分析报告。 3. 对下属财务、人事两个系统全面负责、有权任免海外事务子公司与驻外机构的政、副职高层领导职位。
	4. 制定下属两大系统的工作规范与考核条例,并根据子公司业绩决定分配方案与业务拓展方案。 5. 完成由总公司或董事长根据总公司发展需要而规定的其他业务,并向总裁直接负责。
工作关系	1. 协调横向关系,主要是与国内销售系统、工业生产系统的副总裁之间的关系,要求相互配合,以公司目标为重而共同对总裁负责。 2. 协调与职能部门之间的关系,主要是总公司财务部、发展战略部、市场开拓部、人力资源部的部长,在各专业领域内要多与他们协商、听取他们的建议与意见,以保证各专业领域内的工作顺利展开。 3. 不该直接指挥与本职务没有直接关系的(如工业生产子公司、海外机构的某销售股、某财务会计等)岗位,但可以通过正常途径听取他们的意见,并向直属下级提出行政处理办法。

小案例 2-3

到底由谁来清扫机油?

一位机床操作工不小心把大量的机油洒在机床周围的地面上。车间主任叫操作工把地面清扫干净,操作工拒绝执行,理由是工作说明书里并没有包括清扫的条文。车间主任顾不上去查工作说明书上的原文,就找来一名服务工来做清扫,但服务工同样拒绝,他的理由是工作说明书里也没有包括这一类工作。由于这个服务工是分配到车间来做杂务的临时工,车间主任威胁说要解雇他,服务工勉强同意,但是他清扫完后随即向厂方进行了投诉。

有关人员看了投诉之后,审阅了相关三个职位的工作描述。操作工的工作描述规定操作工有责任保持机床的清洁,使之处于可操作状态,但并未提及清扫地板的要求。服务工工作描述规定:服务工有责任以各种方式协助操作工,如领取原料和工具,随叫随到,即时服务,但也没有包括清扫工作。清洁工的工作描述中确实包含了各种形式的清扫,但其工作时间是从操作工人下班后开始的。

资料来源:彭良平,《人力资源管理》,清华大学出版社,2016年版。

请思考:

你认为应由谁来清扫机油?

三、工作规范的编写

工作规范既可以是附在工作说明书中的一部分,也可以把它放在工作说明书的背面,作为一份单独的文件。

(一)工作规范的一般性内容

制定工作规范时,要列举并说明具体任职者的个人特质、条件、所受教育和培训等方面的详细内容:

1. 资历要求

(1)教育背景。如对任职者的专业、学历的要求,以及任职者所受的相关培训、所获得的职业证书等。

(2)工作经历。任职者有无相关的工作经历以及从事相关工作的时间长短。

2. 心理要求

(1)技能要求。任职者的基本技能、专业技能和其他技能。如任职者的领导、组织、协调、创新、分析能力,信息处理能力,人际交往能力和表达沟通能力等。

（2）心理素质。包括个性心理特点，如各种感、知觉能力、记忆、思维、语言、操作活动能力、应变能力、兴趣爱好、性格类型等。

（3）职业品质。除了对一般的社会道德的要求外，对职业所要求的职业品质也要有所要求，如敬业态度、职业纪律等。

3. 身体素质

主要是岗位对身体的特殊要求，如身高、体型、力量大小、耐力、身体健康状况等。

（二）制定工作规范的注意事项

1. 区别对待不同性质的工作

根据上述工作规范的一般内容，在制定工作规范时，要根据工作性质和工作分析的不同结果，区别对待。对性质简单、固定而且条件可以列举的工作（如专业人士、技术员、打字员等），任职资格可以直接根据个人资格条件（如学历、培训、资格证书等）列举，基本可以满足使用的要求；凡是不属于上述类别者，制定工作规范时，可以根据工作分析的结果，预测影响该项工作绩效的个人条件是什么，才能确定胜任此项工作必需的资格条件。

2. 满意的标准而不是最优的标准

工作规范所列举的任何资格条件要求，都应该建立在完成工作确实必需的内容之上，也就是说，工作规范应该反映取得令人满意的工作绩效必需的资格条件，而不是理想的候选人应该具备的条件，制定工作规范的标准应该是满意的标准，而不是最优的标准。

3. 注意任职者的个性特征

关于工作规范不同的专家提出了不同的内容体系，在制定工作规范时，我们可以参考这些内容进行具体而详细的描述，但同时要切实地根据不同的工作性质和各自组织的特殊要求来制定，这样才能保证工作规范的适用性。而在实际工作中，更多的组织可能更加强调任职者的资格和能力要求，而对于任职者的个性特征（如意志水平、性格特点）缺乏必要的考虑，致使招募的人员在实际工作中不能面对工作压力、缺乏达到目标的意志和决心，不能与他人保持良好的合作关系，从而影响了个人的工作绩效和组织绩效。

示例 2-6

表 2-7 工作规范示例

工作名称	文员
教育程度	大学专科以上,接受过文员技能培训
工作经验	三年文员工作的经历
知识要求	经济与行政管理的基本知识
技能要求	1. 熟练运用计算机进行文字处理、图像和通信联系; 2. 具备基本的公文写作能力,能起草常见的公文; 3. 具备一定的信息处理能力,能有效管理有关的文件、资料; 4. 具备良好的判断力,能灵活处理紧急事务、处理来电、接待来访者; 5. 具有一定的时间管理能力,能恰当安排上司的工作时间; 6. 具有良好的人际关系和沟通技能。

小案例 2-4

巧用工作说明书,防范用工风险

　　物业公司人力资源部刘经理刚上任就接到报告,新招聘的一名门卫张某,因为血液黏稠度高等身体原因,在岗期间总是迷糊、瞌睡,有时还有视物不清的现象,用工部门认为其不胜任门卫工作,要求予以辞退。因为该员工还在试用期,刘经理认为,张某的工作行为已被证明不符合物业公司"员工守则"中聘用员工"身体健康状况需符合岗位劳动强度要求"的通用条款,依据《劳动合同法》第 39 条规定,随即通知张某办理离职手续。但张某却提出异议,认为自己身体健康状况符合岗位劳动强度要求,拒绝办理离职手续。

　　刘经理查阅了公司内部管理文件,查找有关门卫岗位身体健康的详细标准,但由于公司岗位众多,各岗位的身体健康标准并没有作为规范写入"员工守则",只是作为人力资源部招聘员工时内部掌握的参考文件。刘经理因为缺乏执行依据,无法辞退张某。为了避免类似问题再次发生,刘经理开始着手规范"工作说明书"管理工作。

　　资料来源:根据360图书馆资料改编。

　　请思考:

　　1. 简要说明工作说明书和工作规范编写的主要内容。

　　2. 如果将工作规范作为工作说明书的一部分,你认为工作说明书应重点从哪些方面规避法律风险?

本章小结

　　工作分析通常又称为职务分析或职位分析,它通过系统全面的情报收集手段,为人力资源规划提供了必要的工作信息、为人员的招聘录用提供了具体的标准、为人员的培训开发提供了明确的依据、为科学的绩效管理和薪酬政策奠定了基础。

　　工作分析是对组织内部各项工作系统和职位分析的过程,这个过程一般可以分为三个基本阶段:前期准备阶段、收集分析阶段和结果整合阶段。这三个阶段彼此衔接、相互联系、相互影响。

　　在开展工作分析时,常用的方法有观察法、访谈法、工作日志法、问卷法和关键事件法,每一种方法都有其自身的特点和以及各适用条件,在实际的工作分析中,可以针对不同的工作分析的目的,选择采用某一种方法,或者将几种不同的方法综合起来运用。

　　在编写工作说明书和工作规范时,要注意其内容要素和编写要求。

案例分析

HI 信息服务公司的工作分析

赵珍大学刚毕业就顺利进入了 HI 信息服务公司(以下简称 HI)。赵珍学的是国际企业管理专业,因此公司将她安排在人力资源部工作。在应聘和面谈过程中,她了解到这是一家中外合资企业,主要的经营业务是为企业和个人提供硬件和软件服务。公司自 1994 年创办以来,发展迅速,通过灵活的经营手段、高质量的产品、优良的售后服务,在信息激烈的竞争中保持了领先地位。HI 管理层深知,作为一个知识密集型的企业,公司的发展将主要依赖于它所拥有的人力资源,企业间的竞争实质是对于高质量人力资源的竞争。因此,HI 非常注重通过提高员工的工作满意度来留住他们。至今为止,公司人员流动率接近于行业的平均水平。赵珍为自己能进入这样一个充满活力的公司暗自高兴。

但是在听了人力资源部张经理的一番谈话后,赵珍原来乐观的想法改变了。张经理告诉她,尽管从表面上看,HI 有骄人的经营业绩和良好的发展势头,但是事实上公司的内部管理有很多不完善的地方,将严重阻碍 HI 的进一步发展。张经理举例说,作为人力资源管理基础工作之一的工作分析,在 HI 就没有得到很好的贯彻落实,随着公司规模的扩大,新的工作不断增加,原有的一些工作描述和工作说明书的内容与实际情况不完全匹配了。造成这种状况的原因在于,初创时期 HI 的员工较少,公司内部的局域网可以使上下级之间和同事之间非常畅通地沟通,相对扁平的组织结构也使公司各个层次的员工很容易交流。同部门的工作经常由员工们共同协力完成,职位在 HI 被定义成是员工之间关于特定技术、专业能力和兴趣的竞赛。有超常能力和成就的员工常被录用,并很快获得晋升。正因为如此,HI 并不注重为每个工作编制工作说明书。因为从某种意义上来说,这只是一纸空文。

随着 HI 的规模日益扩大,忽视工作分析的做法显示出越来越大的对人力资源管理工作的负面影响。张经理坦率地告诉赵珍,在 HI,人力资源部被认为是一个低效率的团队。比如通过绩效评估,发现员工绩效不符合标准的原因,并安排各种培训和锻炼机会以提高这部分员工的技能,增强他们的信心,这应该是人力资源部门的职责。但是由于缺乏准确的工作描述和工作说明书,人力资源部门就没有确切的标准来衡量员工的工作绩效,因而也无从发现员工究竟哪些地方需要改进和提高,更别提为员工制定适宜的培训计划了。因此在 HI,没有部门认为人力资源部的员工有这方面的能力和经验。另外,公司主要的奖励系统也似乎和人力资源部没有太大关系。甚至公司的年度职工表彰会也被认为是来自外方总经理的奖赏而与人力资源部无关。按道理讲,员工的薪酬奖励计划应该是由人力资源部制定的,而奖励的依据应该是每个工作岗位的相对价值和贡献,这是以工作说明书为基础的。

正是由于缺乏细致的工作分析,HI 的人力资源部在开展工作时显得力不从心。近期,HI 又将大规模招聘新员工,张经理决定先从工作分析这一环节抓起,彻底改变人力资源部以往在人们心中的形象。他将此重任交给赵珍,要求她在 6 个月的时间内修正所有的职位说明书。

资料来源:根据 360doc 图书馆资料改编。

请思考:

1. 案例中工作分析未能很好完成,主要影响人力资源管理的哪些工作?

2. 开展工作说明书的修订工作应遵循哪些原则?如何实施?

3. 可以采用哪些方法收集必要的工作分析信息?

实践运用

实践项目:工作说明书和工作规范的编写

实践目的:以自己所任职的岗位或意欲应聘的岗位为例,编制一份工作说明书和工作规范。

实践要求:(1)实践要充分了解工作说明书和工作规范的主要内容和程序,做好知识准备。(2)获得所在单位或意欲应聘单位的人力资源部门的支持,获取所任职的岗位或意欲应聘的岗位的工作说明书。

(3)结合自己的工作体会和工作说明书以及工作规范的编写要求,以图表形式编写一份工作说明书。

实践成果:本项目以个人形式进行;由教师汇总、评点,与其他同学进行交流。

第三章 人力资源规划

当我的员工有100人时,我必须站在员工的最前面,身先士卒,发号施令;当员工增至1000人时,我必须站在员工的中间,恳求员工鼎力相助;当员工达到10 000人时,我只有站在员工的后面,心存感激即可。

——松下幸之助

人力资源是现代企业的核心性资源,任何组织在发展过程中都必须要有与其目标相适应的人力资源配置。由于不断变化的内外环境对组织人力资源配置的影响,组织必须对人力资源的供给和需求进行预测和规划,从而实现组织发展与人力资源的动态匹配,这样才能实现组织的可持续发展,企业的人力资源队伍才能不断壮大。

第一节 人力资源规划概述

一、人力资源规划的实质

 **基本概念　人力资源规划**

人力资源规划,又称人力资源计划(Human Resource Planning,HRP),是组织在发展变化的环境中,根据自身的战略发展目标与

> 任务的要求科学地分析与预测人力资源的供给与需求,制定必要的政策和措施,以确保组织在需要的时间和需要的岗位上获取需要的人选的过程。

人力资源规划具有动态性的特征,其实质就是实现组织人力资源供给和需求的平衡过程。这一个动态的平衡过程包括了以下各项相互关联的具体活动。

(一)建立人力资源档案

建立人员的档案资料的目的是分析现有人力资源的质量,评估组织现有人力资源的利用情况。

(二)进行人力资源的预测

凡事预则立,不预则废。预测是人力资源规划的重要环节。人力资源的预测就是估计组织在未来某个时期的人员需求和供给状况,以满足组织对人力资源需求的预测。预测未来的人力资源要求围绕所需人员的数量、预计的可供数量、所需的技术组合、内部与外部劳动力的供给量等方面进行。

(三)采取管理行动

采取管理行动是指通过招聘、甄选录用、培训、安置、选拔、提升、发展等行动来增加所需的合格人员、弥补预计的空缺。

(四)实施控制和评价

通过控制和评价,检查人力资源规划目标的实现程度,提供关于人力资源规划系统的反馈信息。

二、人力资源规划的职能地位

(一)人力资源规划与组织发展战略的关系

人力资源规划是组织为实施其发展战略、实现其战略目标而制定的,因此,人力资源规划是组织战略的重要组成部分。

1. 组织战略对人力资源规划的制定具有导向作用

组织战略具有全局性和战略性的特点,因此,组织战略规划需要层层分解,建立起一个战略规划和实施方案有机结合的战略管理系统。人力资源规划是依据组织战略目标而制定的,它是组织的战略目标在人力资源供给和需求方面的分解,是为了确保组织的战略目标的实现而制定的一种辅助性的规划,因此,组织的战略目标对人力资源规划的制定起着导向作用。

2. 组织战略对人力资源规划过程具有制约作用

组织战略规划对人力资源规划的过程的制约作用表现在:组织的战略规划制约着人力资源战略规划,组织的经营计划制约着人力资源的战术计划;组织的预算方案制约着人力资源的行动方案。人力资源的总体规划要与组织的战略目标相一致,人力资源的业务计划要与组织的短期目标和战术计划相匹配。

3. 人力资源规划为组织发展战略的实施提供了人力资源保障

人力资源规划为组织发展战略的实施提供了人力资源的支撑。组织内外环境的变化,必然引起组织对人力资源需求的变化,并且造成组织人力资源供需之间的失衡,人力资源规划根据组织的目标和任务的变化以及人力资源的现状,分析组织对人力资源的需求,制定必要的人力资源政策和措施,从而平衡组织的人力资源的供给与需求,以确保组织在需要的时间和需要的岗位上获取需要的人选。

4. 人力资源规划有助于组织战略目标的进一步完善

人力资源规划既要对组织的人力资源的现状进行分析,又要预测其发展变化趋势,对组织的人力资源管理的各项活动进行动态的调整。人力资源规划有助于组织以发展的视角,完善组织的战略目标,从而增强组织对环境的适应能力,提高组织的核心竞争能力。

(二)人力资源规划与人力资源管理其他职能的关系

人力资源规划目标需要人力资源管理的其他职能的开展才能实现,而人力资源管理其他职能活动的开展也必须以人力资源规划为基础,人力资源规划为这些职能活动提供了行动的信息和依据,对这些职能活动具有指导意义,使这些职能活动与组织的发展结合得更为紧密。

1. 人力资源规划与员工招聘

招聘实质上是一个组织通过发布招募信息和科学甄选,使组织获取所需的合格人选以弥补组织内部职位空缺的活动。招聘的主要依据就是组织人力资源规划的结果,这其中包括招聘的人员数量和人员质量。人员招聘是在人员需求的基础上进行的,同时,人力资源规划所进行的工作分析也规定了组织空缺职位的工作职责和任职资格。因此,组织人力资源需求预测是组织招聘的依据和职位评价的基础,人力资源规划和招聘具有最直接的关系。

2. 人力资源规划与人员配置

组织的目标要通过合理配置人力资源来实现。人力资源配置就是组织为了提高工作效率而对的人力资源进行科学、合理配置的一系列活动,包括了对所招聘人员的安置使用以及晋升、降级和调动等。人力资源的配置需要有周密的人力资源规划,人力资源规划是企业人力资源配置的前期性工作,其目的是预测组织的人力资源需求和可能的供给,确保组织在需要的时间和岗位上获得所需的合格人员,从而避免可能出现的个人与岗位不匹配、人力资源短缺或人力资源浪费等现象。

3. 人力资源规划与培训开发

组织开展人员培训,必须首先确定培训需求,这是保证培训成功的前提。培训需求只有符合组织和员工的实际需要,培训工作才能具有针对性和有效性。培训需求的一个重要来源是人力资源规划对组织人力资源供需预测的结果。通过比较人力资源的现状与组织当前任务要求之间的差距以及与组织未来发展带来的需求之间的差距,确定培训需求,可以提高内部人力资源供给的质量,进而增强人力资源的内部供给。

4. 人力资源规划与绩效考核

绩效考核是人力资源规划使进行需求和供给预测的重要基础。通过对绩效考核,组织可以对员工工作表现和工作能力状况做出整体判断,并据此成为组织人力资源调整的依据,这样就形成了组织内部人力资源需求预测和供给预测的信息来源。通过考核发现任职者不符合某一职位的要求,就形成了事实上的职位空缺;反之,通过考核发现有其他人员能够胜任这个职位的要求,通过内部调整,则可以弥补这个职位空缺。因此,绩效管理有助于组织挖掘内部潜力,通过组织内部的人员调配来解决内部可能出现的人力资源失衡。

5. 人力资源规划与薪酬管理

人力资源规划是否合理与薪酬管理是否可以有效执行有着直接的关系。人力资源需求的预测结果可以直接作为制定薪酬计划的依据。组织可以根据预测期内人员的分布状况,并结合自身的薪酬政策进行薪酬总额的预测,并且根据预先设定的薪酬总额调整薪酬的结构和水平。同时,在人力资源供给预测时需要衡量组织的实力,而薪酬水平就是衡量组织实力的重要指标,它决定了组织对内外人力资源供给的吸引力。另外,在人力资源规划工作中,其核心内容就是工作分析和职位评价。不同工作岗位要求人员具备不同的技能与能力,在技能与能力差异的情况下,便可形成技能薪酬体系、能力薪酬体系。

6. 人力资源规划与解聘辞退

如果一个组织在长期内对人力资源的需求小于组织内部的供给,就需要进行人员的解聘或辞退,以实现人力资源的供需平衡,这是组织为了提高劳动生产率、降低劳动成本而采取的安置富余人员的措施。这需要组织编制动态变化的人力资源规划,以保证解聘辞退工作的正常化和规范化。

三、人力资源规划的意义

在管理的各项职能中,人力资源规划最具有战略性和主动性。由于组织内外环境的复杂性和多变性,竞争日趋激烈,对于人力资源的预测不仅越来越困难,而且也越来越紧迫。人力资源管理部门必须对组织未来的人力资源供给和需求做出科学的预测,保证组织在需要的时间及时获取所需要的各种人选,进而保证组织实现其战略目标。因此,人力资源规划在各项管理职能中处于桥梁和纽带的地位,发挥了统一和协调的作用。

(一)增强组织对内外环境的适应性

影响组织生存和发展的外部环境因素总是处在不断的变化之中,因而要求组织在战略、生产技术、市场营销等策略方面不断地做出相应的变化,这样就会直接或者间接地影响组织人员队伍的构成;同时,外部环境的变化要求所带来的组织内部的各种变革,也必然导致组织对人员结构和需求的相应变化。为了克服环境变化可能对组织带来的消极影响,人力资源规划必须前瞻性地考虑招聘、培训和员工的发展政策。因此,一个科学的人力资源规划,有助于减少未来的不确定性,增强组织对内外环境的适应性。

(二)确保组织生存发展过程中对人力资源的需求

人力资源规划通过考察组织外部、组织自身和员工三方面因素来确定组织人力资源管理的状态,在明确组织目标的基础上,衡量目标和管理现状之间的差距,并且为缩小现实和目标之间的差距而制定必要的人力资源的获取、利用、保持和开发策略,从事人力资源管理活动,从而确保满足组织在生存和发展过程中对人力资源的需求。

(三)有助于组织人力资源结构和配置的优化

组织现有的人力资源结构(包括年龄结构、性别结构、技能结构和专业结构等)随着环境的变化,会暴露出许多不完善的方面,需要及时地、有计划地进行调整;组织现有的人力资源配备也需要根据培训、考核等活动开展而进行不断开发和选配,使组织内部的人员配备达到动态的优化组合。人力资源规划有助于组织人力资源结构的优化和人力资源配置的优化,以使人力资源能配合组织的发展需要。

(四)有助于控制人力成本

人力资源规划对预测中、长期的人力成本有重要的作用。人力成本中最大的支出是工资,而工资总额在很大程度上取决于组织中的人员分布状况。人员分布状况指的是组织中的人员在不同职务、不同级别上的数量状况。在一个组织成长、成熟的过程中,人员的职务等级水平也会相应地上升,工资的成本也就会增加。如果再考虑物价上升的因素,人力成本可能超过组织所能承担的能力。在没有人力资源规划的情况下,未来的人力成本是未知的,难免会发生成本上升、效益下降的趋势,因此,在预测未来组织发展的条件下,有计划地逐步调整人员的分布状况,把人力成本控制在合理的支付范围内,对组织来说是十分重要的。同时,人力资源规划还可对现有的人力资源结构做出科学评估,分析影响组织结构用人数目的因素,并找出影响人力资源有效运用的瓶颈,使人力资源效能充分发挥,进而降低人力资源在成本中所占的比率。因此,人力资源规划有助于组织控制和降低人力资源成本。

小案例 3-1

全球第一大偏光片制造商悄悄撤资中国,为何混不下去了?

成立于1918年的日东电工是日本一家著名的电子制造企业,更是全球第一大偏光片制造商。早在2001年,日东电工就斥资7.5亿人民币在苏州工业园区建设了一个占地面积7万平方米的生产基地,随着消费类电子产品的火热,日东电工鼎盛时期员工达5 500名,其生产的液晶电视用多层光学补偿膜更是占国际市场份额的40%以上,韩国的LG都只能望其项背。

不过,巅峰持续了10余年后,如今终于撑不下去。2018年1月,在没有任何通告的情况下,日东电工扔下1 000多名员工悄悄撤资。日东电工东京总部的一位员工透露了此次撤离的原因,其一在于中国劳动力成本的上升,其二在于公司内部的布局调整。确实,如果按苏州工业园区工人工资平均水平来算,税后到手5 000多元,加上五险一金和奖金补助,公司供养一个员工需要1万元左右,而越南工人一个人工资才1 000多元,制造企业往东南亚、非洲转移并不是没有道理,再加上苏州楼盘价格已经上涨到3万/m²,这个可以媲美上海的"世界工厂"开始变得越发挑剔。

资料来源:根据新浪网资料改编。

请思考:

面对日益上涨的人力资源成本,企业在进行人力资源规划时应该注意哪些问题?

四、人力资源规划的程序

为了有效地实现目的,人力资源规划必须按照一定程序进行。人力资源规划的程序,表明了人力资源规划是一项科学化、系统化的工程。人力资源规划的程序有以下四个基本步骤,如图3-1所示。

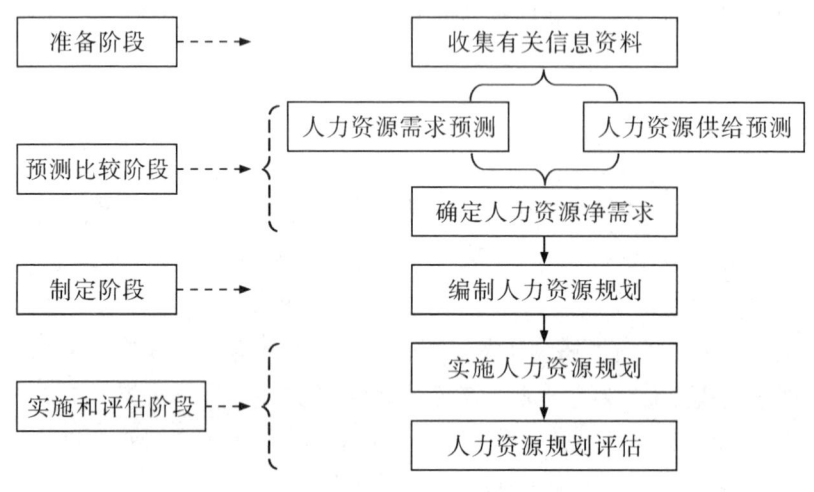

图3-1 人力资源规划的程序

(一) 准备阶段

准备阶段的工作主要是信息收集。信息收集是制定人力资源规划的基础,通过调查、收集和整理人力规划所需的信息资料,为后续阶段的工作做好资料准备。影响人力资源规划的信息主要有:

1. 组织外部环境信息

涉及组织外部环境的信息主要包括:宏观经济形势、人口和社会发展趋势、就业市场状况、政府政策等。特别要指出的是,制定人力资源规划时,要研究有关的法律和政策规定,组织人力资源规划的任何政策和措施均不得与法律法规相抵触。例如,我国《劳动法》规定禁止用人单位招用未满16周岁的未成年人。组织拟定未来人员招聘计划时,应遵守这一原则。否则,将被追究责任。

2. 组织内部环境信息

我们大体上可以把制定人力资源规划时所需掌握的组织内部信息归纳为以下三个方面:

(1) 经营方面的信息。关于组织经营方面的信息,要了解企业的任务目标、产品结构、消费者结构、产品的市场占有率、生产和销售状况、经营的领域和区域、生产技术、竞争重点、财务和利润目标等。

(2) 管理方面的信息。关于管理方面的信息要了解组织的组织结构、管理机制、管理风格、企业氛围、企业文化、薪酬政策、战略计划和其他职能计划等。

(3) 人力资源现状的信息。人力资源现状方面的信息是调查分析的重点,包括人员的结构(如年龄结构、性别结构、学历结构、职称结构、专业技术结构等)、人力资源的损耗情况、人员的流动情况(包括流进与流出)、人力资源的成本、相关的人力资源政策、人员的工作绩效和成果、人员的培训情况等。

(二) 预测比较阶段

这一阶段的主要任务就是在充分掌握信息的基础上,使用有效的预测方法,对于组织在未来某一时期的人力资源供给和需求作出预测。在预测完毕以后,还必须对供求数据进行比较,从而采取有效的平衡措施。

1. 分析预测

预测包括人力资源需求预测和供给预测两方面。人力资源需求预测采用以定量为主、结合定性分析的各种科学预测方法对组织未来人力资源需求进行预测。人力资源供给预测一方面要根据现有人力资源及其未来的变动状况,预测出规划期内各个时间点上的内部人员拥有量(内部供给状况),另一方面要确定在规划期内的各个时间点上组织可以从外部获得的各类人员的数量(外部供给状况)。根据人力资源供给预测的结果,结合人力资源需求预测的情况,即可以得出组织规划期内各类人力资源的余缺情况,从而得到"净需求"的数据。

2. 比较平衡

人力资源的供给和需求都存在"刚性"的特点,即人力资源的供给和需求趋势难以被影响和改变,因此,企业人力资源的供需之间的失衡是一种必然的、经常的现象,人力资源的供需失衡既可能表现在数量方面,也可能表现在结构方面,这就需要组织针对不同的情况,采取合适的平衡措施解决人力资源供需矛盾。制定人力资源政策是协调人力资源供需失衡的一个有效工具。

（三）制定阶段

人力资源规划的制定是人力资源规划程序的实质性阶段，包括制定人力资源管理目标、人力资源管理政策和人力资源规划内容。

1. 人力资源管理目标的制定

组织的人力资源管理目标是组织经营发展战略的重要组成部分，因此它必须以组织的长期计划和运营计划为基础，从全局和长期的角度来考虑组织在人力资源方面的发展和要求，为组织长期经营发展提供人力支持。

人力资源管理目标不应该是单一的，而应该涉及人力资源管理活动的各个方面，同时在多样性的目标中，应该突出那些关键的目标，关键的目标往往与组织人力资源的主要问题相关。同时规划目标应该有具体明确的表述，一般来说，可以用人力资源管理活动的最终结果来表述，例如，"在本年度内，每个员工接受培训的时间要达到40小时"、"到明年年底，将管理部门的人员精简1/3"；目标也可以用工作行为的标准来表达，例如，"通过培训，受训者应该掌握……技能"。

2. 人力资源管理政策的制定

人力资源管理政策是以开发具体的人力资源实践为目标的总体指导原则和行动准则，涉及人力资源活动的各个方面，它决定了人力资源管理活动如何开展和进行，每一个业务单位都可以实施与组织人力资源管理政策相一致的具体的人力资源实践。

影响组织人力资源管理政策的因素主要有两个方面：一方面的因素是具体情况要素，这些要素来自于组织外部环境和组织自身，如劳动力特征、经营战略和条件、管理层理念、劳动力市场、工作任务和技术、法律法规、社会文化和价值观等；另一方面是利益相关者的利益因素，如股东、管理层、员工、政府、社会、工会等。

3. 人力资源规划内容的制定

人力资源规划内容的制定主要包括总体规划和业务规划。

（1）人力资源总体规划的制定。人力资源总体规划的制定一般应该包括以下几个方面：与组织的总体规划有关的人力资源规划目标任务的说明；有关人力资源管理的各项政策及有关说明；内部人力资源的供给与需求预测;外部人力资源情况与预测;人力资源"净需求"等。

(2) 人力资源业务规划的制定。每一项业务规划都包括了目标、任务、政策、步骤以及预算等要素。业务规划要具体详细,具有可操作性。如一项裁员计划,应该包括:对象、时间和地点;经过培训可以避免裁减人员的情况;帮助裁减对象寻找新工作的具体步骤和措施;裁员的经济补偿预算;其他相关的问题等。

(四) 实施和评估阶段

人力资源规划的价值在于实施,在实施过程中需要对规划进行定期或者不定期的评估。

1. 人力资源规划的实施

人力资源规划的实施是一个动态的过程,包括对计划的审核、执行、反馈和控制等步骤。

(1) 对规划本身的审核。审核是对人力资源规划的质量、水平和可行性进行的评价工作,是计划执行前的一个不可或缺的环节,它本身也可以是规划制定的一项重要工作内容。审核工作必须有组织保证,一般由一个专门的委员会(人力资源管理委员会)来进行,也可以由人力资源部门会同有关的部门经理和专家进行。审核主要围绕以下几个方面:一是对规划的客观性审核,客观性是指人力资源规划制定时所依据的信息是否属实、考虑是否周到、分析和判断是否符合实际等,客观性是规划的科学性和可行性的保证;二是对规划完整性的审核,完整性是对规划内容的覆盖面、时间进度安排、责任明确性、操作程度等方面的审核。

(2) 执行。执行就是逐项落实规划的内容和要求。执行过程要注意以下几点:一是充分做好各项准备工作,包括相关资源的准备;二是按照规划的要求全面执行,也就是说要按照一切主要指标来完成规划;三是均衡有序,执行规划要遵循规划所确定的进度和各项工作的内在逻辑,注意它们之间的衔接和协调。

(3) 控制。执行过程中需要有效的控制,控制的手段是检查、监督和纠正偏差。控制的对象包括人员、预算、进度、信息等,涉及人力资源管理活动的方方面面,控制的目的在于保证规划的各项具体活动和工作顺利地完成，并对规划本身进行有效的调整和修正，以改进和推动企业的人力资源管理。

（4）反馈。规划的实施情况和结果要及时地反馈到相关的人员和部门。反馈可以由实施者进行，也可以由控制者进行，或者由两者共同进行。

2．对规划实施效果的评估

严格来说，审核和控制工作本身就是一种评估，审核侧重于对规划制定程序的评估，控制则侧重于规划实施中的检查。这里所说的评估主要是对规划实施效果的评估。它包括两个方面：一是规划实施前对各项行动方案实施结果的估计；二是在规划实施以后，将结果与计划进行比较。主要的方面包括：

（1）实际人力资源招聘数量与预测的人力资源的"净需求"进行比较。

（2）劳动生产率的实际水平与预测水平的比较。

（3）实际的和预测的人员流动率的比较。

（4）实施人力资源规划的实际结果与预期目标进行比较。

（5）人力资源费用的实际成本与人力资源费用进行比较。

（6）行动方案的实际成本与预算比较。

（7）人力资源规划的成本与收益进行比较。

小案例 3-2

手忙脚乱的人力资源经理

D公司在短短 5 年之内由一家手工作坊发展成为国内著名的食品制造商，企业最初从未制定什么计划，缺人就去人才市场招聘。企业发展正规后，开始每年年初定计划：收入多少，利润多少，产量多少，员工定编人数多少等等。人数少的可以新招聘，人数超编的就要求减人，一般在年初招聘新员工。但是，一年中不时有人升职,有人平调,有人降职,有人辞职,年初又有编制限制不能多招,而且人力资源部也不知道应当多招多少人,招什么样的人,结果人力资源经理一年到头往人才市场跑。

近来由于3名高级技术工人退休,2名跳槽,生产线立即瘫痪。公司总经理召开紧急会议,责令人力资源经理3天之内招到合适的人员填补空缺,恢复生产。人力资源经理两个晚上没睡觉,频繁奔走于全国各地人才市场和面试现场,最后勉强招到2名已经退休的高级技术工人,使生产线重新开始运转。

人力资源经理刚刚喘口气,区域经理又打电话给他说自己的公司已经超编了,不能接收前几天分过去的5名大学生,人力资源经理不由怒气冲冲地说:"是你自己说缺人,我才招来的,现在你又不要了!"区域经理说:"是啊,我两个月前是缺人,你现在才给我,现在早就不缺了。"人力资源经理分辩道:"招人也是需要时间的,我又不是孙悟空,你一说缺人,我就变出一个给你……"

资料来源:根据百度文库资料改编。

请思考:

你认为导致人力资源经理手忙脚乱的原因是什么?

第二节　人力资源的预测与供需平衡

要保证人力资源规划的正确性,必须进行人力资源的预测。人力资源预测是组织在评估和预测的基础上,对未来一定时期内人力资源状况的假设,这种假设必须借助于人力资源需求预测技术和人力资源供给预测技术,只有将两者结合起来,才能确定组织各类人员的需求和供给的实际情况,才能有效地进行人力资源规划。供需预测是一项技术性较强的工作,其准确程度直接决定了人力资源规划的效果和成败,因此,这一阶段的工作是整个人力资源规划中最为困难,同时也是最为关键的工作,人力资源预测的目的是实现供需平衡。

一、人力资源的需求预测

人力资源需求预测是指对组织未来某一特定时期内所需人员的数量、质量以及结构进行估计。按照不同的标准划分,对人力资源需求的预测有不同的类型。按照时间划分,人力资源需求预测有两种:即短期人力资源需求预测和长期人力资源需求预测。按照层次划分,人力资源需求预测有三种:一是人力资源总量预测;二是各部门、各岗位人力资源需求预测;三是需求分布预测。按照状况划分,人力资源需求预测有三种:即现实人力资源需求预测、未来人力资源需求预测和未来流失人力资源需求预测。

(一) 影响人力资源需求的因素

组织的人力资源需求是一种引致需求,其影响因素是多方面的,就一个企业组织而言,人力资源需求预测需要对下列因素进行分析。

1. 社会因素

社会性因素包括经济发展水平和经济形势、产业结构、技术水平、市场需求、国家政策等因素。主要有以下三点。

(1) 产业结构。产业结构和行业结构的变化会影响现有员工队伍结构的变化,进而影响组织未来人力资源需求的变化。

(2) 技术水平。新技术的发明应用,一方面会推动新产品的发明和应用,从而扩大了企业对人力资源的需求;另一方面,新技术对劳动生产率的提高,又将减少企业对人力的需求。

(3) 政府政策。政府对某一产业和领域的发展政策、对新技术的开发和推广、对中小企业的扶持等,都会对人力资源的总量需求产生影响,进而直接或者间接地影响人力资源的需求量。

2. 企业因素

企业自身的因素直接影响了人力资源的个量需求。这些因素概括起来有以下五点。

(1) 财务资源。企业对人力资源的需求受到企业财务资源的约束,企业可以根据未来人力资源总成本来推算人力资源需求的最大量。

(2) 企业发展。企业的发展规划和未来的生产经营任务对人力资源的数量、质量和结构提出了要求,根据生产因素可能的变动可以预测人力资源的需求。

(3) 员工的工作情况、定额和工作负荷等。

(4) 预期的员工流动率,包括由辞退、解聘和退休等引起的职位空缺。

(5) 扩大经营领域、生产规模或经营地域的决策。

(二) 需求预测的步骤

典型的人力资源需求预测包括以下四个环节。

1. 预测现实的人力资源需求

对于现实的人力资源需求预测的步骤包括:确定职务编制和人员配置;统计缺编、超编;分析现职人员任职资格和条件;审视和修正统计结果,从而确定现实的人力资源需求。

2. 预测未来人力资源需求

对于未来人力资源需求预测的步骤包括:预测确定各部门的工作量;根据工作量的增长情况,确定各部门需要增加的职务数和任职人数,并进行统计汇总,从而得出未来人力资源需求。

3. 预测未来流失人力资源需求

对于未来流失人力资源需求预测的步骤包括:对于预期内的退休人员进行统计;根据历史数据,对于未来可能发生的离职率进行预测;将统计和预测结果进行汇总,即得出未来流失人力资源需求。

4. 预测企业整体人力资源需求

将现实人力资源需求、未来人力资源需求和未来流失人力资源需求的结论进行汇总,即得出企业整体人力资源需求预测。

(三) 需求预测的主要方法

用于人力资源需求预测的方法有很多,概括起来有定性预测方法和定量预测方法两大类。定性方法是由预测人员运用自身的智慧、经验和直觉进行预测和判断。定量的方法是运用数学模型的预测方法。

1. 领导估计法

这是由组织各级领导根据自己的经验和直觉,由下而上确定未来所需人员的方法。具体做法是先由各职能部门的基层领导根据自己部门在未来各个时期业务的增减情况,提出本部门各类人员的需求量,再交由上一层领导估算平衡,最后由最高领导进行决策。这是一种粗线条的预测方法,适用于规模较小、结构简单的组织的短期预测。

2. 替换单法

替换单法是通过职位空缺来预测人力资源需求的方法。通过替换单法,企业可以得到由于离职、辞退、退休或因业务扩大而产生的职务空缺,空缺职务表示了人员的需求量。这是一种较为原始的人力资源预测方法。

3. 德尔菲法

德尔菲法又称专家意见法,主要是依赖专家的知识、经验和判断分析能力,对于人力资源的未来需求作出预测。在运用德尔菲法进行人力资源需求预测时,可以综合分析影响企业未来发展方向和人力资源需求的各种因素,通过调查问卷和面谈来获得各位专家关于某些特殊问题的独立判断意见。

采用德尔菲法作预测时,首先要成立一个专家小组,人数在10—20名之间,各位专家只与企业专门的联络员发生联系,然后按照下列程序进行预测:

(1) 确定所要预测的问题,必要时准备好有关这一问题的背景资料,一并寄送给专家组成员。

(2) 各位专家根据所掌握的资料提出自己的预测意见,并说明主要是使用哪些资料提出预测值的。专家意见以书面形式返回给企业专门的联络员。

(3) 综合、整理并归纳各位专家的预测值和说明意见,再匿名反馈给各位专家,据此提出新的修改意见,这个过程将反复进行几个轮次,一般问题只需2—3轮,重大问题可以增加到5—6轮。

(4) 确定预测结论。对趋于一致的专家意见进行统计处理,经整理后,便可得到预测结论。

示例 3-1

假定某企业员工数量需求由人力资源部门向 11 位专家发出问卷和相关材料,经过三轮预测,将预测结果集中归纳后,如表 3-1 所示的数据。

表 3-1 专家预测结果汇总

专家编号	第一次预测			第二次预测			第三次预测		
	最低	可能	最高	最低	可能	最高	最低	可能	最高
1	100	150	180	120	150	180	110	150	180
2	40	90	120	60	100	130	80	100	130
3	800	120	160	100	140	160	100	140	160
4	150	180	300	120	150	300	100	120	250
5	20	40	70	40	80	100	60	100	120
6	60	100	150	60	100	150	60	120	150
7	50	60	80	50	80	100	80	100	120
8	50	60	100	70	80	120	70	80	120
9	80	100	190	100	110	200	60	80	120
10	90	110	180	100	1 200	190	90	120	160
11	50	90	120	60	100	130	70	100	140
平均	70	100	150	80	110	160	80	110	150

将第三次预测值的最低需求量平均数、最可能人员需求量平均数和最高需求量平均数,运用加权算术平均法,分别赋予 0.60、0.30 和 0.10 的概率加权平均,则预测企业新员工的需求量为:

$$Y = 80 \times 0.30 + 110 \times 0.60 + 150 \times 0.10 = 105(人)$$

德尔菲法的优点在于发挥各位专家独立判断的作用,可以集思广益;采取单线联系和匿名的方法,有利于避免偏见,尤其可以避免权威人士的意见对于其他人的影响;有利于各位专家根据别人的意见来修正自己的观点,避免了碍于情面而固执己见。运用德尔菲法时要注意:各位专家之间互相不见面,整理后的反馈意见也是匿名的;要各个专家提供充分的信息和背景资料;允许专家主观估计数字,但要他们提供估计依据。

4. 工作负荷法

工作负荷法是按照历史数据,先统计出某一特定工作的单位时间(如每年)的人均工作负荷量(如产量),再根据未来的生产量目标计算所要完成的总工作量,然后根据前一个标准折算出所需的人力资源数量。

示例 3-2

> 假定某企业客户可分为三类,其中第一类客户有 200 个,每年需进行 24 次访问,第二类客户有 400 个,每年需进行 18 次访问,第三类客户有 600 个,每年需进行 12 次访问。如果每位营销人员每年的平均访问次数为 300 次。
> 则该企业需要的营销人员 = (200×24+400×18+600×12)/300
> = 64(人)

5. 回归分析法

回归分析法是根据数学中的回归原理对人力资源需求进行预测的一种方法,包括趋势外推法和多元回归分析预测法。

趋势外推法又称一元线性回归法。这种方法是以时间因素作为解释变量,预测时首先要掌握过去一段时间的历史数据,而且历年的数据呈较有规律的近似直线趋势的分布,也就是说,人力资源的增减趋势基本保持不变、内外环境因素保持不变,因此,这种方法虽然较为简单,但是局限性也较大。事实上,决定人员数量的因素是多方面的,因此必须建立多元回归方程来预测。

多元回归分析预测法将多个因素作为自变量,运用事物之间的各种因果关系,根据自变量的变化来推测与之相关的因变量的变化。预测时,首先要确定人力资源的需求随各种因素变化的趋势,再运用这种方法就可以对人力资源需求的情况作出预测。多元回归预测分析法的预测结果较为准确,但使用相当复杂。在实际预测时,通常可以借助于计算机软件,这样要方便许多。

二、人力资源的供给预测

在完成了人力资源需求预测以后,接下来便要了解企业能否得到足够的人员来满足需求,即进行供给预测。人力资源供给预测是指对组织未来一段时间内的组织内部和外部各类人力资源补充来源情况的预测。广义的供给是指整个社会的劳动力供给,包括各个地区、各个行业的各种类别的劳动力供给。狭义的供给可以分为一个企业的人力资源供给、一个行业的人力资源供给或一个地区的人力资源供给。

(一) 人力资源供给预测的影响因素

人力资源供给预测与人力资源需求预测有所不同,需求预测研究的只是组织内部对于人力资源的需求,而供给预测则需要研究组织内部的人力资源供给和组织外部的人力资源供给两个方面。与此相对应,人力资源供给预测也应当从外部、内部两方面来进行。

1. 外部人力资源供给预测

以企业组织为例,外部人力资源供给预测,主要是对劳动者供给数量进行分析,一般来说,在进行外部人力资源供给预测时,应重点分析以下因素。

(1) 地区性因素。这是指企业所在区域内的各种因素对人力资源供给的影响,这方面的分析主要有:

1) 地区内人口总量与构成。这些因素决定了该区域可提供的人力资源总量以及在年龄、性别、教育、技能、经验等层次与类别上可提供的人力资源的数量与质量。

2) 地区劳动力市场状况。包括地区的就业状况、劳动力的质量与数量、劳动力的择业心理与模式、劳动力的工作价值观等。劳动力市场状况还包括职业市场状况。职业市场状况是指企业所需要的人员的市场状况。例如,财务人员、研发人员、职业经理等相关劳动力市场的状况。这些问题会影响劳动力的平均价格。

3) 地区经济的发展水平。区域的经济发展水平,决定了该区域对外地劳动力的吸引力。

(2) 全国性因素。除了地区性因素外,还有许多全国性的因素对企业人力资源的外部供给带来直接的或是间接的影响。例如,全国相关专业的大学生的毕业人数与就业状况、国家在就业方面的政策法规、同行业在全国范围内的供需状况、全国范围内就业人员的薪酬水平和差异等等。

2. 内部人力资源供给预测

内部人力资源供给预测是企业通过现有人力资源的供给测算和流动率的情况预测来进行的。影响内部供给的主要因素是工资性因素和非工资性因素。工资性因素是影响人力资源供给的最为基本的因素,非工资性因素包括工作因素和择业者自身的因素。工作因素如组织的实力、组织的形象、工作的性质、工作的条件、劳动保护。择业者自身的因素如身体状况、心理品质、人格特质等。

与外部供给分析不同的是,内部供给分析不仅要考虑供给人数的变化,更要研究工作者能力和素质的变化。

(1) 人数分析。内部供给取决于内部人力资源人数的自然变化和流动状况。人数的自然变化取决于员工的性别、年龄结构和身体状况。人力资源的流动状况包括人员流出和内部流动两方面。人员流出的原因有很多,如辞职、辞退等,流出的数量形成了内部供给减少的数量。内部流动主要影响组织内部具体的部门和职位的人员供给状况,影响人员内部流动的因素主要是组织绩效考核制度和结果,以及组织内部晋升和轮换制度。因此,对内部供给人数的分析应当关注:员工的性别、年龄结构、身体状况;人员流动倾向;组织绩效考核制度和结果;组织内辞退、晋升和轮岗制度等因素的变化和影响。

(2) 人员素质分析。在内部供给人数不变的条件下,人员素质的变化会影响内部人力资源的供给状况。人员素质的变化体现在两方面:高素质员工的比例变化以及员工整体素质的变化。无论是高素质员工数量的增加还是员工整体素质的提升,最终都会引发组织整体绩效的提高,从而增加内部人力资源的供给。影响员工素质的因素有很多,工资水平的提高、激励制度的实施以及各类培训投入的增加等,都有助于全面提升员工的素质,因此,在对内部供给进行分析时,必须对这些因素的变化和影响给予高度关注。

(二) 人力资源供给预测的步骤

人力资源供给预测是一个比较复杂的过程,它的步骤也是多样化的,基本步骤如下:

1. 预测内部人力资源供给

对于组织内部人力资源供给预测的步骤包括:了解组织员工状况;分析组织的职务调整政策和员工调整的历史数据,统计出员工调整的比例;了解各部门可能出现的人事调整情况;通过上述调查统计,得出组织内部的人力资源供给预测。

2. 预测外部人力资源供给

对于组织外部人力资源供给预测的步骤包括:分析影响外部人力资源的区域性因素;分析影响外部人力资源供给的全国性因素。通过这两方面的分析,即可以得出其外部人力资源供给预测。

3. 预测企业人力资源的整体供给

将组织内部人力资源供给预测和组织外部人力资源供给预测汇总,即可以得出组织人力资源供给的整体预测。

4. 确定人员"净需求"

根据人力资源供给预测的结果,结合人力资源需求预测的情况,测算出组织规划期内各类人力资源的余缺情况,从而得到"净需求"的数据。这个"净需求"如果是正数,则表明组织这方面的人员是空缺的,需要招聘新的员工或对现有员工进行有针对性的培训;如果这个"净需求"是负数,则表明组织这方面的人员是过剩的,需要进行精简和调配。

（三）人力资源供给预测的方法

为了简便和准确地预测人力资源供给，首先要考虑组织现有的人力资源存量，然后在假定人力资源政策不变的前提下，结合组织内外部条件，对未来的人力资源供给数量进行预测。

1. 内部人力资源供给预测的方法

常用的内部人力资源供给预测的方法有以下几种。

（1）技能清单。技能清单是一个用来反映员工工作记录和能力特征的列表，这些能力特征包括培训背景、以往经历、持有的证书、通过的考试、主管的评价。技能清单是对员工实际能力的记录，可以帮助人力资源规划人员估计现有员工调换工作岗位的可能性以及确定哪些员工可以补充到当前空缺的岗位。技能清单的用途包括晋升人选的确定、管理人员的接续计划、对特殊项目工作的分配、工作调配、培训、薪酬和奖励计划、职业生涯规划、组织结构分析等。技能清单其实是一种"员工储备与开发记录卡"。

示例 3-3

表 3-2 员工技能清单示例　　填表日期：

姓名： 部门： 科室： 工作地点：			到职日期： 出生日期： 婚姻状况： 工作职责：		
教育背景	类别	学位种类	毕业时间	学校	主修科目
	高中				
	大学				
	硕士				
	博士				

续表

	技能种类	证书	
技能			
意愿	你是否愿意担任其他工作？	是	否
	你能够担任其他什么工作？		
	你是否接受工作调配？	是	否
	你愿意承担哪种工作？		
你认为自己哪方面能力最缺乏？			
你认为自己需要接受何种训练？			
你现在可以接受哪种工作指派？			

（2）人员核查法。人员核查法是通过对现有人力资源数量、质量、结构和在各职位上的分布状态进行核查，从而掌握组织可供调配的人力资源拥有量及其利用潜力，并在此基础上评价当前不同种类员工的供给状况，确定晋升和岗位轮换的人选，确定特定员工的培训和发展项目的需求，帮助员工制定职业生涯开发计划。其基本步骤如下：

1）对组织的工作职位进行分类，划分其级别。

2）确定每一职位、每一级别的人数。

人员核查法是一种静态的人力资源供给预测方法，不能反映出组织中人力资源未来的变化，比较适用于中小型组织短期内的人力资源供给预测。

（3）管理人员替代法。也称职位置换法。它通过对组织中各类管理人员的绩效考核及晋升可能性的分析，确定组织中各个关键职位的接替人选，然后评价接替人选目前的潜质，确定其职业发展的需要，考察其职业目标与组织目标的契合度，最终目的是确保组织未来有足够的、合格的管理人员。其典型步骤如下：

1) 确定人力资源规划所涉及的工作职能范围。
2) 确定每一个关键职位上的接替人选。
3) 评价接替人选的工作情况和是否达到晋升的要求。
4) 了解接替人选的职业发展需要,并引导其将个人的职业目标与组织目标结合起来。

管理人员替代法是一种专门对组织中的中、高层管理人员的供给进行有效预测的方法。它与技能清单的区别在于:技能清单的出发点是个人,描述的是个人的技能;而管理人员替代法的出发点是职位,描述的是可能胜任组织中各个关键职位的个人。通过管理人员替代法至少可获得两方面的信息:一是对管理者工作绩效的评价,这一般是由考核部门或上一级管理人员确定;二是提升的可能性,这是在绩效评价的基础上,由人力资源管理部门通过心理测试和面谈的方式得出。

示例 3-4

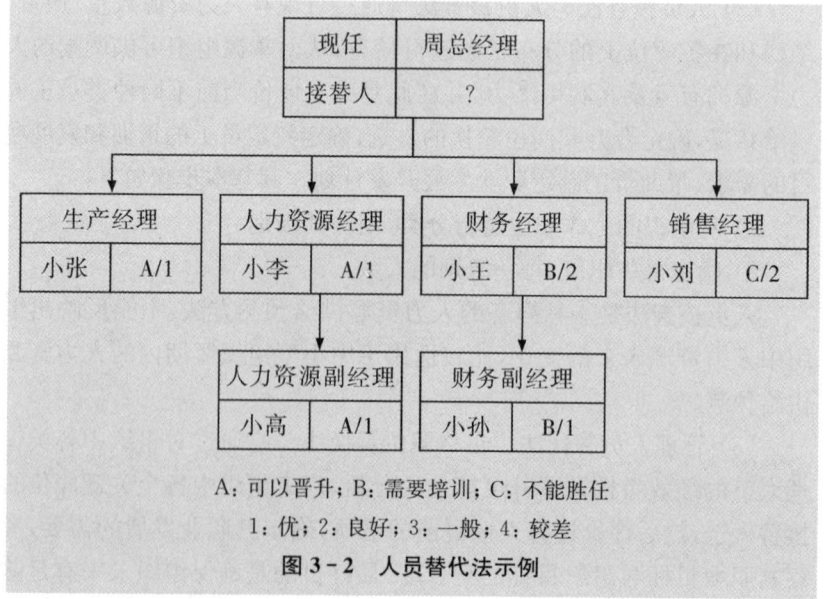

图 3-2 人员替代法示例

第三章 人力资源规划

图 3-2 表明,接替周总经理的人选有四位,评估结果显示小张和小李具备接替资格和能力,小王需要培训,小刘能力欠佳。但若小张提升后,生产经理职位将空缺;而小李提升后,小高有能力继任。综上,小李是接替周总的最佳人选。

(4)马尔可夫分析预测法。马尔可夫分析预测法是用于内部人力资源供给预测的定量方法。该方法的基本思路是通过找出过去人力资源变动的趋势,从而预测出人力资源的供给数量以及有关人力资源供给与需求的平衡问题。马尔可夫分析预测法的基本假设是:组织内部的员工流动模式与流动比率会在未来大致重复,即在一定的时间段中,从某一状态(类)转移到另一状态(类)的人数比例与以前的比例相同,这个比例称之为转移率,以该时间段的起始时刻状态的总人数的百分比来表示。通过转移矩阵测算组织员工转移流动的转移率,推算出人员变动的情况,从而得出组织计划期内各类人员的供给量。马尔可夫分析预测法为组织提供了一种理解人力资源流动形式的分析框架。

 示例 3-5

现通过表 3-3 和表 3-4 简要说明马尔可夫分析预测法的具体运用。

表 3-3 各类人员转移率

员工类别	管理人员	技术人员	一般人员	离职
管理人员	0.9			0.1
技术人员	0.1	0.7		0.2
一般人员	0.1	0.1	0.6	0.2

表 3-3 列示根据历年统计得到的两类员工之间转移率。横行表示,管理人员有 90% 仍为管理人员,10% 离职;技术人员有 10% 的转为管理人员,70% 仍为技术人员,20% 离职。一般人员有 10% 转为成管理人员,10% 转为技术人员,60% 仍为一般人员,20% 离职。使用这些统计数据代表员工变动概率,将初期员工人数与对应转移率相乘,然后纵向汇总,就能得到每类职位第二年的供应量,由此预测出未来人力资源供给状况。如表 3-4 所示。

表 3-4 第二年员工分布情况

员工类别	初始人数	管理人员	技术人员	一般人员	离职
管理人员	20	18			2
技术人员	50	5	35		10
一般人员	150	15	15	90	30
预测人员供给量		38	50	90	

从表 3-4 可以看出,在第二年中,管理人员的供给量为 38 人,技术人员的供给量为 50 人,一般人员的供给量为 90 人,整个企业员工的供给量为 178 人。将这一供给预测量与需求预测比较,就可以得出企业在第二年员工的净需求量。如果要对第三年进行预测,只需将第二年预测结果作为期初人数即可。

为了有效进行内部人力资源供给的预测,组织有必要建立人力资源信息系统(HRIS),进行有关人力资源信息的收集、传输、储存、加工、维护和使用。人力资源信息系统是管理信息系统(MIS)的重要组成部分,它为收集、综合分析与人力资源有关的信息提供了有效的工具。这个系统为实现人力资源管理的目标而将各种分散的人力资源信息组成合理的、分层的、有一定结构的整体。小型组织的人力资源信息系统一般是档案的人工管理,如技能清单,对于许多大型组织来说,则应该建立计算机信息系统。

2. 人力资源外部供给预测的方法

组织外部人力资源供给预测主要是预测未来几年中外部劳动力市场的供给情况,它不仅要调查整个国家的组织所在地域的人力资源供给情况,还要调查同行业或同地区其他组织对人力资源的需求情况。外部供给预测是相当复杂的,但是它对组织制定人力资源的具体计划有相当重要的作用。

外部人力资源供给预测可以借鉴的方法有:

(1) 文献法。外部人力资源预测一般是根据国家的统计数字或者有关权威机构的统计资料以及社会的总需求量来进行分析的,组织可以通过互联网以及国家和地区的统计部门、劳动和人事部门发布的一些统计数据,及时了解人才市场信息。组织也应该及时关注国家和地区有关政策和法律的变化情况。

(2) 直接调查。组织可以就自身所关注的人力资源状况进行调查。除了与猎头公司、人才中介公司等专门机构建立并保持长期的、紧密的联系外,还可以与各类院校建立并保持合作关系,密切跟踪目标生源的情况,及时了解可能为组织提供的目标人才的情况。

(3) 对应聘人员进行分析。组织可以对应聘人员和已经雇用的人员进行分析,也可以得出未来人力资源供给的相关信息。

三、人力资源供需平衡

人力资源供需平衡是通过人员增减和人员结构调整等措施,使组织的人员和工作保持动态的匹配。在人力资源供需预测的基础上,要进行人力资源的综合平衡。使组织人力资源由供需失衡达到供需基本相等状态。组织人力资源的失衡是一种"常态",在组织的管理实际中,人力资源完全平衡是很少出现的,即使出现,也是暂时的匹配,不可能存在长期的均衡,这是由组织的动态性和复杂性所决定的。人力资源失衡有两种不同类型,一是供需失衡,二是结构性失衡。对不同类型的人力资源失衡有不同的平衡方法。

(一) 供需失衡

供需失衡的表现是供不应求或供过于求。

1. 供不应求

供不应求状态是人力资源需求大于人力资源供给时的状态,这种状态通常出现在组织规模扩大和经营领域扩大时期。组织在原有的规模和经营领域中也可能出现人力资源不足,比如人员的大量流失,这表明组织人力资源管理政策出现了重大的问题。组织通常可以采用下列措施保证人力资源的供需平衡:外部招聘、内部招聘、聘用临时工、延长工作时间、内部晋升、培训员工、调宽工作范围等。

外部招聘是最常用的方法,但一般来说,应该优先考虑内部招聘和内部晋升计划,这样不仅可以节约外部招聘的成本,而且从内部招聘的人员对本组织更熟悉,对组织的忠诚度也更高;聘用临时工是一种比较灵活的措施,但是这种方法比较适用于出现季节性或临时性人员短缺的工作;延长工作时间的方法可能会降低员工的工作质量,而且工作时间也受到政府政策和法规的限制;培训的方法能够为内部晋升计划的实施提供有效的保障,也可以防止组织出现冗员的现象;调宽工作范围就是通过修改工作说明书,调宽员工的工作范围和增加员工的工作责任,从而达到增加组织工作量的目的,但这种方法必须与提高待遇相对应,与提高技术成分相配合。

小案例 3-3

如何解决人力资源供给短缺

1988年夏天,美国全国的失业率下降到 4.7%,降至美国 25 年来的最低点。对于众多公司而言,增长中的经济对其产品和服务的需求正在上升,但由于高素质人力资源出现了短缺,它们又无法充分满足市场需求的增长。根据一项对 300 家金融公司、高科技公司、制造业公司以及管理咨询公司所进行的调查,80%的公司都认为,如果自己能够招聘到所需要的人——大约是当前数量的 2 倍以上,它们的收益还可以提高。

第三章 人力资源规划

　　在许多行业中普遍存在劳动力短缺现象。比如,就低技能工人来看,快餐店、百货商店以及零售店中经常可以看到招聘广告。对高技能工人而言,市场对工程类毕业生的需求量也相当大。专家认为低技术劳动力和高技术劳动力短缺现象在短时间内是无法改变的,劳动力短缺给许多公司带来了发展困难,而通用电气医疗系统公司则将它看成是获得更大竞争优势的机会。他们首先对工作要求加以严格说明,然后对获取人员的渠道进行定量分析,制定诸如学员培养计划、公司内部员工推荐计划等。公司招聘新员工的方法之一是由公司现有雇员推荐,过去曾经在摩托罗拉工作的员工帮助通用电气医疗公司去招募他们曾在摩托罗拉工作时的一些优秀的同事,这就强化了通用电气医疗公司的竞争能力,同时也削弱了竞争对手的能力。

　　通用电气医疗公司在劳动力市场供给短缺的情况下,不仅填补了公司一些高技术职位的空缺,而且将雇用成本降低了20%,将填补职位空缺所需要的时间减少了30%,同时还将招聘员工的失败率降低了50%,使公司的人力资源配置满足了公司的发展要求。其成功的关键是公司制定了一套严密的人力资源规划。有了规划,就增强了行动的明确性和主动性,有了规划,就能使公司获取竞争优势。

　　案例来源:根据豆丁网资料改编。

　　请思考:
　　1. 造成通用电气医疗公司人力资源供给短缺的因素是什么?
　　2. 通用电气医疗公司解决人力资源供给短缺的做法有哪些?
　　3. 对于企业来说,为什么要做好人力资源预测工作?

　2. 供过于求

　　供过于求的状态是人力资源需求小于人力资源供给时的状态,也就是组织人力资源过剩。绝对的过剩主要发生在组织业务活动萎缩时期,组织通常可以采用下列措施处置过剩人员,以保证人力资源的供需平衡:提前退休、增加无薪假期、减少工作时间、工作分享、裁员等。

提前退休是指适当放宽退休的年龄和条件的限制,鼓励员工提前退休,这是一种比较容易被各方接受的方案,问题是提前退休的年龄和条件受到政府政策和法规的限制;增加无薪假期和减少工作时间的方法只适合于组织出现短期人力资源过剩时的情况;工作分享是由两个或两个以上的员工分担原先由一个人承担的工作和任务,其前提是降低薪资水平;裁员是不得已而为之,但同时又是最为有效的方法,但会产生劳资双方的敌对行为,也会带来一系列的社会问题,需要有一个完善的社会保障体系作为后盾。

(二) 结构性失衡

结构性失衡状态是指组织中的某类人员供不应求,而另一类人员供过于求。结构性失衡是组织人力资源供需中较为普遍的一种现象,在组织稳定发展时期表现得尤为突出。这时,组织需要对现有的人力资源进行结构性调整,如将一部分人员从某些供过于求的岗位上转移到另外一些供不应求的岗位,具体方法包括提升、平调甚至降职。另外也可以针对某些人员进行专门的培训,同时辅之以招聘和辞退,以保证人员结构的平衡。

第三节 人力资源规划的编制

人力资源规划的制定,必须根据人力资源规划的内容、必须按照一定程序进行。人力资源规划的内容,也就是人力资源规划的最终结果。人力资源规划程序则是人力资源规划制定的具体步骤,它表明人力资源规划是一项系统化的工作,是有一定的规律和程序可依循。

一、人力资源规划的内容

按照不同的标准可以人力资源规划分成不同类别。

按照人力资源规划的期限划分,可以分为长期规划、中期规划和短期规划。长期规划编制的时间一般在5年以上,主要是确立组织的人力资源的战略。中期规划的期限一般是1年以上、5年以内,主要是根据战略规划来制定人力资源的战术规划。短期规划的期限较短,一般是在1年以内,主要是制定作业性的行动方案。需要指出的是,规划期限的长短不是绝对的,可能会因组织的自身的发展需要和所属行业领域的特点的不同而有所不同。

按照规划所包含的人力资源活动职能不同,人力资源规划可分为两个层次:总体规划和业务规划。下面重点阐述按照这一标准划分的内容。

(一) 人力资源总体规划

总体规划是关于组织在一定规划期限内人力资源开发和利用的战略目标、政策措施以及费用预算,它侧重于人力资源总的、概括性的谋略和有关重要方针、政策和原则。总体规划的主要内容包括以下任务。

1. 阐述组织人力资源配置的总体框架

要阐明组织在战略规划内对各种人力资源配置的总体框架,必须对组织人力资源的需求与供给进行预测并制定出相应的规划。

(1) 需求规划。需求预测计划是使用预测的方法,来预测人员的净需求,在此基础上,编制人员需求规划。人员需求规划应该阐明需求的职务名称、人员数量、希望到岗的时间等。在人力资源规划中,最重要也是最困难的工作就是预测组织人力资源的净需求,因为它要求以富有创造性、高度参与的方法处理未来经营和技术上的不确定性问题。

(2) 供给规划。人员供给规划是人员需求的对策性计划,它是在人力资源需求预测和供给预测的基础上,平衡组织人员需求与人员供给,选择人员供给的方式,如外部招聘、内部晋升等。人员供给计划主要包括招聘规划、人员晋升规划和人员内部调整规划等。

2. 阐明与人力资源管理方面有关的重要方针、政策和原则

为了确保人力资源管理工作能够主动地适应组织的发展需要,必须编制人力资源政策的调整计划,使人力资源管理工作能够与组织的发展相协调。人力资源政策必须明确计划期限内组织人力资源政策的方向、范围、步骤及方式等,其中包括招聘政策、员工培训政策、绩效考评政策、薪酬福利政策等。

(二) 人力资源业务规划

人力资源业务规划,是总体规划的派生计划,是人力资源总体规划的具体实施和人力资源管理具体业务的部署,它往往有其特定的目标和任务,并与专门的人力资源政策措施有关,是组织各项人力资源管理活动的依据。

1. 人员配置规划

人员配置规划的编制要根据组织的发展规划,结合组织人力资源盘点报告来进行。人员配置规划阐述了组织每个职务的人员数量、人员职务的变动、职务空缺数量的补充办法,目的是描述组织未来的人员数量和素质构成,因此,人员配置规划制定要结合职务分析报告进行。职务分析报告阐述了组织的结构、职务设置、职务描述和职务资格等内容,目的是描述组织未来的人力资源发展需要、规模和模式。

2. 人员使用规划

人员使用规划就是对人员的安置和调配规划。使用规划的目标包括部门的编制、人力资源结构的优化以及绩效的改善、岗位轮换的幅度等。使用规划的政策包括确定任职条件、岗位轮换的范围和时间等,使用规划的预算是按使用规模、类别以及人员状况决定的薪资预算。

3. 人员补充规划

补充规划的目的是合理填补组织中、长期内可能产生的职位空缺。补充规划与晋升规划是密切相关的。由于晋升规划的影响,组织内的职位空缺逐级向下移动,最终积累在较低层次的人员需求上,这也说明,低层次人员的吸收录用,必须考虑若干年后的使用问题。人员补充规划的目标涉及人员的类型、数量、对人力资源结构及绩效的改善等。人员补充规划的政策包括人员的标准、人员的来源、人员的起点待遇等。人员补充规划的步骤就是从制定补充人员标准到招聘、甄选和录用等一系列工作的时间安排,预算则是组织将用于人员获取的总体费用。

4. 人员晋升规划

晋升规划实质上是组织晋升政策的一种表达方式。对组织来说,有计划地提升有能力的人员,以满足职务对人的要求,是人力资源管理的一种重要职能。晋升规划的目标是后备人才数量的保持、优化人才结构、提高组织绩效。晋升规划的政策涉及制定选拔的标准和资格、确定使用期限和晋升的比例,一般用指标来表达,例如晋升到上一级职务的平均年限和晋升比例。晋升规划的预算是由于职位变化引起的薪酬的变化。

5. 培训开发规划

培训开发规划的目的,是为组织中、长期所需弥补的职位空缺事先准备人员。组织应该把培训开发规划与晋升规划、补充规划联系在一起,以明确培训的目的,提高培训的效果。培训开发规划的目标是员工素质和绩效的改善、组织文化的推广、员工入职指导等,培训开发规划需要组织制定支持员工发展的终身教育政策、培训时间和待遇的保证政策等。培训开发的预算包括培训投入的费用和由于脱产学习造成的间接误工费等。

6. 劳动关系规划

劳动关系规划的目标是降低非期望离职率、改进管理关系、减少投诉和不满。劳动关系规划的政策是制定参与管理的方法、对"合理化建议"奖励的政策、有关团队建设和管理沟通的政策和措施。劳动关系规划的预算包括用于鼓励员工团队活动的费用支持、用于开发管理沟通的费用支出、有关的奖励基金以及法律诉讼费用等。

7. 退休与解聘规划

退休与解聘规划的目标是减低老龄化程度、降低人力成本、提高劳动生产率。有关的政策是制定退休和返聘政策、制定解聘程序。涉及的预算包括安置费、人员重置费、返聘津贴等。

需要说明的是,人力资源规划预算的编制与人力资源业务规划直接相关。一般而言,需要在确定人力资源业务规划的基础上,根据业务规划的具体内容编制相应的预算。

二、人力资源规划编制的一般步骤

在完成了人力资源供需预测以后,接下来的工作就是编制人力资源规划。人力资源规划的总体框架为:首先确定总体规划,其次根据总体规划目标编制相应的业务规划,然后按照业务规划的内容编制预算项目支出,最后人力资源规划在实际执行过程中可以进行适当调整。具体步骤如下。

(一)编制职务计划

职务计划的编制要根据组织的发展规划,结合职务分析报告进行。职务计划阐述了组织的结构、职务设置、职务描述和职务资格等内容。编制职务计划的目的是描述组织未来的人力资源发展需要、规模和模式。

(二)编制人员配置计划

人员配置计划的编制要根据组织的发展规划,结合组织人力资源盘点报告来进行。人员配置计划阐述了组织每个职务的人员数量、人员职务的变动、职务空缺数量的补充办法。编制人员配置计划的目的是描述组织未来的人员数量和素质构成。

(三)编制人员需求计划

根据职务计划和人员配置计划,使用预测的方法,来预测人员的净需求,在此基础上,编制人员需求计划。人员需求计划应该阐明需求的职务名称、人员数量、希望到岗的时间等。在人力资源规划中,最重要也是最困难的工作就是预测组织人力资源的净需求,因为它要求以富有创造性、高度参与的方法处理未来经营和技术上的不确定性问题。

(四)编制人员供给计划

人员供给计划是人员需求的对策性计划。它是在人力资源需求预测和供给预测的基础上,平衡组织人员需求与人员供给,选择人员供给的方式,如外部招聘、内部晋升等。人员供给计划主要包括招聘计划、人员晋升计划和人员内部调整计划等。

(五)编制人员培训计划

在确定人员供给方式的基础上,为了使员工适应工作岗位的需要,必须制定相应的培训计划。培训计划针对的对象主要是内部晋升人选和新进员工。培训计划应包括培训政策、培训需求、培训内容、培训形式、培训考核等内容。

(六) 编制费用预算计划

为了控制人力资源的成本，提高投入产出的比例，必须对人力资源的费用进行预算管理。因此，编制人员费用预算计划是人力资源规划的一项重要内容。在实际工作中，应列入预算的范围的人工费用很多，常见的有招聘费用、培训费用、调配费用、奖励费用、退休解聘费用以及其他非员工直接待遇但与人力资源开发利用有关的费用。

(七) 编制人力资源政策调整计划

为了确保人力资源管理工作能够主动地适应组织的发展需要，必须编制人力资源政策的调整计划，使人力资源管理工作能够与组织的发展相协调。人力资源政策必须明确计划期限内组织人力资源政策的方向、范围、步骤及方式等。人力资源政策调整计划应该阐明计划期内的人力资源政策调整的原因、调整步骤和调整范围。其中包括招聘政策、员工培训政策、绩效考评政策、薪酬福利政策等。

本章小结

人力资源规划（HRP），是组织在发展变化的环境中，根据自身的战略发展目标与任务的要求科学地分析与预测人力资源的供给与需求，制定必要的政策和措施，以确保组织在需要的时间和需要的岗位上获取需要的人选的过程，其实质是实现组织人力资源供给和需求的平衡过程。

人力资源规划的程序包括四个基本步骤。一是准备阶段，其主要工作是信息收集。二是预测比较阶段，这一阶段的主要任务就是在充分掌握信息的基础上，使用有效的预测方法，对组织在未来某一时期的人力资源供给和需求做出预测。一般而言，需求预测的主要方法有领导估计法、替换单法、德尔菲法、工作负荷法、回归分析法等；内部人力资源供给预测方法有技能清单、人员核查法管理人员替代法、马尔可夫分析预测法等。三是制定阶段，这是人力资源规划程序的实质性阶段，包括制定人力资源管理目标、人力资源管理政策和人力资源规划内容；

四是实施和评估阶段,评估主要是对规划实施效果的评估。

编制人力资源规划的步骤一般包括编制职务计划、编制人员配置计划、编制人员需求计划、编制人员供给计划、编制人员培训计划、编制费用预算计划、编制人力资源政策调整计划。

 **案例分析**

沃尔玛的人力资源规划

2017年,沃尔玛虽然在中国面临关店潮,但是却依然蝉联财富世界500强第一。据财富杂志统计,2016年沃尔玛营业收入4 858.7亿美元,净利润136.43亿美元。除此以外,沃尔玛还有一项世界第一,就是员工数量。2016年沃尔玛全球员工数量达到230万。在员工规模、商业价值、财务表现方面,沃尔玛都是全球最大的公司之一。那么,沃尔玛如何进行工作设计和岗位设计,来确保自己的人力资源能满足其业务需求和战略发展?

在沃尔玛,每个门店都设有人力资源经理,他们会向所在门店阐述来自总部的人力资源计划。由于每个门店的情况是不一样的,因此人力资源经理要结合门店特点来解释公司的人力资源计划。这种做法恰恰说明沃尔玛的人力资源计划在公司与门店间是分层次、差异化管理的。

在对人力资源的预测中,沃尔玛使用特殊的软件产品来自动分析劳动力变化的过程。公司总部会从门店获得员工或劳动力数据,然后将数据输入中央数据库进行处理,以明确公司人力资源的趋势。通过这个预测系统,沃尔玛可以预测劳动力在未来每个季度或每个地区可能发生的变化。

为了解决员工的过剩或短缺,沃尔玛利用其信息系统来确定该组织的哪些领域或哪些方面将面临人力资源需求的增加,哪些领域将有剩余。然后公司的人力资源管理部门实施相应的人力资源计划,以稳定人力资源。人力资源计划会规划出所需员工的数量以及增加招聘的推荐时间表。

在供需平衡方面,沃尔玛的目标是确保有足够的机会雇用合格的

第三章 人力资源规划 123

员工。公司有连续雇用和培训新员工的程序,这个连续的过程确保空缺职位能立即被补缺。这种不间断的招聘活动有助于沃尔玛获得充足的人力资源,以满足门店员工需求的变化。

资料来源:根据HR人力资源管理案例网资料改编。

请思考:

1. 沃尔玛在人力资源规划方面有哪些突出特点?
2. 沃尔玛的人力资源规划还存在哪些可以改进之处?
3. 在电商迅猛发展背景下,沃尔玛的人力资源规划可能面临哪些挑战?

实践运用

实践项目:人力资源规划的编写

实践目的:了解人力资源规划的主要内容和程序,学会编制企业的人力资源规划。

实践要求:选择选择一家人力资源工作开展较为规范的企业,了解该企业的背景及其未来发展要求;取得该企业的人力资源部门的支持,收集该企业今年来人力资源数据、职能结构、岗位说明书等相关资料。

实践组织:成立实训小组,每组4—6名同学,通过文献调查、实地走访等方式进行调研,对该企业近年来的年度人力资源规划汇总和研讨,并了解该企业未来年度对人力资源需求,在此基础上编写出该企业未来年度的人力资源规划。

实践考核:根据调研结果,编制该企业下一年度的人力资源规划;每组派代表在班级做汇报交流;接受班级同学的提问,最后由老师进行评点。

第四章 招 聘

于千万人之中遇见你所要遇见的人，于千万年之中，时间的无涯的荒野里，没有早一步，也没有晚一步，刚巧赶上了。

——张爱玲

招聘是一个组织补充新鲜血液的主渠道，它通过招募、甄选和录用，使组织获取必需的人力资源，实现组织人力资源的合理配置。招聘直接关系到组织人力资源的获取，招聘对于企业而言，是在千万人之中寻寻觅觅的过程，一旦招聘到适合企业、胜任岗位的员工，便大有"蓦然回首，那人却在灯火阑珊处"之感。因此，是否能获取合格和优质的人力资源，已经成为增强组织核心竞争力的必要前提。

第一节 招聘概述

一、招聘的含义

 招聘

招聘是组织根据人力资源规划和工作分析的要求，通过发布招募信息和科学的甄选，使组织获取所需的合格人选，并把他们安排到合适岗位工作的过程。

在理解招聘的含义时，我们必须把握招聘工作以下几个方面的特点。

（一）招聘必须以人力资源规划和工作分析为前提

人力资源招聘是以人力资源规划和工作分析这两项基础性工作为前提的。人力资源规划决定了组织预计要招聘的岗位、部门、数量、时限、类型等要求；工作分析则对组织中各个岗位的职责、所需的资质进行分析，为招聘工作提供了主要的参考依据，同时也为应聘者提供了有关岗位的详细信息。招聘工作对于组织人力资源的合理形成、管理及开发具有至关重要的作用。

（二）招聘是组织与应聘者的互动选择

组织与应聘者之间的双向选择，是招聘工作的一个重要特征。应聘者根据组织发布的招聘信息，对照所聘岗位的条件和标准，进行自我分析、衡量，并了解组织的整体情况，从而选择合适的组织和合适的岗位作为应聘目标。而组织则从应聘者中，根据岗位要求择优录用。组织要尽量避免"人才高消费"的现象，尽量使录用人员的能力与岗位的职责要求相匹配。

（三）招聘必须考虑成本问题

招聘应该同时考虑三个方面的成本：一是直接成本，包括招聘过程中广告费、工作人员工资和差旅费、考核费用、办公费用及聘请专家费用等；二是重置成本，重置成本是指因招聘不慎，须重新再招聘时所花费的费用；三是机会成本，机会成本是指因离职及新员工尚未胜任工作造成的费用支出。一般来说，招聘的职位越高，招聘成本就越大。招聘时必须考虑成本和效益，既要将成本降低到最低程度，又要保证录用人员的素质要求，这是招聘成功的最终目标。

二、招聘的原则

人力资源部要有计划、有目标、有步骤地开展日常的人员招聘工作，严格掌握对应聘人员的基本要求，把任人唯贤、择优录用的基本原则贯穿在整个招聘工作的过程中，甄选出德才兼备的优良人选，不断满足组织发展的需要，使组织在激烈的竞争中保持人力资源的优势。具体来讲,招聘工作应该遵循下列原则。

(一) 计划性

应该在组织人力资源规划的基础上,具体制定人员招聘计划。人员招聘计划作为组织人力资源规划的重要组成部分,为人员招聘录用工作提供了客观的依据。

(二) 公开性

组织应该把空缺的职位种类、数量、应聘资格和条件、应聘方法等信息,通过公开的途径,向组织内外的应聘者发布,使招聘工作置于组织内外公开监督下,防止暗箱操作,唯有如此,才能给予组织内外的申请者以公平竞争的机会,达到广揽人才的目的。

(三) 公平性

公平性原则要求通过考核和公平竞争,确定人员的优劣和取舍。为达到公平竞争的目的,既要吸引较多的应聘者,又要严格甄选程序,用科学的手段进行考核、筛选,减少甄选工作中的主观随意性。

公平性还要求组织对所有申请者一视同仁,不能人为地制造各种不公平的限制(如性别歧视、年龄歧视、籍贯歧视等),也不能人为地制造不平等的优先优惠政策,为组织内外的申请者提供平等的竞争机会。

(四) 标准性

招聘工作应该按照工作分析所提供的职位说明书进行。组织在进行招聘决策时要做好充分的准备,明确招聘的标准和条件。一个岗位宁可暂时空缺,也不要让不合适的人选占据,尽量不要降低标准来录用人员,如果是因为标准定得太高,以致所有的候选人都无法达到招聘标准时,组织可以适当地重新考虑招聘标准。在降低标准时,一定要谨慎,否则会导致标准的混乱,对其他员工造成不公平,同时也影响今后的工作。

(五) 全面性

全面性与标准性原则相联系。对应聘者的资格、条件与所招聘职位的匹配性方面要进行全面的考察,不能只考察其中的某一突出方面就简单地作出录用或拒绝的判断,避免以偏概全。

(六) 合适性

合适性原则要求做到既广开才路,又人事相宜。招聘的对象不一

第四章 招 聘 127

定是最优秀的,而应该是最合适的。招聘时要量才录用,做到人尽其才、人事相宜,尽量避免大材小用,造成浪费。这里的标准是职位的要求,如果应聘者的条件远远超过职位的要求,那么今后他的工作稳定性就不会太高。

 小案例 4-1

"萝卜招聘"再现身

2017年12月25日,湖南长沙天心区市容环境卫生管理局公开招聘8名合同制环卫管理员,招聘范围却注明面向"干部职工子弟、家属和亲戚朋友",引发广泛关注。

在事业单位招聘的过程中应该秉持公平、公正、公开的原则,如果设置与岗位无关的指向性或者限制性条件,附加过多条条框框的门槛,就会让该职位为有关系的候选人量身订制,成为"萝卜招聘"。天心区的招聘"干部职工子弟、家属和亲戚朋友"字眼,明显属于"萝卜招聘"范畴。深挖"萝卜招聘"的本质,实质上是对权利的滥用、对法律的漠视,用自己手中的权力为子女亲属开后门,违规招聘近亲属,甚至更有贪污腐败所致的"萝卜招聘"。

虽然早在2006年1月就有《事业单位公开招聘人员暂行规定》,2017年9月25日又审议通过《事业单位公开招聘违纪违规行为处理规定》,但实践中依然存在"因人画像""萝卜招聘"等现象,这其中不乏对《规定》的漠视,存在侥幸心理。这就要求在出现"萝卜招聘"事件后不能一罚了之,不能总是事后补救和处置,而应该将关口前移,做好事前的预防工作。

资料来源:根据搜狐网资料改编。

请思考:

"萝卜招聘"会产生哪些不良影响?如何减少或避免这一现象?

三、招聘的主要环节

人力资源招聘是一个复杂、完整、连续的程序化操作过程,包括了从招募、甄选、录用到评估的完整过程。如图4-1所示。

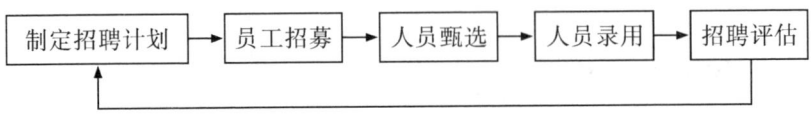

图4-1 员工招聘主要环节

(一)员工招募

招募是为了吸引更多更好的应聘者而进行的一系列活动,包括根据需求预测制定招聘计划,发布招聘信息,收集和整理应聘者的申请等,招募是招聘工作的基础。

(二)人员甄选

甄选是对所招募人员进行筛选的过程。为了对应聘者进行全面和深入的了解,组织应该借助于各种方式从中甄选出合格的人选来,这些方式包括对应聘材料的评价、开展背景调查,对初选合格的人选进行面试,必要的话,还应该进行相应心理、技能的测试和考核。

(三)人员录用

录用是招聘工作的决定性阶段,也就是对甄选出的人员进行初始的安置,包括做出录用决策、安排体检和岗前培训、试用和安置等方面的工作。

(四)招聘评估

评估是招聘工作的不可或缺的环节,为此,组织应该成立评估小组,评估由各级主管领导、人力资源部主管、招聘工作人员及需补充人员的部门领导组成。招聘评估主要从招聘各岗位人员到位情况、应聘人员满足岗位的需求情况、应聘录用率、招聘单位成本控制情况等方面进行评估,还可以从所录用人员的流失率来判断招聘工作的质量。

 阅读资料 4-1

大数据、人工智能将颠覆传统招聘

职场社交平台 LinkedIn（领英）日前发布的 2018 中国职场人跳槽趋势洞察和《2018 中国人才招聘趋势报告》的结果显示，中国职场人平均跳槽频率正在持续加快，平均在职时间从 2014 至 2015 年的 34 个月逐年递减为 2017 至 2018 年的 22 个月。跨行业及地域流动趋势明显，互联网、房地产、汽车成为人才净流入比最高的三大行业；而电信、信息技术与服务及石油能源等行业则正在面临显著的人才流失问题。在 2018 年排名人才吸引力首位的互联网行业，员工平均在职时长仅为 1.47 年，而在传统的电信行业，平均在职时长则达到了 2.6 年。

这种趋势与我国相应行业在各自发展周期中所处的位置呈现出较高的契合度。随着越来越多的人倾向资本更密集、创新更活跃且利润率更高的行业，传统行业在人才招聘方面面临着更大的挑战，一些正在被新技术变革的传统行业，比如汽车行业的人才缺口也很大。当然，更大的吸引力也伴随着相对更高的人才流动率。越发频繁的人才流动一方面体现了活跃和开放的职场特征，另一方面也给企业招聘带来新的挑战，即人才留存难度增大、招聘工作量激增等。

与此同时，人才多元化、面试新工具、大数据和人工智能这四大趋势的结合，正在让招聘成为一种更具战略高度的工作，能够帮助企业提升招聘的效率和智能化程度，也更能结合客观的数据分析和主观洞察获得合适的人才。同时，这些趋势无论是从专业技能还是业务理念上，都对招聘人员提出了转型的要求。

值得一提的是，相较于美国、英国、德国等主要欧美国家，中国企业表现出了更前卫的理念，在招聘中采用新兴技术与方法的意愿也更加强烈，尤其在大数据、人工智能等技术的运用上表现出了更明显的信心。目前65%的企业招聘人员"有时"使用大数据,而90%的招聘人员"有可能"在未来两年开始使用大数据,显著高于全球79%的平均水平。与此同时,79%的中国企业招聘人员认为,人工智能对于未来招聘工作会有一定程度的影响。未来五年,中国企业更有可能会使用人工智能驱动的新方法,简化日常招聘工作,提升招聘效率。

资料来源:根据《北京晚报》(2018年3月21日)资料改编。

请思考:

大数据和人工智能对传统招聘产生哪些影响?试简要说明。

第二节 招 募

招募是组织为了吸引更多更好的应聘者而进行的一系列活动,包括招聘计划的制定和审批、招聘信息的发布、收集和整理应聘者的申请等,它是招聘工作的基础。

一、招募的流程和活动内容

(一)制定招聘计划

人员招聘计划是组织人力资源规划的重要组成部分,通过定期或不定期地招聘录用组织所需要的各类人才,为组织人力资源系统充实新生力量,实现组织内部人力资源的合理配置,为组织提供可靠的人力资源保证,同时弥补人力资源的不足。招聘计划的主要内容包括:

1. 确定招聘需求

招聘工作一般是从招聘需求的提出开始的。招聘需求通常是由用人部门提出的,由于招聘需求往往受制于组织的人员预算,因此用人部门应该和人力资源部门共同分析实际工作的需要和业务的变化来确定人员的预算。

人员招聘需求一般产生于下列几种情况:新建组织;现有职位因

种种原因发生空缺;组织业务不断扩大;调整不合理的员工队伍等,由此而提出人员增补需求。

(1) 提出招聘需求。根据组织统一的人力资源规划,或由各部门根据长期或短期的实际工作需要,准确地把握有关组织对各类人员的需求信息,确定人员招聘的种类和数量。

(2) 填写"人员需求表"。人力资源部门可根据具体的情况制定不同的人员需求表,"需求表"应依据职务说明书制定,包括如下内容:① 所需人员的部门、职位;② 工作内容、责任、权限;③ 所需人数以及何种录用方式;④ 人员基本情况(年龄、性别等);⑤ 要求的学历、经验;⑥ 希望的技能、专长;⑦ 其他需要说明的内容。

2. 确定招聘人数

招聘计划应该确定招聘录用人数以及达到规定录用率所需要的人员。为确保组织人力资源构成的合理性,各年度的招聘录用人数应大体保持均衡。录用人数的确定,还要兼顾到录用后员工的配置、晋升等问题。此外,还要根据以往的招聘经验,确定为了达到规定录用率至少应吸引多少人员前来应聘。

实际工作中,可采用"招聘金字塔"来确定招聘的人数。如图4-2所示。

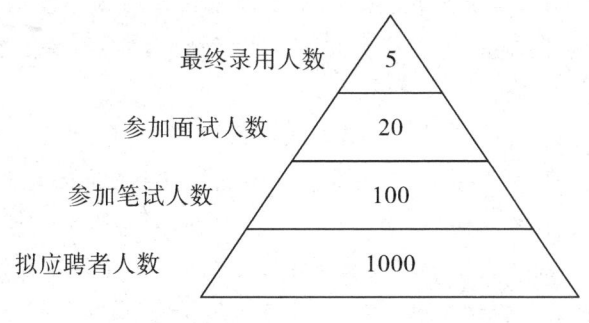

图4-2 招聘金字塔模型

3. 估算招聘时间

有效的招聘计划还应该准确地估计从候选人应聘到录用之间的时间间隔。随着劳动力市场条件的变化,这些数据也要相应地发生变化。

4. 确定招聘范围

即在多大的范围内开展招聘工作。确定招聘范围时，首先要考虑的是招聘岗位的特点，如组织的管理人员与专业人员可以在全国范围或区域范围内招聘，技术人员可以在区域或当地劳动力市场上招聘，基层工作人员如文员和蓝领工人可以在当地招聘。此外，组织所在地区的经济和技术发展水平和当地的劳动力市场的状况也会影响招聘范围的确定。

5. 确定招聘标准

除了个人基本情况外（年龄、性别等），录用标准可以从与工作相关的知识背景、工作技能、工作经验、个性品质、身体素质等方面的情况进行确定。在明确每个方面的具体标准时，还应该进一步区分哪些素质是职位要求所必需的，哪些是希望应聘者具有的。

小案例 4-2

美团员工招聘涉嫌地域歧视

2017 年 5 月 17 日下午，一微博账号发布了一条截图消息，消息显示美团一名员工在公司内部群里发布了一则不当的招聘信息，招聘条件包括：不要简历丑的、不要开大众的、不要信中医的、不要研究生博士生、不要黄泛区及东北人士等。

消息发布后，美团点评官方做出回应称，平等、包容、开放、创新是互联网+的标签，"对于发生与公司所倡导的价值观背道而驰的事件，我们深表遗憾，经集团安全监察部、餐饮平台 HR 联合调查，发布消息的员工因使用地域歧视、爱好歧视类不当言论，在公司内外造成了极为恶劣影响，已严重违反了《美团点评阳光职场行为规范》，现正式对其做出辞退处理，即刻生效。"

美团点评表示，对于因该员工不当言论所受到伤害的应聘者及此事所造成的社会恶劣影响，表达诚挚的歉意，同时也承诺将在员工纪律规范、组织氛围营造等方面上持续改进,营造阳光健康、积极向上、公开透明的职场环境。

资料来源:根据网易科技网页资料改编。

请思考:

评述案例中美团员工招聘条件设置的不当之处。

6. 确定招聘方法

组织应根据成本及时间间隔数据定期收集、评价招聘来源信息,对各种信息来源进行分类,选择那些最快、最廉价地提供适当人选的信息来源。费用最高的来源通常是猎头公司,其代理费约为个人年薪的1/3左右,组织招聘高级管理人才时比较适用;而一般人员的招聘可通过职业介绍所,因其费用较低。

7. 估算招聘成本

一般来讲,录用一个人所需要的费用可以用招聘总费用除以雇用人数得出。除此之外,下列的成本计算也是必不可少的。

(1) 人事费用。工资、福利及加班费。

(2) 业务费用。如电报费、电话费、专业费及服务费、信息服务费、广告费、物资及邮资费用等。

(3) 一般管理费用。如租用临时设备、办公用具设备等的费用。

(二) 报送主管领导审核

人力资源部门应该对人力需求及资料进行确认,估算有关费用,经综合平衡,提出是否受理的具体建议,报送主管领导审批。

(三) 招聘工具的设计和招聘信息的发布

1. 招聘工具的设计

招聘工具包括招聘广告和应聘者申请表(登记表)。

(1) 招聘广告。设计招聘广告需要注意以下三方面。

1) 确定广告类型。招聘广告的基本类型有行式(列式)广告和展示广告两种。行式(列式)广告是分类广告中的一些小广告,费用通常取决于字数或行数。展示广告是较大的、四周封围的广告,经常包括标识图片和显著标题,其费用较高。

2)选择广告媒体。广告媒体包括报纸、杂志、电视、广播、招聘现场的宣传资料、户外公告栏、互联网等。在选择广告媒体时,要注意比较各种媒体的优缺点和适用场合,根据自身的需要和实力,有针对性地选择一种媒体或者几种媒体的组合。

3)制作广告内容。广告内容必须提供能够使受众响应的信息,通常招聘广告的内容应该包括的信息有:

第一,岗位名称。

第二,组织名称、经营的内容或服务的领域、工作地点。

第三,工作的目标、责任以及所属部门负责人的职位。

第四,要求的学历和工作经验。

第五,在工作要求与年龄相关时,要具体说明年龄限制。

第六,薪酬以及福利。如有可能,应该说明大致的薪酬范围。

第七,注明希望应聘者答复的方式、联系方式和联系人员等。

第八,截止日期。

小案例 4-3

两则招聘广告比较

A公司是一家外资企业,由于业务发展的需要,公司拟招聘一名采购经理。公司人力资源部门拟出一份招聘启事,其主要内容如下。

招聘职位:采购经理

相关要求:大专以上学历,3年相关工作经验,较好的英语和计算机能力,有高度的工作责任感和良好的沟通协调能力。主要工作职责是联系供货公司,及时准确地在规定时间内将企业各部门所需货物发送至指定地点,并确保货物的质量和价格符合企业的要求。

B公司是一家民营企业,由于业务发展的需要,公司拟招聘一名采购经理。公司人力资源部门拟出一份招聘启事,其主要内容如下。

招聘职位:采购经理

相关要求:大专以上学历,2年相关工作经验,能熟练操作Office者优先。

资料来源:陈剑主编,《人力资源管理》,清华大学出版社,2017年版,有删改。

请思考:

试分析这两则招聘启事的优缺点,你认为哪个公司的招聘启事更能招到合适的人才?

(2) 应聘者申请表。应聘者在获得招聘信息以后,可以向招聘单位提出应聘申请。应聘申请有两种:一种是应聘者的应聘书;另一种是直接填写招聘组织的应聘申请表(登记表)。应聘者申请表的设计要依据职务说明书,每一栏目均有一定的目的,不要繁琐重复。一般来说,应聘者申请表的设计可反映以下几个方面的信息。

1) 个人情况。如姓名、年龄、性别、婚姻、地址及电话等。

2) 知识背景。如最终学历、学位,外语水平等。

3) 工作技能。是指与工作相关的某些特殊的技能等,如计算机操作。

4) 工作经验。主要包括工作年限、主要工作成就等。

5) 个性品质。如性格特点及个人的爱好等。

6) 生活及身体素质。如家庭成员、身高、体重、健康状况等。

7) 其他情况。如离职的原因、应聘职位的动因等。

2. 招聘信息的发布

发布招聘信息应该注意的问题有:

(1) 信息发布的范围。信息发布的范围由招聘对象的范围决定。在确定发布范围时要考虑信息发布的成本。

(2) 信息发布的时间。为了缩短招聘进程,吸引更多的应聘者,招聘信息应该尽早向公众发布。

(3) 招聘对象的层次性。为提高招聘的成功率，节约招聘成本，应该根据招聘职位的要求和特征，有针对性地向特定层次的潜在应聘者发布招聘信息。

（四）收集、整理应聘者的信息

收集、整理应聘者的信息，是对应聘者进行初步筛选。对应聘者进行初步筛选是招聘录用系统的重要组成部分，主要是对应聘人员登记表及个人简历进行初审及评价。这种初审的目的是要挑选有希望的求职者，在其余的选拔过程中再收集有关该求职者的更详细的情况。该程序用于为招聘录用系统后面一些程序的进行而筛选求职者，它通过迅速地从应聘者信息库中排除明显不合格者来帮助录用系统有效运行。

筛选应聘人员登记表可依据人员录用标准来进行，如上面提到的五个标准：与工作相关的知识背景、工作技能、工作经验、个性品质、身体素质。

一般情况下，专业性岗位的候选人的筛选由人力资源部门进行，组织最好能够成立由部门经理、人力资源管理者及技术专家组成的小组来进行这项工作。对普通职位的申请者，可以由接待人员或人力资源部门的工作人员进行甄别和筛选。

小案例 4-4

最耿直的高校招聘："学校一般，待遇一般"

近日，这则高校招聘启事火了。兴义民族师范学院招聘"语言学博士"。招聘文案如下：

首先坦白，学校很一般很一般：不是数字序列高校（985、211），不是双一流；平台很一般，需要您来创造；交通情况暂时不"高速"，只有飞机到达全国各大城市，但高铁五年内融入上沪昆高速网线；人才引进政策待遇一般，或者一套三室两厅90平米以上的房，或者30万安家费，二选一；工资待遇参照西部地区高校标准，据事实比较，略超湖南一点点。

　　以上情况可以接受的话，您再看看以下内容：语言学博士应聘，年龄不超过45岁（最多46，不能再加了），免面试、免试讲，来了就签录用合同，约今年8月州人社局办入编手续；评职称容易；工作压力不大……搜肠刮肚再说一个，兴义市是世界级春城之一，空气质量长年排贵州省第二。还有啥？噢对了，牛肉便宜，35元一斤，现宰现杀不注水。

　　资料来源：《大同晚报》，2018年05月12日。

　　请思考：

　　试评述这则"最耿直"招聘广告文案设计的特点和效果。

二、招聘的渠道和方法

在招聘需求获得批准以后，需要选择合适的渠道和方法来获取职位候选人。招聘渠道通常有内部和外部两种。

（一）内部渠道

内部渠道就是从组织内部选拔合适的人才来补充空缺或新增的职位。在进行人员招聘录用工作时，组织内部调整应先于组织外部招聘，尤其对于高级职位或重要职位的人员选聘工作更应如此。

1. 内部渠道的特点

通过内部渠道选拔合适的人才，可以发挥组织中现有人员的工作积极性，同时也加速人员的岗位适应性，简化程序，减少招聘、录用时的人力、财力等资源支出，也减少培训期和培训费用。具体来说，内部渠道的优势可以从以下几个方面来分析。

（1）从选拔的有效性和可信度来分析，管理者和员工之间的信息是对称的，不存在"逆向选择"和"道德风险"问题。因为内部员工的历史资料有案可查，管理者对其工作态度、素质能力以及发展潜能等方面有比较准确的认识和把握。

（2）从企业文化角度来分析，员工与组织具有共有价值观，对组织具有较强烈的归属感和信任感。员工在组织中工作过较长一段时间，已融入组织文化之中,视组织为他们的事业和命运的共同体,认同组织的价值观念和行为规范,因而对组织的忠诚度较高。

(3) 从组织的运行效率来分析,现有的员工更容易接受指挥和领导,易于沟通和协调,易于消除边际摩擦。这有助于贯彻和执行组织的方针决策,有利于发挥组织效能。

(4) 从激励效果来分析,内部选拔能够给员工提供晋升机会,容易鼓舞员工士气。通过内部选拔,使员工的成长与组织的成长同步,在组织内部形成积极进取、追求成功的气氛。

但是,内部渠道本身存在着明显的不足,具体表现在:内部员工竞争的结果必然是有胜有败,可能影响组织的内部团结;容易形成"近亲繁殖"、"群体思维"、"长官意志"现象,不利于成员创新;可能因领导好恶而导致优秀人才外流或被埋没;也可能出现"裙带关系",滋生组织中的"小帮派"、"小团体",进而削弱组织效能。

2. 内部招聘的方法

当一个组织注重从内部招聘和提升人员时,其员工就有了为取得更好的工作机会而努力的动力。内部招聘和提升的有效手段包括:

(1) 内部晋升或岗位轮换。内部晋升或岗位轮换是建立在系统有序基础上的内部职位空缺补充方法。首先要建立一套完整的职位体系,明确不同职位的关键职责、职位级别、职位的晋升轮换关系,指明哪些职位可以晋升到哪些职位,哪些职位之间可以轮换;其次,要在对员工绩效管理的基础上建立员工的职业生涯管理体系,建立员工的发展档案,了解员工的职业发展愿望,帮助员工建立个人的职业发展规划,根据员工的发展愿望和发展可能性进行有序的岗位轮换,并对业绩优秀的、具有潜力的员工加以提升。

(2) 工作告示和工作投标。工作告示是一种向员工通报现有工作岗位空缺的方法,在组织内部,通过布告栏、内部报刊、内部网站等渠道公布招聘信息。工作告示的内容包括工作说明书中有关空缺职位的性质、职责、所要求的资历条件、薪酬情况、直接上司、工作时间等情况。人力资源管理部门承担全部的书面工作,并负责安排用人部门对申请

第四章 招 聘 139

人进行面试。工作投标则是一种允许那些认为自身具备所需资格的员工申请公告中所列工作的自荐方法。

(3) 内部推荐。内部推荐有两种。一种是内部员工推荐。当组织出现职位空缺时,组织不仅要鼓励内部员工自我推荐应聘,还应鼓励员工利用自己的社会关系为组织推荐优秀的人才。另一种情形是管理人员推荐,当需要晋升的职位是基层管理职位时,管理人员往往倾向于亲自挑选推荐将来准备进一步提拔的候选人。

(4) 转正。许多组织经常会有临时的雇用人员。当正式岗位出现空缺时,如果临时人员的能力和资格又符合所需岗位的任职资格要求时,可以考虑临时人员的转正问题。这样,临时人员也就成为补充职位空缺的内部来源。

 小案例 4-5

索尼公司的内部招聘

有一天晚上,索尼董事长盛田昭夫按照惯例走进员工餐厅与职工一起就餐、聊天。他多年来一直保持着这个习惯,以培养员工的合作意识和与他们的良好关系。这天,盛田昭夫发现一位年轻员工郁郁寡欢,满腹心事,闷头吃饭,谁也不理。盛田昭夫就主动坐在这名员工对面,与他攀谈。这个员工终于开口了:"我毕业于东京大学,有一份待遇十分优厚的工作。进入索尼之前,对索尼公司崇拜得发狂,我认为进入索尼是我一生的最佳选择。但是现在才发现我不是在为索尼工作,而是在为课长干活。坦率地说,我这位课长是个无能之辈,我所有的行动与建议都得课长批准。我自己的一些小发明与改进,课长不仅不理解,不支持,还挖苦我癞蛤蟆想吃天鹅肉,有野心。对我来说,这名课长就是索尼。我十分泄气,心灰意冷。这就是索尼?这就是我的索尼?我居然放弃了那份优厚的工作来到这种地方!"

人力资源管理教程

　　这番话令盛田昭夫十分震惊,他想,类似的问题在公司内部员工中恐怕不少,管理者应该关心他们的苦恼,了解他们的处境,不能堵塞他们的上进之路,于是产生了改革人事管理制度的想法。之后,索尼公司开始每周出版一次内部小报,刊登公司各部门的"求人广告",员工可以自由而秘密地前去应聘,他们的上司无权阻止。另外。索尼原则上每隔两年就让员工调换一次工作,特别是对于那些精力旺盛、干劲十足的人才,不是让他们被动地等待工作,而是主动地给他们施展才能的机会。在索尼公司实行内部招聘制度后,有能力的人才大多能找到自己较中意的岗位,而且人力资源部门可发现那些"流出"人才的上司所存在的问题。

资料来源:根据豆丁网资料改编。

请思考:

内部招聘方式能给组织管理带来哪些好处?

(二) 外部渠道

外部渠道是通过外部获得组织所需的人员,如果没有适宜的内部应聘者,或者内部人力不能满足招聘人数,需向组织外部招聘。通过向外部招聘,组织可以补充初级岗位,获得现有员工不具备的技术,获得能够提供新思想的并具有不同背景的员工。

1. 外部招聘的特点

外部渠道招聘具有以下优势:

(1) 为组织带来不同的价值观和新观点、新思路、新方法。外聘优秀的技术人才、营销专家和管理专家,他们将带给组织"技术知识""客户群体"和"管理技能",这些关系资源和技术资源对组织的发展来说是至关重要的。

(2) 为组织注入活力。外聘人才可以在无形当中给组织原有员工施加压力,形成危机意识,激发斗志和潜能,从而激活组织的肌体,使组织肌体保持活力。

(3) 外部渠道广阔,挑选的余地大。特别是随着全国性的人才市场和职业经理人市场的形成,外部挑选的余地很大,能招聘到许多优秀人才,尤其是一些稀缺的复合型人才,这样还可以节省大量内部培养和培训的费用,促进社会化的合理人才流动。

(4) 外部招聘也是一种很有效的信息交流方式,组织可以借此树立积极进取、锐意改革的良好形象。

但是,外部招聘也不可避免地存在着不足,具体表现在:由于信息不对称,往往造成筛选难度大,成本高,甚至出现"逆向选择";外聘员工需要花费较长时间来进行培训和定位;可能挫伤有上进心、有事业心的内部员工的积极性和自信心,或者引发内外部人才之间的冲突;"外部人员"有可能出现"水土不服"的现象,无法融入组织文化之中;可能使组织沦为外聘员工的"跳板"等等。

2. 外部招聘的渠道

外部渠道可以委托各种劳动就业机构,如各类学校的毕业生分配部门推荐,利用各种职业介绍所招聘,利用各种人才市场、劳务市场等招聘,委托猎头公司招聘等;也可以自行招聘录用:如利用同事、亲属关系介绍,利用广告招聘(包括报纸广告、杂志广告、电视广告、电台广告、广告传单)等。

组织应根据各种招聘方法的优缺点全面权衡,同时要充分考虑到自身条件,如知名度、经营规模、业务内容、员工规模等。另外,还必须考虑到可能的应聘者的价值观念、职业观、就业观等。在对上述这些方面进行全面分析比较的基础上来选择适合本组织的招聘方法是比较稳妥的。

3. 外部招聘的方法

当组织迅速发展、严重依赖外部提供重要人才时,有效利用外部劳动力市场、吸引外部人才就成为组织招聘的工作重点。外部招聘的方法包括以下几种。

(1) 网络招聘。互联网不仅仅是一个在网上发布招聘广告的媒体,而且是一个具有多种功能的招聘服务系统。通过互联网招聘的途径有:

1) 专业招聘网站。专业招聘网站同时为企业和个人服务,提供大量的招聘信息,并且提供网上的招聘管理和个人求职管理服务。

2)直接发布招聘信息。招聘者只要在网上进行注册,就可以按照指定的方法将自己的职位空缺信息和用人要求在网上发布出去。

3)搜索网上简历库。人才招聘网络上的简历库能够提供大量的求职者信息,因此,不通过发布招聘广告而直接搜索网络上的简历库成为招聘单位检索感兴趣候选人的一种非常有效的方法。

4)利用组织自己的网站。无论从效益还是从费用的角度,组织在自己的网站上制作精美的招聘网页,都是极具优势的。组织的网站应该成为组织与人才互动交流的窗口。

(2)举办或参加人才招聘会。人才招聘会是一种比较传统的招聘方式。招聘会分为两类,一类是专场招聘会,专场招聘会是组织面向特定群体或者需要招聘大量人员而举办的;另一类是非专场招聘会,往往是由某些中介机构组织(如人才交流中心等)及用人单位参加的招聘会。组织参加非专场招聘会,需要了解招聘会的档次、对象、组织者、影响力等信息,对于组织来说,举办或参加人才招聘会,是展示自身形象和实力的良好机会,为此,组织应当做好参展的准备工作,这些准备工作包括:① 准备一个尽量好的展位;② 准备足够的宣传资料和登记表格;③ 确定好参展人员;④ 与有关的协作方沟通联系;⑤ 做好必要的宣传工作。

(3)利用职业中介。组织通过就业服务机构联系,告知对应聘者的具体要求,由职业中介机构承担寻找和筛选应聘者的工作,并向组织推荐合适的应聘者以备组织做进一步的筛选。职业中介的作用简化了组织的面试工作,节省了招聘的时间成本,但职业中介的筛选质量可能不高。在利用职业中介机构时必须注意:① 向职业中介机构提供一份精确而完整的工作说明书;② 限定职业中介机构对应聘者的筛选程序和工具;③ 定期审阅那些被接受或被否决的应聘者的材料;④ 最好与一到两家职业中介机构建立长期联系。

(4)利用猎头公司。猎头公司常被用来搜寻理想的高级管理人员,猎头公司掌握着大量的有经验和特殊才能的人才的信息,一般都拥有自己的人才数据库。猎头公司在接受客户委托以后,不通过广告吸引潜在的求职者,也不向个人收取服务费。猎头公司主动接触候选人,对候选人进行面谈或其他方式的测评,并通过各种途径对候选人进行背景调查,向客户提供候选人的评价报告。猎头公司主要是为企业服务的,无论企业最终是否聘用猎头公司所提供的候选人,企业均需支付相应的费用,一般相当于所招聘职位年薪的30%—40%,再加上搜寻过程中所发生的费用。利用猎头公司必须注意的问题有:

1)考察猎头公司的资质。具有良好资质的猎头公司应该有严谨的操作规范、优秀的专业水准、强烈的服务意识,并且深刻了解客户所处的行业,自觉遵守法律法规。

2)明确双方的责任和义务。在与猎头公司合作时,一定要在开始就约定好双方的责任和义务,并就一些可能发生异议的问题达成协议,如费用、时限、候选人的标准保证期的承诺、后续责任等。

(5)媒体广告。媒体广告是最为传统的招聘方式,不同的广告媒体具有不同的特点。

1)报纸。报纸的主要优势有:造价低廉,制作简便;便于自由选择阅读;便于保存和查阅;信息量大。报纸的劣势表现在:受众范围有一定的限制性,这主要是因为报纸传播受文字媒介的制约,虽然文字表现力强,现代报纸多采用套色,使报纸传播显示出图文并茂的特色,但与电子媒介相比,报纸缺乏生动性和直观性,可能对广告的设计带来一定的限制。报纸的适用情形是:比较适用于在某个特定地区的招聘;比较适合在短期内需要得到补充的空缺职位;适合于候选人数量较大的职位;适用于较高流失率的行业或职位。

2)杂志。杂志在具有报纸传播的一般优势外,它还具有以下优点:杂志更具有保存价值,受众阅读的有效时间长,重复阅读率高;杂志比报纸更具有传阅性,客观上扩大和深化了杂志的传播效果;杂志的指向性是最为明确的,每种杂志都有其特定的读者群,而且读者群比较稳定;与报纸相比,其印刷精美,特别对于图像来说,其保真度高。杂志的劣势表现在:与报纸相比较,杂志的出版周期更长,发行量和发行区域受到更大的限制,同时受众范围的限制性也更明显。杂志的适用情形是:当候选人的专业性较强时,选择专业性杂志有很大的针对性;所需要的候选人的地区分布较广;所空缺的职位对于组织来说并非迫切需要。

3）广播。广播的优势表现在：广播的受众不受年龄、性别、职业、文化因素的制约，受众面广；传播速度迅速，其传播速度更快于电视传播，在四大传媒中，广播的传播速度最为快捷；成本低廉，享用方便，接收广播虽然受到节目编排和播出时间的限制，但收听很少受到空间的限制。广播的劣势主要有：广播效果具有稍纵即逝的特点，信息的储存性差，难以记录和查询；同时广播内容的编排是按时间顺序排列的，受众的选择性显得差些；广播媒介只能传送声波信号，不能传送图像信号。广播的适用情形是：当组织需要迅速扩大影响，将组织的形象宣传与人员招聘结合起来同时进行时；用于引起潜在的应聘者对其他媒体广告的注意，起到告知性的作用。

4）电视。电视的优势主要有：电视不仅能够传送声波信号，还能够传送图像信号，因此，它是一种视听结合的媒介，传真性强；受众面广，影响面大，比广播更能够吸引受众。电视媒体存在以下的劣势：电视广告制作成本高、技术复杂；受众接受时明显受到时间和空间的限制；储存性差，受众不便查考。电视媒介使用于招聘广告的情形与广播相仿。

5）印刷品。运用印刷品发布招聘广告的优势在于：印刷品指向性明确；能够引起应聘者的兴趣并引发他们采取行动。印刷品的缺陷在于宣传力度有限；可能被随意丢弃。印刷品在特殊场合比较适用，如展示会、招聘会、大学校园等。印刷品广告适合于与其他形式的招聘活动配合使用。

(6) 校园招聘。大专院校和各类职业学校日益成为各用人单位招聘足够数量的高素质人才的广阔市场。各类学校为组织提供了大量受过良好正规教育，但实际经验较少的年轻求职者，他们的学习愿望和学习能力较强，与具有多年工作经验的候选人相比较，新毕业学生的薪酬也比较低。组织在校园进行招聘应该注意的问题和采取的途径有：① 关注校园信息，追踪目标学校的就业动态；② 与校方有关机构和人员保持良好的联系；③ 通过各种手段在校园里渗透组织文化，推广组织形象，如演讲会、研讨会、资助各种文化活动和专业比赛、赞助校园的公共设施等；④ 为优秀学生设立奖学金，为贫困学生设立助学金；⑤ 组织学生到企业参观、实习；⑥ 利用各种手段发布招聘信息。

（7）其他途径。除了上述各种外部招聘的方法和途径外，面向外部招聘的方法还有应聘者的直接申请、员工的引荐等。

第三节 甄选和录用

人力资源的获取工作是一个完整的流程，甄选和录用是整个招聘系统的组成部分。为了对应聘者的知识水平、能力、专业兴趣和个性特征等多方面的内容有比较全面和深入的了解，组织应该借助于不同的方式来甄选出合适的人选，甄选已经成为组织招聘工作的一个最重要的阶段。录用则是组织经过甄选之后的决定，录用作为一种契约将组织与应聘者紧密地联系起来。

一、甄选

（一）甄选的程序

甄选过程应该由人力资源部门和用人部门经理共同完成，其步骤如下：

1. 评价求职申请表和简历

评价求职申请表和简历是对应聘者进行的初步筛选。无论是由个人提交的申请表和简历，还是由组织统一设计的登记表，总会存在着许多不可靠的成分。初步筛选的目的在于透过申请表和简历的表面现象观察分析其潜在的危险信号。对显示出危险信号的申请者，应该在初步筛选中予以剔除。对于有希望的候选人，可以将发现的疑问记录下来，以备面试时提问。一般来说，有下列情况的，可以视作"危险信号"：① 申请表信息不完全；② 就业经历存在间断；③ 在某职位上短期任职，且没有合乎逻辑的原因；④ 在某一工作岗位上缺乏所期望的成绩；⑤ 缺乏有效的离职原因；⑥ 所描述的职责与原任职岗位不一致；

⑦过去的经验与申请的职位不一致;⑧不合逻辑地提供申请职位所必需的经验或技能。

2. 进行面试、测试和考核

对于初选合格的人选进行面试,必要的话还要进行测试和考核,它的一般步骤如下。

(1) 确定参加面试的人选、发出书面通知。通知书上应该注明面试的时间、地点、联系方式等内容。

(2) 进行面试准备。面试准备包括确定面试主持者和参加人员、选择合适的面试方法、设计评价表和面试提问提纲、面试的场所布置和环境控制。

(3) 面试过程的实施。面试是获取求职者信息最常用的方法,在各个层次的选择中被广泛使用。它依靠面试考官的面试技巧有效地控制面试的实际操作,面试过程的操作质量直接影响着人员招聘与录用工作的质量。关于面试的方法和技巧,下面将会有专题说明。

(4) 进行必要的测试和考核。选择性测试被视为最可靠、最准确的选择方法,通过对应聘者施以不同的考核和测试,可以就他们的知识、能力、技能等条件,以及个性品质、职业性向、动机和需求等方面加以评定,从中选出组织所需要的人选。

(5) 分析评价结果。这个阶段的工作主要是针对应聘者在面试、测试和考核中的实际表现作出结论性的评价,为录用取舍提供建议。

3. 背景调查

背景调查就是核实求职者申请材料和个人简历等与实际是否相符,以获得求职者更全面的信息。背景调查的主要目的是"打假"。由于人才在市场上处于供大于求的状况,求职者面临极大压力,被迫在求职时对自己进行包装,求职申请书越做越精美,工作经历越来越丰富,甚至夸大其词。那些文凭低、工作经验不足的求职者为迎合用人单位的需要,纷纷弄虚作假,致使假文凭、假职称证书到处泛滥。

(1) 调查时间。背景调查一般安排在面试结束后与拟聘人员上岗前进行,因为此时大部分不合格人选已经被淘汰,而对被淘汰人员自然就没有实行调查的必要了。

第四章 招　聘　　147

（2）调查内容。背景调查内容应以简明、实用为原则。"简明"是为了控制背景调查的工作量，降低调查成本，缩短调查时间，以免延误上岗时间而影响业务开展。"实用"指调查的项目必须与工作岗位需求高度相关，不要调查与任职要求无关的内容。调查的内容不必面面俱到，基本上可以分为三类：① 通用项目。如学历学位的真实性、任职资格证书的有效性。② 过去的工作经历。侧重了解受聘时间、职位和职责、离职原因、薪酬、与职位说明书要求相关的工作经验、技能和业绩等问题。③ 有否不良的记录。

（3）调查的具体实施。进行背景调查可以委托中介机构进行，提出需要调查的项目和时限要求即可。如果工作量较小，也可以由人力资源部门操作。由人力资源管理部门实施调查时，可以根据调查内容把调查对象集中在三大类，即学校管理部门、以前和当前的任职单位、档案管理部门，进行分头调查。

在获取并评价了求职者的资料后，招聘工作就进入了决定性阶段——作出录用决策。

小案例 4-6

招聘竟然要看属相？

某房地产公司招聘职位为"财务经理"，要求应聘人士具有三到五年的工作经验，本科毕业，熟悉房地产开发企业财务管理及工作流程等。除了这些无可厚非的条件外，"任职资格"竟在最后一条中规定："属龙、虎、兔的不招。"

这条招聘信息在网上发布后，引来不少热议：难道这样的人能妨碍他们公司发财吗？现在公司招人真是太苛刻了，什么条件都能提得出来，感觉实在奇葩……。记者上网输入"招聘""属相"等关键词，发现一些地方确有企业以属相作为招聘限制条件。这些企业给出的原因同样"雷人"：房地产对风水有讲究，所以对从业者的属相有特定要求；员工的属相不能和公司负责人的属相相冲。

人力资源管理教程

另有些企业认为,不考虑学识、技能、沟通能力等综合素质,单凭生肖来否定人才,企业的发展轨迹不会因为员工的生肖而改变。依生肖招人是迷信行为,不是现代企业的作风。类似限制生肖的招聘多出自民营企业,与企业负责人的个人偏好密切相关。依照我国《劳动法》规定,劳动者享有平等就业和选择职业的权利。律师认为,企业不能以与劳动技能无关的因素如宗教、种族等作为择人标准。企业以生肖属相为限制,排除了一定出生年份的求职者平等就业的机会,侵害了他们的就业权利,这是一种就业歧视。

资料来源:根据网易网页资料改编。

请思考:

"招聘看属相是对应聘者进行背景调查",这种观点对吗? 试做分析。

(二) 甄选技术与方法

甄选工作对组织绩效和成本有重要的影响,决定了组织能否最终获取适合工作岗位的理想人选,因此,甄选已经成为招聘过程的一个最重要的阶段,在甄选过程中要用到多种评价技术和方法。

1. 面试

面试是组织的面试人员与应聘者之间进行信息沟通的过程。作为一种评价求职者的主要方法,面试可以使管理者获取并验证一些重要信息,有机会评价应聘者的主观方面——面部表情、仪表、紧张程度等。

(1) 面试的过程。面试的过程包括准备阶段、实施阶段和反馈阶段。

1) 准备阶段。面试前向准备工作对于面试的成功具有至关重要的作用。准备阶段的基本工作大体有:

其一,研究工作说明书。工作说明书对职位说明的信息是面试测验的依据,面试时应该围绕工作说明书进行问题的设计。

其二,约定面试时间、准备面试场地。面试者要安排好面试时间,并提早通知被面试者。面试的时间不要与其他重要工作的时间相冲突;在场地安排时要注意两个问题:一个是环境的布置和座位的安排;

一个是环境气氛。

其三,准备提问提纲。

其四,设计面试记录表和面试评分表。面试评分表的主要内容是列出评价要素和评价等级、综合评语以及录用意见等。

2) 实施阶段。面试实施的具体过程包括以下三个基本阶段:

第一,导入阶段。导入阶段主要是面试者和被面试者通过自我介绍与对方认识,导入阶段通过寒暄一些与工作无关的问题,创造一种轻松、友好的面试氛围。

第二,核心阶段。核心阶段是整个面试过程最为重要的阶段,通过提问、倾听和观察,面试者着重收集被面试者能够胜任应聘岗位能力方面的关键信息,并依据这些信息对被面试者做出基本的判断。这一阶段费时最多,面试者除了要运用提问技巧外,还要注意倾听的艺术,并且观察被面试者的非语言信息。提问时不必拘泥于准备好的提纲,要随时根据被面试者的回答情况,做出适当追问,以获取和验证更为全面的信息。

第三,确认阶段。面试者回顾检查是否遗漏了能够反映胜任应聘岗位能力的核心问题,并进一步确认这些关键问题。结束阶段也可以提一些旁敲侧击的问题,了解被面试者的一些潜在的信息。

3) 反馈阶段。面试结果的反馈有两条线路:一是由人事部门将人员录用结果反馈到组织的上级和用人部门;二是逐一将面试结果通知应聘者本人,对录用人员发布"试录用通知",对没有被接受的应聘者发布"辞谢书"。另外要注意将面试资料存档备案,以备查询。至此面试工作全部完成,重新回到人员招聘与录用的程序之中。

(2) 面试的种类。面试的方法有很多,组织可以根据自身招聘不同层次人员的不同需要,有针对性地选择面试的方法和种类。

1) 序列面试。序列面试是指通过一系列连续的面试而为录用决策积累信息的方法,一般包括几轮,经过每一轮次的淘汰,下一轮的面试根据前一轮的面试评估表做准备。

第一,初次面试。初次面试通常是由组织的人力资源管理部门负责招聘工作的人员主持,了解应聘者接受教育的背景、工作经历、能力、个性、求职意愿等，同时向应聘者介绍组织的基本情况和所聘职位的职责和要求等。

第二，再次面试。再次面试是在初次面试筛选的基础上，由组织的主管部门的负责人、人力资源管理部门的负责人协同进行，如果是选拔高级和重要岗位的人员，组织高层管理人员也应该参加。再次面试主要是为了更加充分地了解应聘者的情况，进一步确认被面试者是否适合其所应聘的职位。再次面试往往对作出录用决策起着重要的作用。

2) 结构化面试。结构化面试是指事前预备好书面的工作说明书和录用标准，设计开发好问题，以避免面试者遗漏某些关键信息的一种面试方法。结构化面试的优点是对于所有的被面试者都回答同样的问题，对所有的被面试者有统一的评分标准，便于分析和比较，一般适用于初次面试。结构化面试的缺点是缺乏灵活性，很难做到因人而异。

3) 非结构化面试。非结构化面试是指没有固定的格式，没有统一评分标准，所提问题因人而异，根据现场情景设计开放性问题的一种面试方法。非结构化面试的优点是可以根据应聘者的陈述内容灵活地提出相关的问题，缺点是面试者的主观性较强，没有统一的标准，容易产生偏差。

4) 小组面试。小组面试是由几个面试者使用一套事先准备好的问题，共同对被面试者进行提问的一种面试方法。面试小组成员包括人力资源管理部门的负责人和用人部门的负责人。小组面试的优点是为参与录用决策的人员提供了同等的机会审查被面试者，同时也节省了系列面试时所花费的时间和精力。小组面试的缺点是对于被面试者来说压力可能比较大。

（3）面试的技巧。面试的技巧涉及多个方面，如陈述的技巧、提问和倾听的技巧、如何捕捉非语言信息的技巧、如何面对不同个性的被面试者的技巧、如何进行现场控制的技巧，等等。这些技巧与作为管理者的素养和技能有关。在此我们只介绍面试提问的 STAR 步骤。

STAR 是背景（Situation）、任务（Task）、行动（Action）和结果（Result）四个英文字母的首字母组合。通常，应聘者求职材料上写的都是一些结果，描述自己做过什么，成绩怎样，比较简单和宽泛。而面试者则需要了解应聘者如何取得这些业绩的。通过 STAR 提问,面试者可以全面了解该应聘者的知识、经验、技能的掌握程度以及工作风格、性格特点等的信息。

1) 背景。面试者要了解该应聘者所述业绩是在一个什么样的背景之下取得的,通过不断地提问,可以全面了解该应聘者取得所述业绩的前提,从而获知所取得的业绩有多少是与应聘者个人有关,多少是和环境因素有关。

2) 任务。面试者要了解的是应聘者为了取得所述业绩,都完成了哪些工作任务,每项任务的具体内容是什么样。通过这些可以了解他的工作经历和工作经验,以确定他所从事的工作与获得的经验是否适合现在所空缺的职位。

3) 行动。面试者还要继续了解应聘者为了完成上述任务所采取的行动,即了解他是如何完成工作的,工作中采取了哪些行动,所采取的行动是如何帮助他完成工作的。通过对应聘者"行动"方面信息的提问,面试者可以进一步了解他的工作方式、思维方式和行为方式。

4) 结果。最后面试者要关注结果,即应聘者在采取行动完成每项任务的结果是什么,以及造成这种结果的原因又是什么。

通过上述四个步骤,面试者可以逐步将应聘者的陈述引向深入,从而挖掘出应聘者潜在的信息,为组织的录用决策提供正确和全面的参考。STAR 步骤既有利于组织招聘到合适的人才,也为应聘者提供了一个尽可能全面展现自我、推销自我的平台。

小案例 4-7

Facebook 的面试过程

Facebook 一般候选者都有 4~5 次面试,以评估候选人的才能和文化适应力。通常第一轮是电话面试,招聘人员会评价应聘人员的专业经验和对公司的热情。如果情况良好,那么候选人将会与他(她)所申请职位的在岗人员进行第二轮的"技术上"的电话面试。比如,你应聘的职位是工程师,那么就会由 Facebook 的工程师同事而不是不懂程序的招聘人员来进行电话面试。任何进入或者选择进入到第三轮面试的应聘人员,必须接受 Facebook 的强化训练,来确保这些应聘者是否适合企业的岗位。

第三轮面试是在 Facebook 公司现场进行,其中还包括办公室的展示。里面还包括使用到高科技的产品——Oculus 虚拟现实头戴式耳机的演示,通过这个来减轻应聘者的压力,让他们更能放得开一些。

剩下的面试过程就是和岗位和部门相关了。仍以工程师为例,应聘者就要接受"编码面试",通常就是在办公室的白板上进行,看看候选人能不能在给定的条件之下在白板上又快又好地写出代码。所有的候选者都会遇到假设性的问题以测试他们在工作中的反应、逻辑问题来测试他们的思维,这么做的原因很简单,就是想知道候选者是不是真正的适合 Facebook。

Facebook 所有面试官包括 Miranda 最喜欢问的一个问题就是:在非常美好的一天,你回到家里,你拥有了世界上最好的工作,你会做些什么?通过这个问题的答案,面试官就能知道应聘者在 Facebook 未来有多大的发展潜力。

资料来源:根据 HR 人力资源管理案例网资料改编。

请思考:

总结 Facebook 面试的流程与特点。

2. 心理测试

心理测试是根据被测评者对一组标准问题的回答方式,测量其心理特征,并据以预测被测评者与拟任职位符合程度的方法,以达到甄选的目的。

上述面试方法存在的最大局限是难以获取应聘者的内在个性和实际工作能力方面的信息。心理测试作为一种间接的测量手段,则能够在一定的程度上测评出应聘者的人格特征、能力特征(包括能力倾向)、基础知识和专业知识、基本技能和特殊技能等。但即便如此,测试也只能作为甄选录用时的一种辅助性的方法,测试和考核并不是万能的,许多信息是不能通过测试和考核来获取的。

(1) 心理测试的标准。测试的标准是衡量测评工具的测量学指标,这些标准能够衡量测试方法对甄选录用的合宜程度。

1) 效度与信度。测试的效度就是测试的有效性,也就是测试的准确性。有效性和准确性是科学测试的最重要的必备条件。保证较高效度的基础是较高的信度。信度是测试的稳定性和可靠性的指标,所谓的稳定可靠是指测试的结果不能随着测试者、测试时间、测试地点的变化而变化。

2) 公平性。公平性是指测试工具对不同的人来说,没有功能的差异性,在设计测评工具时要排除与工作职位无关的因素的影响,同时,一种测评方法应该能够保证平等地对待所有的应聘者,不能因为他们的性别、年龄、出身等方面的不同而有所偏颇。

3) 客观性。测试是一种客观的测试,测试工具必须是经过标准化的。在测试工具的编制、测试的具体实施以及评分和解释方面都要依据一套系统的程序,以降低无关因素对测试结果的影响,便于对不同人的测试结果进行比较和交流。在注意客观性时,也要考虑适用程度,即测试方法的适用范围。适用程度越高、适用范围越大,则其针对性会相应地减少。

4) 经济性。经济性涉及的是成本和效益的关系。成本是指用于测试的全部成本支出,一般来说,测试的精确程度与成本成正比。因此,在具体进行测试时,应该根据企业甄选录用的实际需要,在测试的精确性和成本之间作出正确的权衡,从而决定所用的测试方法。

(2) 心理测试的类别。根据测试的具体对象划分,心理测试有认知测试和人格测试两种。

1) 认知测试。认知测试测评的是认知行为,如成就测试(主要测评对象的成就需要)、智力测试(主要测评认知活动中较为稳定的行为特征)、能力倾向测试(主要测试人的一般倾向和特殊倾向)。

2) 人格测试。人格测试测评的是社会行为,如态度、兴趣、性格与品德等,心理学家开发了各种问卷被用来进行人格测试。

(3)心理测试的方法。心理测试有两种基本的测试方法。一种是问卷法;另一种是投射法。

1)问卷法。问卷法往往是由一系列问题组成的结构化量表,其编制形式可以是"是非式"、"选择式"和"等级排列式"几种。问卷有自陈量表和非自陈量表,心理测试一般运用的是自陈量表。

2)投射法。投射法提供了结构不明确的刺激情景——投射物,投射物通常是刺激意义不明确的各种图形、墨迹、词语,也可以是实物。让被测试者在不受限制的情景下自由地作出反应,不自觉地将自己的意愿、态度和情感等特性投射于其中,从中来推测测验的结果。常用的有罗夏的墨迹测验、默里和摩根的主题统觉测验(简称 TAT)。

(4)心理测试的注意方面。心理测试必须谨慎进行,在进行心理测试时必须注意:

1)心理测试必须由心理专家主持和实施。对一些计分性的测试要由专业人员掌握,不能公开,计分方法更要保密。

2)实事求是地看待测试的结果和作用。一般来说,心理测试的结果只反应了被测试者某一方面的特质和水平,不能反映他的整体状况,不能迷信心理测试的结果,在解释心理测试的结果时要与拟聘的工作性质相联系;同时,要明确的是对心理测试的作用也不能过高估计,即便是一个信度与效度都很高的测试,当它应用到具体的个人时,其准确性也不一定很高。因此,心理测试的方法只能作为甄选、录用的辅助方法。

3)心理测试工具设计的标准化和科学化。测试工具的设计要遵守科学的原则,必须由专门机构评审。对一些"常模"(反映众多样本共性的特征值)指标,需要经过实践的探索和检验而不断地修正和完善。

3. 评价中心法

评价中心法是一种综合运用多种评价技术对被评价人员进行全面了解的程序,由这种方法得出的评价结果适用于人力资源管理的各项工作。

(1)评价中心法的特点。评价中心法有其自身的优势和缺陷。

评价中心法的优点表现在:

1) 可靠性。评价中心法综合使用了多种测评技术,如心理测验、能力测验、面试等,由多个评价者进行评价。各种技术从不同的角度对被评价者的目标行为进行观察和评价,各种手段之间可以相互验证,因此能够对被评价者进行较为可靠的观察和评价。

2) 动态性。评价中心法的组成部分以及它最突出的特点是它使用了情景性的测验方法,通常,它将被评价者置于一个模拟的工作情境中,了解被评价者与其他人员进行交往和解决问题过程中的行为。因此,评价中心法是一种动态的测评方法,这种对实际行动的观察往往比被评价者的自我陈述更为准确有效。

3) 现实性。评价中心法注重发现被评价者对新工作岗位的适应能力,而不太看中其以往的工作经历;更多地测量被评价者实际解决问题的能力,而不是他们的观念和知识,这对被评价人员和企业来说,都极具现实意义。

4) 客观性。评价中心法所采取的手段很多是真实情景的模拟,因此,这种方法有时又被称为情景模拟法。人们在评价中心的活动表现都与拟任的工作岗位有关,被评价者的表现比较接近于真实情况,被评价人作伪的可能性极低,便于评价人得出更为客观和可信的评价结果。

当然,评价中心法也存在一些明显的不足,它的主要缺点表现在:

1) 成本较高。实施评价中心法的时间成本和费用成本都比较高,一般只适用于选拔和物色较高层次的管理者。

2) 主观性程度较高。在评价中心技术所采用的情景性测验中,制定统一的评价标准比较困难,因此,评价的主观性程度较高。

3) 实施较为困难。评价中心法由于模拟情景的复杂程度较高,对任务的设计和实施中的要求也比较高。

(2) 评价中心法的主要形式。评价中心的主要形式有:

1) 无领导小组讨论。无领导小组讨论是评价中心法中经常采用的一种测评技术。无领导小组模拟了日常工作中重要的管理沟通情景。其操作方法是给被评价者(一般来说是 5—7 人)一个有待解决的问题,让他们在 1 个小时左右的时间里展开讨论以解决这个问题。所谓"无领导"是指参加这一组讨论的被评价者之间是平等的,由他们自行安排发言次序并进行讨论,评价者的任务是观察和评估被测评者在讨论中的表现,但并不参加讨论,也不事先在被测评者中间指定小组的领导者。

 示例 4 - 1

表 4 - 1　无领导小组讨论样题示例	
场景	现在我们要根据企业的要求开一个讨论会。在座的各位现在就组成一个专案工作小组。现在公司要对下列问题进行讨论、分析。请大家充分讨论,并拿出小组的意见来。讨论时间设为30分钟,讨论一旦开始,将不再回答你们的任何提问,也不干预你们的讨论。
样题	你认为什么样的领导是好领导?以工作为导向还是以人为导向?

2) 文件筐测验。文件筐模拟了管理人员日常进行的公文处理情景,因此,也被称为文件处理练习。被评价者通常扮演某一管理人员的角色,他们被要求在规定的时间内处理来自企业内部上下左右的文稿,如通知、报告、请示、来信等等,这些文稿涉及的问题可能是惯例性的,也可能是非常规性的;可能是琐事,也可能是大事。被测评者要独立地对这些文稿进行处理,作出决定。

 示例 4 - 2

表 4 - 2　文件筐测验示例	
场景	假定你是某合资电子公司的总经理,以下任务要求你单独完成:今天是 6 月 20 日,由于停电所有管理人员已提前下班,你刚刚从本部回来,已经是下午五点。你的办公桌上有一堆文件,要求在六点前处理完毕,因为你将去香港参加

续表

场景	国际电子产品展览会,机票已经订好,司机六点来接你去机场。你6月24日才能回到你的办公室办公。公司的主要产品市场需求量很大,正打算扩大生产规模。 文件一:金总:上月销售部陈经理离职之后,又陆续流失6名业务主管,销售人员数量严重不足,人力资源部至今没有补充到位,部门内士气低落、人心思动。部门内8名骨干业务主管今天联名要求三日内与您就销售提成额度的问题进行沟通,此事如何处置,请指示。 文件二:金总:财务部赵经理在划拨款项时出现失误,造成较大损失,按规定应解除合同。现赵经理愿意由个人弥补损失,且赵经理的父亲是我们的重要客户,目前正面临签署明年的购货协议,销售部认为如按规定处理赵经理会对协议的签署产生很大影响。此事如何处理?
处理理由:	
处理意见:	签名: 年 月 日

3) 角色扮演。角色扮演是一种比较复杂的测评方法,它再现了组织中的真实情景,要求被测评者扮演一定的角色,模拟实际工作情景中的一些活动。角色扮演通常采用一些非结构化的情景,在被评价者之间交互作用。"模拟面谈"是通常采用的一种角色扮演形式。即由一名经过训练的人员充当可能与拟任职位在工作中发生关系的各种角色与被评价者谈话,被评价者被要求回答所要解决的问题,由评价者对面谈的过程进行观察和评价。

4) 工作样本法。工作样本法是选取一些工作任务作为拟聘职位的一个"工作样本",然后请被测评者现场操作,根据被测评者的实际表现来测评其管理效率。工作样本法从被测评者一个样本的工作绩效预测其整体绩效,减少了许多推论环节,因此是一种比较直接、自然的测验方法。这种方法还有一个更大的特点是能够使被测评者对拟任的管理工作有一个更加现实和感性的认识。

除此之外,演讲、管理博弈、案例分析等也是经常被用到的评价中心技术。各种方法应结合使用,仅仅以某一种特殊的评价技术都不足以称之为评价中心法;同时,必须由多名评价人主持评价工作,仅仅由一个人主持评价工作或者仅仅是每个评价人各自写出评价报告而没有经过评价小组成员讨论的情况,也不足以称之为评价中心法。

小案例 4-8

面试内容是在马路上鞠躬

大专毕业生杨光曾经遭遇过一次国内的"魔鬼面试"。一家全国连锁的电器大卖场通知他去参加面试,他到了现场却不见通常的场景,人力资源部经理将10多位应聘者一起领到卖场大门口的马路上,竟然让他们站在街上对来往行人说"您好"并鞠躬。大家面面相觑,不知道是怎么回事。

杨光有些纳闷,惴惴不安地开始了问好。当他拦截过往的行人,对他们面带微笑地说"您好"时,觉得十分难为情,当他鞠躬时,甚至有种被羞辱的感觉,只是强忍住了动怒的冲动。几天过后,当他打电话去询问时,用人单位告诉他,他对人不够热情,不适合做这份工作。杨光憋了一肚子气,觉得自己彻底被"涮了"。

资料来源:贺小刚、刘丽君,《人力资源管理》,上海财经大学出版社,2015年版,有删改。

请思考:

杨光被是被涮了吗?试分析企业采用这一面试方式的真实用意。

二、录用

录用是招聘工作的决定性阶段,这个阶段包括作出录用决策、安排体检和实际录用等方面的工作。

(一) 录用决策

录用决策,主要是对甄选评价过程中获取的信息进行综合评价与分析,确定每一个候选人的能力特点,根据预先设计的人员录用标准进行挑选,从而选择合适人员的过程。

最终作出决策的一般是用人部门的经理。在录用决策中,人力资源管理者的作用应该是向用人部门提供服务和专家意见,帮助部门经理作出科学决策。如果人事部门与用人部门在人选问题上意见有冲突,应尊重用人部门的意见。在作出录用决策时,应该尽可能地选择那些具有与组织精神、文化相吻合的个性特点的应聘者。

(二) 体检

身体健康是开展工作的基础,进行录用前的体检主要有以下四个方面的作用:一是确定求职者是否符合岗位的身体要求;二是建立求职者的健康记录,为未来的保险或雇员的赔偿要求提供依据;三是降低缺勤率和事故,发现雇员可能不知道的传染性疾病;四是体检资料还可以被用于确定某些体力、能力特性是否与员工绩效水平相联系的研究。

小案例 4-9

小伙因入职体检查出艾滋被辞退

2017年4月7日,小谢以入职招聘第一名的成绩进入内江市某公司,入职一个多月后,单位组织体检。对未来满怀期待的小谢没想到,这成了他人生的一个转折点。他的体检结果显示"HIV抗体检测阳性"(HIV阳性表明体内已经感染艾滋病毒)。

不久后,小谢忽然收到了公司的通知,说他体检不合格,让他回家好好养病。回到家里的小谢在网络上寻找相关信息。他发现,我国法律规定,艾滋检测遵循"自愿咨询检测"原则,公司入职体检不应包含艾滋检测,而公司违反了这个规定。因此小谢决定起诉公司,在律师帮助下,2018 年 5 月,小谢得到了公司补偿,并经过法院的调解,目前他已经回到公司继续上班。

资料来源:根据搜狐网资料改编。

请思考:

结合本案例说明企业应该如何确定对求职者健康要求。

(三) 实际录用

1. 将甄选结果通知应聘者

通过了上述所有程序,人力资源管理部门就可以给被录用者发出录用通知,对不被录用者发出辞谢通知。录用通知一般要以信函的方式及时发出,在录用通知书中,要说明报到的起止时间、报到的地点以及报到的程序等内容,同时对被录用者表示欢迎。辞谢通知可以用信函的方式,也可以通过电话的方式。委婉礼貌的辞谢通知,有助于树立良好的组织形象,也有利于今后招聘工作的开展。

示例 4-3

录用通知书和辞谢信范例

录用通知书

_____先生/女士:

　　很高兴通知您,我们公司能够为您提供_____职位。我们很希望您能够接受该职位的工作,我们会为您提供良好的工作环境,并按照我们商谈的结果支付您的工资报酬。

　　我们很希望在_____年_____月_____日之前能够获得您是否愿意接受该职位的信息。如果您有什么问题,请尽快与我联系。我的联系电话是_____,我的 E-mail 是_____。

　　等待您的答复。

此致

敬礼

_____公司人力资源经理:_____

_____年_____月_____日

第四章 招 聘 161

人 员 辞 谢 信

尊敬的_____先生/女士：

十分感谢您对我们公司_____职位的兴趣。您在应聘中的良好表现，给我们留下深刻的印象。但是由于名额有限，这次我们只能割爱。我们已经将您的有关资料备案，并会保留半年。一旦有了新的职位空缺，我们会优先考虑您。

希望您能够理解我们的决定，并再次感谢您对我们公司的信任和支持！

此致

敬礼

_____公司人力资源经理_____

_____年_____月_____日

 小案例 4-10

最暖心约定！清华给落选者的信感动千万人

近日，清华大学公布 2018 年领军人才选拔、自主招生、自强计划、浙江"三位一体"、上海"领军计划"的初试结果。对于没有通过初试的考生，清华招办还发出一份暖心的千字拒信，鼓励考生继续执着追梦，清华园的大门永远向他们敞开。信中部分内容读来让人感到暖心：

……但我们还是不得不遗憾地告诉你，在本次自主选拔中，我们未能给你理想的结果。在来自全国各地的万千优秀学生中做出选择，并不是一件简单轻松的事情。相反，抉择过程十分艰难痛苦。因为我们清楚地知道，需要换位思考，需要无比谨慎，需要为每位考生闪着光的人生负责任。

而最终做出的决定，永远是带着遗憾与痛心的。正是这份遗憾与痛心，激励着清华不断完善招生选才体系。围绕着"综合评价、多元择优、因材施招、促进公平"的人才选拔理念，我们试图用更加包容、更加多元的方式悦纳人才。是你的出现，让我们能更好地去反思与衡量"优秀"的意义。

相对于一个单纯的结果，我们更想让你了解：自主选拔只是通往清华的道路之一，与清华结缘永远都不会太晚。你身上的闪光之处我们都看在眼里，这使我们相信，你在此前的每一天都付出了异于常人的努力，拥有了引人注目的积累与收获。自主选拔的遗憾只是宣布你我暂别，并不代表你我无缘。只要你执着追梦，清华园的大门永远为你敞开。

人生的路口有很多，无论自主选拔，还是高考，都只是其中一个。在我们备战高考时，我们也曾以为高考就是人生最重要的分岔路，它会决定一生；但当真正告别那段岁月后，我们发现，其实它只是人生的一个短暂阶段，它永远不能定义"我是谁""我能成为谁""我的人生会不会有价值"……

资料来源：根据光明网资料改编。

请思考：

结合清华大学给落选者的信，分析辞谢通知的作用。

2. 录用人员岗前培训

岗前培训的目的在于向新员工介绍其工作、工作环境及工作同事，能使其迅速熟悉业务流程，消除新员工对新工作、新工作环境及新同事的神秘感，激励新员工的士气。

岗前培训的内容包括熟悉工作内容、性质、责任、权限、利益、规范；了解企业文化、政策及规章制度；熟悉企业环境、岗位环境、人事环境；熟悉、掌握工作流程、技能等。培训周期一般为3天至1星期，特殊岗位的培训可以适当延长。培训合格者方可上岗工作，培训不合格者给予机会再行培训，如仍不合格者，应予以辞退。

3. 试用

试用的主要目的是为了通过工作实践考察试用人员对工作的适宜

性,同时,也为试用员工提供了进一步了解组织及工作的机会,事实上,这一阶段是组织与员工的双向选择,彼此双方不受任何契约的影响。

培训合格者上岗试用,试用周期一般为3个月;特殊岗位的试用期可为6个月;试用期工作优异者,经部门推荐、考核通过,可提前结束试用期,正式录用。对试用期违反公司规章、工作程序、规范者,因其对新环境的不熟悉,应本着教育的原则予以纠正和帮助。

4. 入职手续

新员工必须从原雇主处辞职,完成人事档案的转移,填写新员工档案登记表并签订劳动合同。

 本章小结

招聘是组织根据人力资源规划和工作分析的要求,通过发布招募信息和科学的甄选,使组织获取必需的合格人选,并把他们安排到合适岗位工作的过程。这个过程大致包括招募、甄选、录用和评估四个阶段。

招募是组织为了吸引更多更好的应聘者而进行的一系列活动,包括招聘计划的制定和审批、招聘信息的发布、收集和整理应聘者的申请等,它是招聘工作的基础。

招聘渠道通常有内部和外部两种。组织应根据各种招聘方法的优缺点全面权衡,综合运用。内部渠道就是从组织内部选拔合适的人才来补充空缺或新增的职位,主要的途径和方法包括内部晋升或岗位轮换、工作告示和工作投标、推荐、转正等。外部渠道是通过外部获得组织所需的人员,如果没有适宜的内部应聘者,或者内部人力不能满足招聘人数,需向组织外部招聘,外部招聘的方法包括网络招聘、举办或参加人才招聘会、利用职业中介、利用猎头公司、媒体广告、校园招聘等。

甄选是对候选的申请人进行筛选,甄选合格人选的过程。甄选的步骤包括评价求职申请表和简历,进行面试、测试和考核,开展背景调查。甄选的技术方法主要有面试、心理测试和评价中心法。评价中心的主要形式有无领导小组讨论、文件筐测验、角色扮演和工作样本法。

　　甄选的后续工作是录用,也就是根据组织的需要对甄选出的人员进行初始的安置。录用是招聘工作的决定性阶段,这个阶段包括作出录用决策、安排体检和实际录用等方面的工作。

案例分析

招聘信息投放要看受众特征——从电视、小苹果到抖音

　　看到一个抖音上的招聘视频,大家可能觉得很新鲜,其实视频招聘早已有之。在抖音上的微视频,其实也是广告!但他抓的是受众,无论什么样的招聘方式,讲的是受众,是否符合岗位人员特征。

　　其实招聘古已有之。古时招聘,如经商等的人员需求往往由内部进行推荐,而真正实现有招聘广告的招人,还是在赵匡胤征募兵力时出现。先是选用模特作参考,从军中选出一些身材健壮的,称为"兵样",后嫌麻烦,改用"木梃"代替兵样。据宋朝张舜民《画墁录》记载:"(宋)太祖招军格,不全取长人,要琵琶腿,车轴身,取多力。"这是对招兵对象的能力描述特征。

　　为了提高招聘工作的效率,现代人力资源管理者更加讲究广告效应,这需要针对岗位特征,对招聘受众做好特征分析,设计符合其特征的招聘广告。从电视视频到微视频的招聘,受众有很大差异。

　　电视广告作为一个常规的招聘渠道,现在基本没有什么效果,而且成本很高。很多转向年轻人喜欢的短视频方式开展招聘工作,最成功的小视频的招聘广告是一段征兵宣传片。2014年7月,西安征兵办将小苹果改编为由陆军、空军、武警参演的征兵宣传片后,陆续有各地的军种改编出现,成为2014年征兵的一个亮点。将部队铁打脊梁的严肃形象进行了一定程度的转化,在铁血的背后,也有美丽的温情。从而激发热血青年的爱国之情。但其有个背景,自2012年南沙问题后,很多年轻人心中潜意识中有了畏惧情绪,从而导致在2013年招兵的困难现象,不仅不如往年之踊跃,反而有退缩情绪滋生。有些地方甚至为此加大了家属的补助,为此诞生了部队版的小苹果。

目前抖音的受众主要是90后和00后的年轻人,他们是企业招聘的最主要的受众。因此,在抖音上不仅有麦当劳的招聘广告,还有海底捞的点菜等。麦当劳招聘的成功,并不意味着什么样的岗位都可去抖音招聘,关键要考虑受众的特征。

资料来源:根据三茅人力资源网资料改编。

请思考:

1. 概括电视和微视频广告招聘的优势和劣势。

2. 结合案例分析,企业招聘方法或途径与潜在受众特征有何关系?

 **实践运用**

实践项目:模拟招聘会

实践目的:了解招聘面试的基本流程和工作。

实践要求:(1)本项目以小组形式进行,每组4—8名同学;(2)小组成员进行明确的角色分工,其中考官3—5名,其余为应聘者;(3)小组同学对脚本进行讨论修改,由教师最后定稿;(4)安排好场地,准备招聘面试所需人员和资料;(5)排练预演。

实践考核:安排好时间向其他项目小组汇报表演模拟招聘会,接受班级同学和老师点评。

第五章 培 训

> 每一块石头里面都有一座美丽的雕像,我们需要清除多余的部分,把艺术品展现出来。
>
> ——米开朗基罗

英国管理学家科普认为,开发和培训不是可有可无的选择性事件,而是人力资源管理的重要组成部分,是对人力资本存量的投资与优化。"培训很贵,但不培训更贵",逐渐成为企业的共识。将不同员工招聘来之后,企业有必要对其进行适当培训,以期琢玉成器,尽快适应岗位要求,实现从"局外人"向"局内人"社会化过程的转变。与用于设备、存货等方面资本投资收益特点不同,用于员工培训方面的人力资本投资体现出见效期慢、边际报酬递增的特点。作为人力资本内涵式扩张的有效途径,科学的员工培训流程设计与员工培训方法选择已成为现代企业组织获取竞争优势的有力武器。

第一节 培训概述

一、培训的含义

人力资源管理在"识人、选人"的基础上,涉及用人、育人、留人,而每个环节都与人力资源开发密切相关。特别是"育人"环节,越来越成为企业留人的基础,企业有竞争力的培训成为吸引人才的重要因素。

> **基本概念** 培训
>
> 培训是指企业有计划地组织员工学习与完成本职工作所需的基本知识和技能,或改变员工的价值观,形成与组织目标、文化相一致的工作态度和行为,实现从"局外人"向"局内人"社会化过程的转变。

培训是人力资源管理工作的内在组成部分,也是一种对人的投资。企业的任何一个新员工,不论他具有多高的素质和技能,都不可能与企业的工作要求直接吻合,因此,企业为使新员工掌握必要的知识、技能和应具备的工作态度,一般都要进行相应培训。当然,培训的目的不仅仅局限在基本技能的开发上,更多的应看成是创造智力资本的途径,创造出一个有利于人与企业发展的学习型组织。

二、培训的目的

一般认为培训的目的在于让员工掌握培训项目中所强调的知识、技能和对工作绩效起关键作用的行为,进一步讲,是让员工提高自我意识水平、转变态度和动机。但雷蒙德·A.诺伊教授则认为培训不能仅仅局限于对员工的一般或基本技能开发,培训从广义上来看应该是创造智力资本的途径。

智力资本包括基本技能(完成本职工作所需要的技能)、高级技能(比如如何运用技术来与其他员工分享信息)、对顾客或者生产系统的理解以及自发的创造性,特别要求员工能够分享知识、综合性、创造性地运用知识来改进某一产品或者向客户提供服务,并且能更好地理解服务或产品开发系统。为了获得竞争优势,企业组织更应该重视与企业组织经营的战略目标和宗旨联系在一起的高层次培训以及建立学习型组织。

大多数企业组织的培训侧重于两个目的:一是向员工传授更为广

泛的技能,包括解决问题的技能、沟通的技能以及团队建设的技能等。因为,企业是在不断变动的经济技术环境中生存发展的,员工的知识、技能、工作态度也必须适应这种不断变换的外部环境,因此,培训不单是针对新员工的一次性工作,而是一种经常化的制度。二是利用培训来增强组织的吸引力,强化员工的献身精神。现代企业中的员工,自我意识和自我实现的愿望很强烈,工作对于他们来说,不仅仅是生存的手段,也是实现自我价值的途径,他们十分看重工作中个人的发展前景。培训能够有效地开发员工自身的能力和素质,使他们在工作中感受到个人的成长和发展,从而激发他们对企业的忠诚感和献身精神。因此,从根本上讲,培训要满足企业长远的战略发展需求。

三、培训的意义

培训活动是企业进行人力资源管理的主要组成部分,是与人力资源管理其他工作环节紧密相连的,是"终身教育""终身学习"新理念的具体体现。企业进行员工培训的动力来源于以下几点。

(一)培训有利于企业适应环境的快速变化

美国人力资源管理学家雷蒙德·A.诺伊认为,现代企业面临四种竞争性挑战:一是全球化挑战,即进军世界市场并让雇员做好在国外工作的准备;二是质量挑战,即满足客户对服务与产品的需求;三是社会化挑战,即关于如何管理多元化员工队伍及如何提高他们的阅读、写作和运算能力;四是高绩效工作系统的挑战,即如何将新技术应用于工作设计中。每一种挑战都代表了一种培训需求。利用培训迎接竞争性挑战,这是诺伊教授给企业的忠告。通过培训使员工获得新知识、新技能及新价值、新理念,把员工培养成为有更大生产潜力和创新意识的个体,将培训开发变成企业应对挑战的"第一动力",以适应环境的快速变化,在市场单键中取胜。

(二)培训有利于提高企业的效益

对于培训的成本和收益问题,应从不同的角度进行分析。培训会提高现期支出,导致现期收益的降低,但是由于培训的投资收益具有一定的滞后性,它有可能会大幅度提高组织的未来收益。美国著名经济学家加里·S·贝克尔认为,工人在生产过程中学习新技术,能增加工人身上人力资源的存量。如果再加上培训,就会使其人力资本存量继续增加,从而提高劳动效率。据国内的一项调查表明,经过培训的职工同未经过培训的职工相比,完成产量高出 10.8%,优秀产品合格率高出 60%,工具损耗率低 40%,创造净产值高 9%。目前,人力资源管理理论家与实践家一致认为培训教育是一种投资,高质量的培训是一种回报率很高的投资。

(三)培训有利于减少员工的流动率和流失率

当员工无法有效地完成自己的工作时,就会形成工作压力,并在各方面表现出来。成功的培训能通过员工知识技能的提高,有效地减少工作压力并增加工作乐趣,并且一般而言员工喜欢留恋他们正在学习和成长的工作岗位。通过培训来减少员工的流动率和流失率,既有助于强化员工的敬业精神和对企业的忠诚度,也有助于降低劳动力和管理成本。

(四)培训有利于激励员工

当员工接受一项合适的培训时,他们就会有一种被承认和受重视的感觉。受训后的员工会感激企业为他们提供个人成长、发展和在工作中取得更大成就的机会,会将"要我做"转化为"我要做",也就会更加主动应用和发挥所学知识并施展其创造力,为企业作出更大的贡献。

(五)培训有利于塑造企业文化

将企业文化和企业形象的建设转化为具体的学习活动,通过培训造就训练有素、德才兼备的员工,能使顾客满意度提高,并让顾客透过员工良好的行为表现去感受优秀的企业文化。可以说,培训的总体效果良好,有利于企业文化建设和塑造更完美的企业形象。

(六)培训有利于组织型向学习型演变

自《第五项修炼》一书推出后,人们逐渐意识到企业应是一个学习型的组织。学习型组织是致力于知识的获取和创造,并以知识作为发展的动力和基础的组织。学习型组织在许多方面显示出无比的优越性,如解决系统化的问题、富有创新性的工作、学习自己和他人过去的经验、快速而有效地将知识转变为生产力等。而培训是创建学习型组织的必要手段和条件,"在一个学习型组织中,培训被看成是专门用来创造智力资本的整个系统中的一个组成部分"。未来唯一可以持久的优势是有能力比你的竞争对手学习得更快、学习得更好。员工的学习能力可在培训中不断得到提高,经常性地开展培训活动可以培养更多的学习者,营造企业组织共同学习的环境,有利于打造学习型企业组织。

阅读资料 5-1

学习型组织(Learning Organization)

由美国学者彼得·圣吉(Peter M. Senge)在 1990 年出版的《第五项修炼》(*The Fifth Discipline*)一书中提出此管理观念。他认为,面临剧烈变化的外在环境,组织应力求精简、扁平化、弹性因应、终生学习、不断自我组织再造,以维持竞争力。构建学习型组织是企业获取生命力和竞争力的重要途径。

小案例 5-1

不培训等死,培训找死?

B 公司是一家中外合资服装生产企业,曾投资 3 万美元送 6 名中方经理到其欧洲公司总部接受近 6 个月的培训。回国后,这 6 名经理负责公司的生产管理,他们的月薪高达 3 500 美元。可是,"他们在同一天同时请了病假,然后再也没有回来。"该公司人力资源部经理说,"一家新建的中资服装生产企业以每人每月 6 000 美元挖走了他们。"

这家合资公司花了巨额培训费,却损失了接受专业训练的管理队伍,企业订单和销售渠道也跟着流失,由于管理骨干的跳槽而造成的职位空缺,因一时难以补充合适人才而使生产陷于瘫痪状态。该公司不禁感叹:企业培训,原来是一笔"花钱买跳槽"的赔本生意。该公司曾有两名销售人员辞职,辞职原因是:公司缺少一套切实可行的员工培训计划,在这里干下去看不到发展的希望。为此,企业才不惜加大培训投入,不曾想却导致如此局面。

公司负责人深感困惑:企业正是为留住人才,才耗费巨资进行培训的,为什么反而加剧了重要人才流失呢?有的企业人事经理甚至感叹:"不培训是等死,怎么培训了反而变成找死呢?"

资料来源:根据新浪网资料改编。

请思考:

你认为该如何走出"不培训等死、培训找死"困境?

四、培训与社会学习理论

按照心理学的观点,在某种可以鉴别的情景中,伴随着一定的经验之后,人的行为和产生特殊行为的性能发生变化,这种"通过经验而使行为发生相对永久性的改变"的过程,就是学习。从本质上讲,培训也是一种学习过程,要进行员工培训就有必要了解学习的理论。

(一)社会学习理论

美国心理学家班图纳的社会学习理论是心理学学习理论的流派之一,是培训理论的基础。班图纳认为,人的许多行为都是通过观察学习而获得的。所谓观察学习是"经由对他人的行为及其强化性结果的观察,一个人获得某些新的反应,或使现有的行为反应得到矫正,同时在此过程中观察者并没有外显性的操作示范反应。"在观察学习过程中,观察学习的对象被称为榜样或示范者,榜样的影响是社会学习理论的核心。对榜样的学习受到以下四个相互联系的过程的支配。

一是注意过程:只有当人们认识并注意到榜样的重要特点时,才会向榜样学习。

二是保持过程:榜样的影响取决于当榜样不再真正出现时,个体对榜样活动的记忆程度。

三是再造过程:个体通过观察榜样而看到一种新行为后,观察必须转化为行为。这一过程表明个体能够执行榜样的活动。

四是动机过程:如果提供了积极的诱因和奖励,将会激发个体学习榜样的行为。

班图纳认为,人们为了达到目的,除了强化作用之外,还会自己奖励自己,对成绩的满足与不满足成为人们努力学习的动因。社会学习理论的观点还认为学习不能仅仅依赖于经验,人们更应该通过信息处理、理解行为与结果之间的联系来学习,否则就不会有进步。

(二)社会学习理论的运用

培训的目的就是要使员工的行为发生有利于企业目标实现的变化,如何促使这种变化的发生,或者说使学习更加有效,就要使一些基本的前提成立,这些前提如图5-1所示。

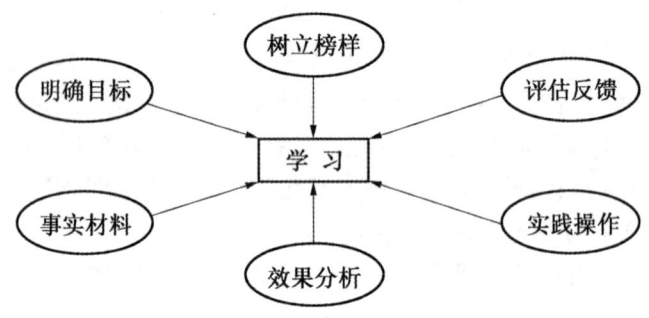

图5-1 有效学习的六个前提

1. 明确目标

培训要取得理想的效果,必须使员工在参加培训之前就有一种改进工作行为及结果的强烈愿望和动机。

目标设置理论认为,个人的行为方式由其有意识的目标所规范,受训者的动机在培训中具有重要作用,而明确目标能有效强化受训者的动机。因为人的行为总是受其自觉的目标所约束的,而且高标准的目标一般比低标准的目标能收到更好的效果。培训目标同时还影响着受训者的期望。培训者对培训对象的期望越高,学员的表现也就越好;反之,期望越低,学员的表现也越差。

2. 树立榜样

榜样的行为被认为是最恰当的、理想的行为模式。如果榜样的行为能通过正确的方式加以激励和引导,就会产生榜样效应——与榜样相同的、企业期望的行为增加。培训过程中,为了达到榜样效应,必须选择合适的榜样。所以,选择榜样时应考虑以下几个问题:第一,所树立的榜样应该在年龄、性别、所处环境等方面与受训者相近,这样更容易引起观察者的模仿;第二,示范行为应从简到繁、从易到难,对每一行为要有一定的重复率;第三,榜样应比较贴近学员的生活,最好是企业中的员工。

3. 事实材料

培训和学校教育有很大的不同,培训侧重于技能的提高,实践的操作;而学校教育则侧重于理论体系的完整灌输。所以,培训中应更多地采用事实材料,通过事实材料将各种概念、理论贯穿起来,使学员通过培训在潜移默化中达到既增加了技能技巧,又提高了理论层次的效果。另外事实材料应该能够使学习者产生丰富的联想,从而便于理解和接受,使得学习要点更鲜明和生动。

4. 实践操作

实践是温习所学知识的有效手段和重要环节,只有经历了多次反复的实践,才能将所学的知识、技能转变成员工的自然反应,达到提高员工知识和技能的目的。这对受训者从培训到实际工作场景的转化是很有意义的。这里所指的实践不仅包括培训过程中提供的实践,还包括培训后运用所学知识、技能而安排的工作机会。这样做可能会增加培训费用,但却是保证受训者掌握知识技能的必要途径。因此,在培训中,要尽量使学习环境和工作环境相似,提供尽可能多的培训实习机会,及时纠正偏差,防止错误行为的固定化、形成定向思维。培训后要安排实践机会,使培训中学到的知识技能不会遗忘。

5. 评估反馈

反馈对于增强培训效果是非常重要的。通常情况下,人们若不知道自己的行为结果,就不会产生改变自己行为方式的想法或愿望。培训正是通过教育员工、改变员工的行为来达到提高生产率、完善服务的目的。从这个意义上讲,评估反馈在培训中具有重要的作用。因此,培训者应该在受训者行为发生后及时将行为的结果反馈给受训者,使其能将行为与结果紧密联系起来。反馈的重点应该是告诉受训者在何时何地以何种正确的方式完成了何种工作。这样会使受训者的学习愿望增强,学习积极性提高,并且会促使他们自动调整以后的行为。当然,也可指出受训者的不足之处。

6. 效果分析

培训过程中由于培训对象在性格、学习动机、学习习惯和学习能力等方面存在很大的差异,培训效果会产生很大的不同。但实践证明,在培训过程中,培训对象还是表现出明显的共性,即实践初期,受训者进步明显,但在一段时间后,就会出现学习效果停滞不前的现象,之后学习效果还是呈现进步的态势。学习效果之所以会停滞不前原因是多方面的,例如学习过程遵从收益递减规律,使受训者的积极性减弱;随着学习的进步,受训者经历一个将各种不同的技能结合在一起的比较复杂的整合过程,这种学习上的深化需要一种与原来不同的指导方式等。

第二节 培训的流程

一般来说,完整的培训过程分为五个步骤:培训需求分析、培训计划设计、培训课程开发、培训活动实施和培训效果评价。

一、培训需求分析

培训需求分析是培训成功的关键步骤,企业在一定时间内用于培训的资源必定是有限的。"把资源用在什么地方"就是成本组织管理者必须作出的决策。而这一决策过程有赖于培训专家的参与和帮助,有赖于对组织的培训需求进行系统的、准确的分析。所以,培训需求分析是指在规划与设计每项培训活动之前,由培训部门、主管人员、工作人员等采用各种方法与技术,对各种组织及其成员的目标、知识、技能等方面进行系统的鉴别与分析,以确定是否需要培训及培训内容的一种活动或过程。培训需求分析既是开展现代培训活动的第一步,也是进行培训评估的基础。

为了保证培训需求分析的有效性,通常回答这些问题:企业需要员工具备什么样的理想能力和水平?员工的现实的能力和水平是什么状况?员工现实的能力水平和理想的能力水平有哪些差距?具体差距有多大?通过什么培训方式解决这些差距?为了清晰回答这些问题,培训需求分析就必须在员工、组织和战略三个层面上进行。

(一) 员工需求分析

员工需求分析可以依据其绩效考核资料来进行,主要分析员工现有能力和水平之间的差距。可以通过分析员工工作绩效的表现,发现被考核者在知识和技能方面存在的缺陷,并对其产生的原因进行剖析,在此基础上确定谁需要接受培训和培训的主要内容。

不同的组织的培训需求分析主体是不同的,但是一般说来,任何组织和单位都要通过培训部门、部门主管人员、在岗员工来进行。培训部门通常是选择和确定培训对象的关键参与者,通常负责绩效评价的分析,作为培训需求分析的依据。部门主管人员是确定谁会获得培训机会的关键决定者,同时要鼓励所在部门的员工提出自己的培训需求和计划。在岗员工通过评估自身的工作能力,提出改进与其工作有关的技能、知识、能力的培训需求。

(二) 组织需求分析

组织需求分析主要是对组织的目标和资源等因素的分析。一般而言,组织目标对培训规划、设计与执行起决定性作用,组织目标决定培训的目标和重点。通过组织目标的分析,确定员工现在工作应该具备哪些岗位任职所需要的知识、能力和水平。培训计划的制定和实施要依赖于组织的资源,因此,在进行培训需求分析时,还要考虑组织的资源状况,包括组织人员安排、设备类型、资金保障等。

(三) 战略需求分析

人们习惯于把培训需求分析集中在员工和组织需求层面,并以此作为设计培训规划的依据。但实践发现,这种培训需求分析的方法是将注意力集中于现在的需求,但由于内外部环境的变化,可能会引起培训资源的无效应用。因此,培训需求分析还应该围绕着未来需求进行分析,即战略需求分析。

战略需求分析不是集中在人员、组织、部门现在有效工作所需要的知识、技能和能力,而是集中在他们未来有效工作所需要的知识、技能和能力。要预测本企业未来在技术、销售市场以及组织结构上可能发生的变化,要以发展的、预见性的眼光或依据企业战略来确定企业的培训需要。

在上述所讲的三个层面分析的基础上,寻找两个共同点:一是员工培训需求与组织现在工作所需的知识、能力和水平的共同点;二是员工培训需求与组织未来工作所需的知识、能力和水平的共同点。如此做出的培训需求分析,才能找准员工和组织的"痛点",使培训计划的制定更加具有针对性。

管理故事 5-1

将军练兵有高招

古时候,赵、高两位将军即将领兵对战,可是因为长期的战争,双方手下的老兵伤亡惨重,各自部队几乎都是刚招来的新兵,两位将军都为新兵训练的事情发愁。赵将军觉得时间紧迫,新兵们需要学习的东西实在太多,如骑马射箭、步行战斗、运送粮草等。于是赵将军抓紧时间,夜以继日地投入训练。但是由于时间短,任务多,效果并不理想,赵将军非常担忧。于是,他派人去打听高将军的训练情况,得到的反馈是:"他们只是按照日常训练进行,并没有强化训练。"赵将军顿时放了心,以为胜利已是囊中之物。

转眼到了决战之日,赵将军手下士兵果然了得,骑马、射箭、步战、操作器械,样样都懂一点,可是没有一样是精通的,并且相互之间还缺乏配合。战斗开始后,只见高将军手下的士兵分工明确、各有所长,冲锋的骑兵个个骑术精湛,射箭的选手个个百步穿杨,攻坚的士兵熟练地操作着各种器械,进行主力决战的步兵更是骁勇善战。很快,赵将军的军队就败下阵来。

赵将军后来才明白,原来高将军是根据各个士兵的特点将他们分成了许多小队,每个小队只学习一样本领,最后则专门进行各兵种之间的配合训练。赵将军长叹一声,败得心服口服。

资料来源:李健,《人力资源管理:理论·案例·实训》,清华大学出版社,2017年版,有改动。

请思考:
1. 赵将军为什么会失败?高将军的训练方法高明在哪里?
2. 本案例对员工培训需求分析有何启示?

二、培训计划设计

培训需求确定后,就是制定培训计划。培训的成功不仅取决于企业发现、识别培训需求的能力,更取决于企业在此基础上设计的培训计划。所谓培训计划是根据企业的近、中、远期的发展目标,对企业员工培训需求进行预测,然后制订培训活动方案的过程。它是一个系统工程,包括确定培训目标、确定培训范围、制定培训方式、确认培训时间以及培训计划的调整方式和组织管理等工作。

(一) 培训计划设计的原则

制定培训计划的目的是为了保证顺利开展对员工的培训,因此,在制定计划时应遵循以下几个原则。

1. 系统性

系统性是指培训计划设计应达到标准化、一致性的要求。标准化要求设计过程具备大量非常正式的规则。这些规则制约着设计过程的所有决定,如为何要进行培训?培训什么?谁接受培训?如何培训?达到怎样的培训效果等等。规则是标准化的关键因素,它可以减少设计者个人因素对培训的影响或偏好。另外,一项培训计划应采用一致性的培训标准,加强培训活动各项目之间的有机联系并使之同培训目标保持一致,保证培训工作有序地进行。

2. 普遍性

普遍性是指一方面培训计划应适用于各种不同类型的培训,既要适合管理技能的培训,又要适合专业技术培训,还要适合知识培训和职业道德培训。另一方面培训计划也应适合不同的员工,既要适合决策者培训,又要适合管理者培训,还要适合新员工培训。再一方面,培训计划还应适合不同的培训需求,既要适合员工对新技术、新技能和新知识的培训需求,也应适合员工对传统技术、技能和知识的培训需求。

3. 有效性

有效性是指培训计划必须针对企业组织目标和工作绩效等客观实际来设计,同时有助于员工个人职业发展,还要从整体上考虑影响培训效果的相关因素。培训计划要能经受培训实践的检验,产生良好的社会经济效益。

(二) 培训计划的内容

培训计划的内容是指构成培训计划的必要因素。一般培训计划至少要具备以下内容。

1. 培训目标

基于企业需求分析的信息,企业应能建立较为正式的、具体的、可量度的培训目标。培训目标是制订培训计划的第一要素,它是一定时期内希望达到的培训标准,是培训者检查培训活动是否完全达到培训要求的尺度。它描述的是培训的结果,而不是培训的过程,所以培训目标的重点应放在受训者应掌握什么、能做什么上。

培训目标又分为规划目标和具体的计划目标。规划目标是整个培训的终极目的,是对规划期内完成多少培训任务、达到什么标准、培训的总人数、百分比、培训的质量作出要求。计划目标是规划目标的落实。计划目标比较微观、具体而详细,较规划目标的任务、职责更清楚具体,时间要求、人员落实、政策落实也更可行和易于操作。

企业的培训目标往往是多重的,如表 5-1 所示,培训者需要考虑培训对企业的短期和长期影响,以及影响的方式和影响的强度。

表 5-1　培训目标示例

目标的类型	示例
知　　识	受训者能在定位培训后,清楚地了解本企业的创始人、主要发展历程、组织结构,初步了解企业的财务报销、休假、晋升、业绩评估等各项制度,并能准确地了解各部门间的工作与沟通关系。
态　　度	所有的受训者应明确:有效的针对性培训能减少新进员工的麻烦,提高其对企业的归属感,并能从全局层面认识其工作的重要性。
技　　能	受训者应能准确使用工作手册和员工手册,在遇到生病、出差等情况时,了解如何按规定行事。
工作行为	受训者能将其所了解的企业使命、员工基本行为规范、工作安全等知识,运用到其处理同事、客户关系的工作行为上去。
组织成果	通过培训,使员工试用期间流失率降低5%。

2. 培训对象

这是解决培训谁的问题。企业培训应分轻重缓急,培训的重点对象应是处于关键岗位、主要岗位的管理人员和员工。企业领导干部是培训工作的重点对象。准确地选择培训对象,有助于培训成本的控制,强化培训的目的性,提高培训的效果。

3. 培训内容

培训内容与培训对象是相辅相成的,有什么样的培训对象,就有什么样的培训内容,要想提高和保证培训效果,就要选择好培训内容。由于受训者有着相当个性化的培训需求,因此,将培训与个人职业生涯、职业设计相联系,能大大改善培训的效果。培训的内容可以包括政治思想、职业道德、专业知识、实际技能等几个方面。

4. 培训的形式和方式

培训的形式和方式直接影响到受训者对培训内容的接受程度,同时培训形式和方式的确定也便于受训者做好受训准备。培训的形式有岗前培训、在岗培训、离岗培训、自学等。不同的培训活动,培训的具体内容和方式也不同,可在教学计划中作出具体规定。

5. 培训实施机构

从实施机构来看,可以有企业内部培训和企业外部培训两种。企业内部培训包括在企业内部场所或企业自己租用的场地,由企业内部人员作为培训师进行的培训,以及聘请外部专家和学者根据企业要求在企业培训基地进行的培训。企业外部培训是指企业外包给社会培训或教育机构为本企业员工进行的培训,包括由企业付费的学历教育。在实施外部培训的过程中,企业的培训管理部门要参与培训计划的设计,并与承办培训的社会机构保持密切的联系。

6. 培训时间

培训时间是培训计划的一个关键项目。培训时间选择得及时合理,就会顺利地保证企业目标和岗位目标的实现,提高劳动生产效率。

7. 培训预算

培训要落实经费。根据培训的种类、内容等各方面的因素,估计使用多少经费、经费的来源是否已经落实。

培训计划中要明确完成培训目标提出的任务所需的培训经费的数量和来源,并据此计算好培训量。

8. 培训地点

为了保证培训顺利实施,就要事先选择确定好培训地点,培训地点包括培训基地和培训场所。培训地点一经确定,应及时通知培训教师和受训者。

9. 培训设施

培训设施的好坏对培训的效果有重大影响。因此,要从视觉效果、听觉效果、温度控制、教室大小、座位安排、计算机辅助教学设备等方面搞好培训环境的布置。尤其是一些特殊的培训,需要一些特殊的设备,事前一定要准备好。

小案例 5-2

三次培训老板均不满意

王先生是一家公司设计部负责人,在平时交流中了解到很多员工觉得自己每天都在做重复性工作,进步很慢,思路也很闭塞,希望公司能提供一些培训,以增长见识,提高工作能力。不少人在部门会议上也曾提出过类似问题。

王先生觉得大家的想法是好的,对公司的长远发展也是有利的,因此多次找老板协商,但一直未获批准。最近,老板终于批准了王先生的请求,同意为设计部举办一系列培训。培训共分四次,每两周举办一次,每次一天,安排在周末进行。由于要占用休息时间,大家都比较反感,但考虑到公司已经做出让步,机会难得,所以就没说什么。

第一次,公司请了一名教平面设计软件的老师,教大家 Photoshop、CoreDraw 和 FreeHand 的使用。大家一致反映,老师讲得"太基础、理论性太强、实用性太差","教的东西还不如我们做得好","就这样的水平也敢出来混!"

第二次,公司吸取了上次的教训,花重金请了一名美术学院的教授,给大家讲"色彩搭配"课程。这次员工觉得还是有些收获的,但认为"针对性不够强",而老板对如此"昂贵"的花费也很心疼。

第三次,老板亲自托人,请了一名在当地小有名气的设计师授课。对于这次培训,大家都感觉"很解渴",每个人都说"很有收获"。但是在课间,很多员工频频向老师咨询别家公司的事,除了工作之外,大家关注更多的是工资、福利、休假、奖金等,并与自己做比较。

三次培训老板都不满意,于是跟王先生商议,要取消培训计划:"如果与外界接触太频繁,会让他们没有心思好好上班。公司花了那么多钱,也没有带来多少现实利益,我看就先搁置吧!"王先生没有办法,只好无奈地答应了。

资料来源:肖琳,《人力资源管理概论》,东北财经大学出版社,2016年版。

请思考:

1. 结合培训计划的内容,你认为公司培训存在哪些问题?
2. 如果你是王先生,该怎么办?

三、培训课程开发

对员工进行培训,是通过培训课程来进行的。根据培训需求,如何设计好培训课程是值得每一位培训者深思的。

培训课程设计的主要原则是要符合成人学习知识的规律。无论是教学内容的编排、教学模式与方法的选择,还是教师的配备、教材的准备等,都要遵从这一原则。

与学科课程一样,培训课程设计应包括下列一些要素。

课程目标:根据环境的需要而定。

课程内容:以实现课程目标为出发点去选择并组合。

课程模式:有效体现课程内容,采用配套的组织与教学方法。

课程评价:对课程目标与实施效果的评价。

教材:切合学员实际,提供足够信息。

学习者:学习背景与学习能力。

执行者:理解课程设计思想的主持人和教师。

时间:短、平、快,要求充分利用。

空间:可超越教室的空间概念。

所以,所谓的培训课程设计,就是根据培训的根本目的,对上述要素采取不同的方式,作出不同的处理。

为了设计好培训课程,理查德·施弗博士设计了一种称为"五个E"的教学计划,这一教学策略有助于设计出满足所有受训者需求并适应所有学员学习风格的培训项目,它旨在鼓励受训者把他们学到的新知识和新技能应用于自己的工作环境中。

吸引(Extract)。吸引就是运用各种办法激起受训者的好奇心,激发他们的兴趣,让他们心里产生疑问,帮助他们充分调动以前的知识。

探索(Explore)。探索就是让受训者"心存疑问",鼓励他们相互沟通和交流。探索活动包括调查研究、解决问题、产生问题、进行假设、产生想法这些过程。

解释(Explain)。解释就是鼓励受训者倾听他人的看法,展开批判性分析,提出问题,解释并论证自己的看法。解释需要受训者把现在的知识与以前学到的东西进行类比,它训练人们的批判性思维,鼓励人们的准确观察。

扩展(Expand)。扩展就是要综合新技能,变通以前学习的知识,提出新问题和学习新信息。扩展要求受训者分析论据,考察他们是否理解了自己的想法。

评估(Evaluate)。评估用来了解受训者是否真正理解了知识,通过提出开放性问题鼓励进一步调查研究。

四、培训活动实施

培训活动能否达到预期的目标,最终要通过培训活动的实施过程来确定。培训活动的实施最主要的考虑是选择与受训人员、培训内容相匹配的方法。这一内容将在第三节介绍。此外要对培训计划前、计划中、计划后的各项活动做好协调工作。要注意的具体事项见表5-2。

表5-2 培训实施时要注意的事项

培训阶段	注意事项
培训前	制定培训计划
	编写培训教材
	聘请培训教师
	安排培训场所
	准备培训设施

续表

培训阶段	注意事项
培训前	安排好培训人员食宿
	安排好受训人员食宿
培训中	保持与培训人员的联系
	保持与受训人员的联系
	观察受训人员的课堂表现
	及时将受训人员的意见反馈给培训人员
	保证培训设施的便利使用
	保持培训场所的干净整洁
	适当安排娱乐活动
培训后	评价受训人员的学习效果
	听取培训人员和受训人员的改进意见
	酬谢培训人员
	培训总结
	跟踪调查受训人员工作绩效
	调整培训系统

五、培训效果评估

评估培训效果是指收集培训成果或运用一定的方法或测量标准以检验培训是否有效的过程。这主要是调查收集受训者和有关人员对培训项目的看法,受训者学习后态度行为的变化,是否达到了培训的预期目标,以及培训对企业的整体绩效的提高和培训需求的满足程度。只有当企业能在培训和工作绩效之间建立联系时,才能确保培训是成功的。因此,对培训效果进行评估是培训管理中的一项重要工作,并被视为培训流程的核心环节。

(一)评估培训的标准

评估离不开标准,所谓评估标准即评估培训活动的效标,是对培训方案、培训实际效果等进行检测的依据。美国科克帕模式关于培训评估提出了四个层次的论点：

1. 反应标准

反应标准主要通过了解受训者对整个培训项目的感觉和印象,测定受训者对培训项目的反应程度,包括项目是否反映了培训需求,项目所含各项内容是否合理和适用等。反应标准常常以问卷和测评表来评定,如图 5-2 所示。受训者的反应信息,可以给培训者提供直接的反馈和改进建议,特别是在课程内容、培训技巧和培训师的选择方面存在明显不足时,这一方式十分有效。

```
对在企业外实施的管理人员开发计划的评估
姓名：_____  职务：_____  日期：_____
参加的开发计划：_____
开发计划名称：_____  日期：_____
地点：_____  费用：_____
实施开发计划的单位：_____
1. 该计划宣传广告中对计划实际内容的介绍,准确性如何？
   □ 非常准确    □ 准确    □ 不准确
2. 主题内容与你的需要及兴趣的相符程度如何？
   □ 很符合    □ 比较符合    □ 基本不符合
3. 授课者及会议主持者的水平如何？
   □ 优秀    □ 很好    □ 良好    □ 一般    □ 不好
4. 培训地点的设施、伙食等如何？
   □ 优秀    □ 很好    □ 良好    □ 一般    □ 不好
5. 你觉得自己得到了哪些收益？
   _____有关其他公司业务的知识
   _____有关的新理论和原理
   _____可用于本人工作的概念和技术
   _____其他（请说明）
6. 根据时间和成本,你如何评价这个培训项目？
   □ 极好    □ 很好    □ 良好    □ 一般    □ 不好
7. 以后你还愿意参加这个单位实施的教学项目吗？
   □ 愿意    □ 可能愿意    □ 不愿意
8. 你是否会介绍公司里的其他人参加由这个单位提供的开发项目？
   □ 会    □ 不会    □ 说不准
   如果你会,那么你会介绍谁来参加？
9. 其他意见：
```

图 5-2 企业外部培训评估表样本

2. 学习标准

学习标准即测试受训者对所学的原理、技能、态度的理解和掌握程度。事实上是要回答"参加者学到东西了吗"这样一个问题。这项指标可以用培训后的考试、实际操作测试来考查。如果受训者没有掌握应该掌握的东西，说明培训是失败的。

3. 行为标准

行为标准是以受训者回到岗位后的工作实际的变化作为评定的依据，即考察培训在多大程度上使受训者的实际工作行为发生了变化。行为标准主要由一些可以量化的指标来表现，如产量、出勤率、废品率和事故率等。但是如果培训是为了提高管理水平或者改进工作态度，就需要把培训要求转化成较为客观的行为标准。

4. 成果标准

成果标准即测定培训对企业经营成果具有何种具体而直接的贡献。在评价成果标准时，应先计算所有培训成本和培训后员工的工作效率，然后决定培训的得失。

（二）评估培训的方法

培训评估方法有多种，常用的有访谈法、对比法、自我评估法和行为观察法四种。

1. 访谈法

访谈法是由评估者和受训者、培训者或受训者的上级详细面谈，调查培训效果。访谈前评估者对访谈内容应有相当的了解和把握，注意引导话题的方向。最好事先对访谈者进行一定的评估培训动员，由评估者设计一定的访谈模式，依此模式进行访谈，进而保证访谈的有效性。

访谈法的最大优势是，评估者可以设计各种与培训相关的问题激起受训者或受训者上级的反馈，从被访者对大量开放式或封闭式问题的回答中获得可用于评估培训的信息。但这种评估方法所得评估结果受评估者对话题的把握程度、对人洞察力的能力强弱的影响较大。

2. 对比法

对比法是首先选择与学员各方面情况相似或相同的对照组，在培训过程中或培训之后将这组员工的工作态度、工作行为和工作业绩与受训员工相比较,从两者的差距判定培训的成效和员工培训效果。

对比法既可用于短期培训效果的评估,也可用于长期培训效果的评估。但运用这个方法进行培训效果评估有一个前提——不能让对比双方知道彼此是对照组,一旦知道,双方展开竞争,评估就会失败。对比法客观、实用和便捷的优点使其受到广泛运用。

3. 自我评估法

自我评估法是由受训者对自己的培训效果进行评估的一种常用的评估方法。培训效果如何,学员最有体会,也最有发言权。通过受训者对自己的培训效果进行评估,能够督促受训者改进学习方法,增强培训效果。

4. 行为观察法

行为观察法是通过观察员工受训后行为的变化考察培训效果,包括角色扮演法和情景模拟法。运用此法进行培训效果评估时,培训者要注意与受训者随时沟通,根据受训者的行为变化适时调整教学方法,以收到良好的培训效果。

第三节 培训的方法

一、培训的种类

员工培训可分为岗前培训和在岗培训。

(一)岗前培训

岗前培训指员工上岗前为了适应工作的需要而进行的各种训练活动。

岗前培训的目的是提高员工的素质,使之走上工作岗位后能适应岗位的需要,尽快地融合到企业之中并投身到工作中去,从而促进企业的发展。就其本质来讲,岗前培训只是企业培训的开始或初级的培训。

岗前培训的内容可分为两大类,即企业文化教育和岗位业务培训。

企业文化教育包括企业规章制度、企业概况、产品知识、行为规范和共同价值观等。其中行为规范和共同价值观同属于企业文化。这是岗前培训的重要内容。通过企业文化培训，使员工形成一种与企业文化相一致的心理素质，使员工个人尽快地适应企业，以便在工作中较快地与企业价值观相协调。

由于新员工进入单位后都带着一些期望，如期望获得应有的尊重、认可、接受和重视；期望获得对环境和新职务的了解；期望获得成功与发展的机会等等。因此，作为岗前培训，应特别加入一些表示热情与主动的感情色彩的成分，使新员工感受到自己被重视、受欢迎，在心理上产生亲近感和归属感，这样，有利于提高新员工的工作绩效，获取更大的工作满意感。

岗位业务培训包括业务知识、技能和管理实务的培训，业务知识是指除专业知识外，从事某项业务所需要的知识；技能是指从事某项工作应具备的特殊技能，管理实务是指某项管理工作的程序、方法、标准等。通过岗位业务培训要使新员工尽快熟悉和掌握与本职工作有关的理论知识、操作流程、制度规范、工作方法；从总体上了解企业的经营管理的性质和作用，从而把自己的职业生涯与企业的发展连为一体。

 小案例 5-3

海尔：四步曲打造合格新员工

新进员工离职率居高不下是不少企业的通病，而海尔集团每年招录上千名大学生，离职率却一直很低，关键在于新员工培训的四步曲。

第一步：使员工端正心态。这第一步很重要。海尔首先会肯定待遇和条件，让新人把"心"放下，做到心中有"底"。接下来会举行新老大学生见面会，使新员工尽快客观地认识海尔。同时人力资源中心、文化中心的主管领导会同时出席，与新人面对面地沟通，解决他们心中的疑问，不回避海尔存在的问题，并鼓励他们发现和提出问题。让新员工真正把心态端平放稳,认识到没有问题的企业是不存在的,企业就是在发现和解决问题的过程中发展的。

第二步:使员工把心里话说出来。海尔给新员工每人都发了"合理化建议卡",员工有什么想法,无论制度、管理、工作、生活等任何方面都可以提出来。对合理化的建议,海尔会立即采纳并实行,对提出人还有一定的物质和精神奖励;而对不适用的建议也给予积极回应,因为这会让员工知道自己的想法已经被考虑过,他们会有被尊重的感觉,更敢于说出自己心里的话。

第三步:使员工把归属感"养"起来。敢于说话了是一大好事,但那也仅是"对立式"的提出问题,如果仅仅是提出问题,而不想着去解决,可能就会产生不满、失落情绪。归根结底,是观念上没把问题当成自己的"家务事"。这时海尔就帮助员工转变思想,培养员工的归属感。鼓励员工不仅要提出问题,还要把这些问题当成是自己家的事一样,努力寻找解决方案。

第四步:使员工把职业心"树"起来。当一个员工真正认同并融入企业之后,就该引导员工树立职业心,让他们知道怎样去创造和实现自身的价值。海尔对新员工的培训除了开始的导入培训,还有拆机实习、部门实习、市场实习等等一系列的培训,海尔花费近一年的时间来全面培训新员工,目的就是让员工真正成为海尔躯体上的一个健康细胞,与海尔同呼吸、共命运。

资料来源:根据搜狐网资料改编。

请思考:

你认为海尔新员工培训的四部曲有效吗?试联系实际分析。

(二) 在岗培训

在岗培训又称在职培训,是为了提高员工的工作技能、工作绩效,或出于员工转岗、晋升、取得岗位资格等需要,员工在工作场所以及在完成工作任务过程中所接受的培训。

在岗培训是企业内部培训的方式之一,其特点在于受训员工不离开工作岗位,或以目前担任的工作为媒体而接受训练。按照培训的目的不同,在岗培训可分为转岗培训、晋升培训、岗位资格培训、更新知识、掌握新技能的培训等。

对员工的在岗培训是以解决岗位工作所需的知识、技能为主,在内容上比岗前培训更深一层次,是岗前培训的继续和发展,是从低水平或培训的初级阶段迈向中级阶段的重要方法与步骤。岗前培训是为企业新员工做好就业的准备,是每个员工加入企业的必经之路;而在岗培训则是岗前培训的深化过程,持续的时间比岗前培训要长。对一个注重培训的企业来讲,在岗培训贯穿于员工管理的全过程。在岗培训既要考虑组织目标、工作要求等因素,又要考虑个人职业生涯发展规划和职业发展需要,因此必须制定严格的培训计划书,并注意分层次、多方位地对员工进行全面培训,以帮助员工获得进一步发展和提高的条件。

在岗培训一般来说应在知识更新、技能开发、观念转变、思维技巧、心态调整与潜能开发等五方面取得成效。当然培训层次不同在培训内容上会有所区别,对一般员工的培训主要是针对其从事工作的工艺技术变化和企业经营战略与外部形势变化的需要等进行的业务知识传授和价值观念的重建;对管理人员的培训在达到五方面的要求基础上还应增加领导行为方面的培训内容,因为,优秀的管理者都应善于激励和团结下属,从而形成内部团结、上下协作、奋发向上的局面;对专业技术人员的培训主要是业务方面,而且是深层次的、前沿的,特别是要紧跟科学技术的发展步伐,不断学习和掌握新技术、新方法。

二、培训的方法

有效的培训方法是保证培训效果的重要手段,在培训过程中要注意选择恰当的方法。常用的培训方法有以下几种。

(一)讲授法

讲授法在培训员工的教学中是适用程度最高和运用范围最广的基本方法。它采取集中办班的形式,在固定的场所通过专家系统地向受训者讲解某些概念、知识、方法及原理,使受训者逐步理解消化和吸收,从而运用到工作中去。

讲授法的关键是讲授教师,教学质量的优劣全由他把握。因此,为了使讲授法充分发挥效果,除了授课的内容应符合对象外,实施中要注意这样几点：第一,授课教师应对所讲授的知识了如指掌,并有深入的研究,或有丰富的实际经验。第二,授课的技巧应得到充分重视,教师在讲课时要保持讲述的条理性；注意听觉与视觉的结合；善于运用身体语言。第三,要让受训者积极参与教学过程或通过直观教具增强理解性和直观性,来保持受训者的学习兴趣。总之,简明、清楚、明白,并运用各种方法调动受训者的参与欲望,是讲授法达到预期效果的基本要求。

讲授方法的优点是：易于操作,适用于各种内容的培训；经济而又有效,有利于大面积培养人才；有利于教师作用的发挥。当然,讲授法也有不足：单项式教学,受训者的参与性不强；不能使受训者直接体验教师所讲的知识与技能；较少考虑受训者的理解能力,使受训者对学习内容的记忆效果相对不佳。

（二）案例教学法

案例教学法又称个案分析法,指培训过程围绕一定的培训目的,把实际工作中的真实情景加以典型化处理,形成供学员思考分析和决断的案例,让学员以独立研究和相互讨论的方式,提高其分析问题和解决问题的能力的培训方法。该方法是20世纪初哈佛大学首创的一种教学和培训方法。

案例教学法与讲授法相比较有其明显的特点：第一,案例教学法的目的是着重提高受训者分析问题和解决问题的能力,增强消化和运用知识与经验的能力；第二,案例教学法的学习方式是受训者通过案例的分析,从中总结出某些规律；第三,案例教学法揭示了人在某种情景下的行为规律,教师的任务就是引导学生以思考、讨论的方式将这些规律找出来；第四,案例教学法强调全员参与,通过让受训者在案例所描述的特定环境中,对案例进行讨论、争辩,并在此过程中相互学习,促使受训者找到最佳决策。

在培训中采用案例教学法,对案例的编写有很高的要求,在案例的编写和收集时,要注意案例的真实性；要与所培训的内容相关联；要客观生动,能激发受训者的研究兴趣。这样受训者在案例研究中相互交流和讨论,既可充分利用和共享信息资源,又能形成一个和谐、合作的工作环境,培养良好的人际关系。

案例教学法的优点是:直观,易于让受训者认同;受训者积极地参加讨论,不仅能从讨论中获得知识、经验和思维方式上的益处,还能增强人际交流,培养受训者向他人求教的精神和美德;受训者能够获得分析案例所需要的信息和方法,在应用这些方法和知识的过程中,通过对案例的情况进行分析而得到锻炼。但案例法也有不足之处:案例所提供的情景毕竟不是真实的情景,有的甚至与真实情况相去甚远,限制了案例培训效果;编写一个好而适用的案例不容易做到;实施案例教学法需要较长的时间,其成本让许多企业无法承受。

(三) 角色扮演法

角色扮演法是为受训者提供一种真实的情景,它需要预先设置某一情景,指派一定的角色,但没有既定详细的脚本。培训者向受训者讲清扮演者所处的情景、角色特点与制约条件,且扮演者(或被培训者)理解后即可进行,扮演者可自发地即兴表演,如交往、对话、主动采取行动或被动作出反应,令剧情合情合理地进行下去,至培训者发出信号终止。表演虽是自发的,但却是按各自对所演角色的理解而进行的,并不是任意发挥。

角色扮演法可以有效地用于面试、申诉处理、工作绩效评估、有效沟通和领导模式分析等各方面的教学中。

图 5-3 是一个著名的名为"新卡车的困境"的角色扮演活动。像这样让每位参加者扮演角色,能引发角色扮演者之间的热烈讨论。这种活动的目的是解决日常管理问题,由此来开发受训者在领导、授权等方面的技能。

角色扮演法要求受训者更主动、更认真地参与。同时,为受训者提供观察人们真实言行和行为方式的机会,而不仅仅停留在理论分析上。角色扮演法尤其能使受训者了解和体验别人的处境、难处和考虑问题的方式,学会设身处地、从交往对手角度想问题,并能看出自己或别人为人处世的弱点。

第五章 培 训

> **修理小组的主管**
>
> 　　你是一个电话维修小组的主管,这个小组的每个工人都驾驶一辆卡车到处流动服务。你不时能得到一辆新车用于替换一辆旧车,你面临决定应当把新车给维修组内哪个员工的问题。这种问题通常很难办,因为每个人似乎都认为自己有权得到这部新车。因此,要使人觉得你公正是不容易的。一般来说,事实上你作出的任何决定都会被小组中的多数人认为是不对的。现在,你又面对这个问题,因为刚分给你的工作小组一辆新卡车。
>
> 　　为了处理这个问题,你将以下决定告诉小组全体员工。你将告诉他们有关新卡车的事情,以及将根据以最公正的方式在小组内分配这辆车的原则来处理这个问题。

图 5-3　一次角色扮演活动中的典型角色

(四) 研讨法

研讨法是一种先由教师综合介绍一些基本概念与原理,然后围绕某一专题进行讨论的培训方式。这是仅次于讲授法的一种常用的培训方法。

在实施研讨法培训时要把握这样几点:第一,要确定研讨的题目和内容。这是研讨法获得成功的关键。选题时要注意题目具有代表性、启发性以及适当的难度。第二,要确定研讨的主持人,主持人既可由教师担任,也可由受训者担任。第三,要制定研讨计划,准备讨论资料,从而明确研讨要解决的问题及解决问题的可能答案。第四,要确定研讨形式。研讨可以是集体讨论,也可以是分组讨论,或者对立式讨论。

研讨形式的培训有利于激发受训者的学习动机、探索精神;受训者的积极参与有利于培养学员的综合能力;讨论过程中的教师与学员、学员与学员之间的交流、启发、相互借鉴,有利于增强教师与受训者之间的思想和情感交流;研讨形式的多样性,有利于根据不同的培训目的选择适当的方法,有较强的适应性。当然,研讨法在运用过程中也有一些难处,例如,满足培训目的的课题需要经过长期悉心收集、积累,同时要对它们进行深入研究,精心设计;对指导教师的要求更高,他们不仅应是所研讨课题方面的专家,而且要善于引导、组织受训者围绕主题展开讨论，同时还要创造轻松自由的讨论气氛。

（五）远程培训法

远程培训法指将学习内容通过远距离传输到达受训者的学习地点，可供受训者学习。由于采用的设备不同而有多种不同的具体形式，如多媒体培训、计算机培训方式等，其中通过因特网进行培训是目前运用计算机培训最常用的一种培训方式，也称为网上培训，即通过企业的内联网、外联网或互联网对受训者进行培训。在网上培训过程中，教师将培训课程放在培训网站上，受训者利用网络浏览器进入该网站接受培训。与传统的培训不同，受训者只要有必要的设备，他们就可足不出户地接受培训。教师利用各种网络通讯手段快速地得到受训者的反馈，及时了解受训者对培训课程的掌握程度。

网络培训的优势在于使培训不受时间和空间的限制，节约成本，能提高培训管理的效率，实现自我导向和自定进度的培训指导，能监控受训者的绩效，并能使培训易于控制。网络培训还可以让受训者完全控制培训传递，与其他资源结合，并与其他受训者和培训者彼此共享信息，进行有效沟通。此外，受训者还可以根据自身情况进行个性化的培训。它的缺点在于计算机网络无法解决广泛的视听问题（网络的带宽问题）；企业若要建立网上培训系统，需要花费巨额资金购买有关技术设备；而且也并非所有的培训都适用于网上培训。

（六）拓展训练法

拓展训练是指通过模拟户外探险活动对员工进行的情景式心理训练、人格训练、管理训练。它以外化型体能训练为主，受训者被置于各种艰难的情境中，如高空断桥、悬崖攀爬、荒野求生等。在面对挑战、克服困难和解决问题的过程中，员工的心理素质逐渐得到改善，有助于提高员工不畏艰难、积极进取的工作精神，以及分工合力协作的团队意识。

培训的方法多种多样，每一种方法都有它的长处与短处，有一定的适用领域。在实施培训时，应根据培训的目标、受训者的特点和培训的资源等因素来选择培训方法。

第五章 培　训　　195

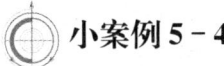

微软：传、帮、带的导师培训。

微软公司的学习理念是：70%的学习在工作中获得，20%的学习从经理、同事那里获取，10%的学习从专业培训中获取。

微软上海分公司的新员工进入微软的第一年被设计为学习期。前三个月重点学习公司的价值观、行为准则、公司文化、公司远景任务和公司政策等。在这三个月里，微软还会提供其他的基本培训，比如如何使用公司的设备、如何履行报销等财务手续、如何利用公司的网络资源、公司为员工提供了什么样的福利等等。

通过熟练员工传、帮、带的导师培训模式是微软员工培训的一大特色。这些熟练员工有组长、某些领域的专家以及正式指定的指导教师，他们除了本职工作以外，还要担负起教导和培训员工的工作。

在入职公司之后，则是一些比较深度的培训，例如如何参与公司的一些员工计划，如何进行绩效管理，如何完成每年一次的职业生涯设计等等。专业技能培训则主要由各个部门来设计，既可能在中国国内参加培训，也可能随时有机会去美国或世界其他地方参加培训；培训时间短则几天到一周，有的长达几个月。

特别要提到的是，微软的员工可以根据自己的需要提出培训申请。公司会把一些重要的培训计划放在员工网站的主页上，员工看到后可以根据自己的需要，向上级提出申请参加这些培训。

资料来源：根据搜狐网资料改编。

请思考：

归纳微软公司"导师培训"模式的优点。

本章小结

培训就是指企业使员工获得或改进与工作有关的知识、技能、态度和行为，增进其绩效，更好地实现组织目标系统化的过程。培训的目的在于让员工掌握培训项目中所强调的知识、技能和对工作绩效起关键作用的行为,培训从广义上来看应该是创造智力资本的途径。按照社会学习理论,要使培训有效,必须明确目标、树立榜样、采用事实材料、反复实践操作、评估反馈、效果分析。

一般来说,完整的培训过程分为五个步骤:培训需求分析、培训计划设计、培训课程开发、培训活动实施和培训效果评估。员工培训可分为岗前培训和在岗培训。常用的培训方法有讲授法、案例教学法、角色扮演法、研讨法、远程培训法、拓展训练法等。

 **案例分析**

如何成为"天才"一员?

苹果今日的成就离不开乔布斯的贡献,作为苹果的灵魂人物,虽然乔帮主离开了,但是他留下的不仅仅是苹果的产品,还有销售人员的培训体系与法则,被称为"天才"训练计划。凭借这套培训体系与法则,让苹果零售店平均每0.09平方米每年创收5 600美元,每周吸引2万客流量,成为全球盈利能力最强的零售店。

1. 入职训练。正式入职前,新员工会经过14天的入职训练,通过一些项目比如"使用诊断服务"、"组件隔离"、"移情的力量"等,让你具备一个"天才"员工的行为和特性,让顾客感受独一无二的苹果商店之旅,让你的顾客感到快乐,而这快乐唯一的目的地就是收银机。

2. 销售实现。苹果内部认为销售是一门科学,可以用公司名称APPLE来概括:Approach(接近)、Probe(探讨)、Present(展示)、Listen(倾听)和End(结束)。换句话说,就是要训练员工如何靠近某人,让他对你敞开其对计算机的欲望、不安和需要,把产品提供给和展示给他们进行选择,然后让客户感觉自己要做购买的决定。培训手册非常强调销售实现的互动性和激励的力量。

3. 换位思考。这一条是成为"天才"员工的必要条件,员工们被鼓励"在别人的鞋子上走一英里"。员工们被告诫不要在顾客表达问题后只知道一味道歉。比如,一位顾客走进来投诉说"我的硬盘毁了",此时不要为了技术的缺陷道歉,而是对顾客正在经受的情绪表达遗憾,你可以用迂回的表达方式:"我很抱歉你感到沮丧"。其中有3个关键常用词:"Feel,Felt以及Found",这个当顾客本身有错或者接受了错误信息而执意争论时,用这些词会让顾客感觉舒服许多。

4. 采用适当的手势。它这里强调的是"通过手势动作来描述情感",因为即使没有社交常识的也知道"翻白眼"是"不满意","笑容"表示着"接纳","咯咯笑"表示"自信"。所以在苹果店的员工是不许把手放在臀部或者眼睛斜视,那样的行为会让顾客感到可疑。

5. 使用统一术语。比如,你可以问客户,你的电脑"停止运行"(responding)了,而不能说"崩溃"(Crash)了;苹果软件有个"小问题"(issue),而不能说"缺陷"(bug);不可以说苹果的设备"发热"(hot),只能说它们"变暖"(warm);对顾客说解决问题时不能用"完全清除"(eliminate),只可以说"减少可能"(reduce)。苹果员工被训练使用统一的术语,因为使用专业的术语,会让一个用户迅速安静下来,然后更好地解决问题。

6. 员工间无所顾忌的反馈。每天你都要大胆地进行开放的对话,你可以告诉别人"你错了",别人也会告诉你"哪里应该做得更好。""嘿,哥们,我刚听了你和你顾客的对话,我有些意见要反馈,你有时间吗?""你解决顾客iPhone问题的时候非常好,但我想你讲话讲得太快了,感觉你一个人在控制局面,而顾客还有其他的问题。""非常感谢,下次我讲得太快时我就会想起这个反馈的。"

虽然无所顾忌的反馈有时讨人厌烦,但确实管用。因为当问题以直截了当的对话形式讲出时,印象会深刻很多,效果也会好很多。

资料来源:根据雷锋网资料改编。

请思考:

1. 从顾客体验角度来看,苹果公司培训包含哪些部分的内容?
2. 针对本案例,苹果公司采用了哪些培训方法?
3. 苹果公司培训细节融入哪些理念?目的是什么?

实践运用

确定并邀请一位人力资源经理,可以来自于你所在学院或大学、公司、非营利性组织或者别的其他组织,从他那里了解关于新员工上岗引导或是培训计划方面的情况,作为你的课外作业,并与其他班级或团队成员分享。

写一份1—2页的报告,对自己了解的情况进行总结。具体要分析,该组织实施新员工岗前的内容和方法是什么?这些培训计划的实施效果如何?为什么?

第六章 职业生涯管理

曾虑多情损梵行，入山又恐别倾城。世间安得双全法，不负如来不负卿。

——仓央嘉措

企业员工无可避免地需要处理工作与生活、事业与感情之间的平衡。就工作而言，员工在实现事业目标过程中，不同时期有着不同的利益诉求，这些利益诉求与企业发展利益诉求不会完全"耦合"；就感情而言，员工生活中拥有的亲情、爱情等诸多情感，无法通过以劳动合同为主而体现的契约精神来取代。职业生涯管理应充分考虑员工个人利益与组织利益、个人情感与组织情感之间的差异，有意识地将员工的职业生涯规划与组织职业生涯相联系，最大限度理顺员工和企业的利益线、情感线，促进员工的职业生涯规划，使之与组织发展需求相吻合相匹配。科学的职业生涯管理有助于缓解企业员工"损梵行"和"别倾城"的两难，满足个人职业发展和自我实现需求，同时也有利于企业在激烈的市场竞争中保持和获取持久的竞争优势。

第一节 职业生涯管理概述

一、职业和职业生涯

（一）职业

 基本概念 　职业

> 职业是指人们在社会生活中所从事的以获得物质报酬作为自己主要生活来源并能满足自己精神需求的、在社会分工中具有专门技能的工作。

职业是人类文明进步、经济发展以及社会劳动分工的结果。同时，职业也是社会与个人或组织与个体的结合点。通过这个结合点的动态相关形成了人类社会共同生活的基本结构。也就是说，个人是职业的主体，但个人的职业活动又必须在一定的组织中进行。组织的目标靠个体通过职业活动来实现的，个体则通过职业活动对组织的存在和发展做出贡献。在现代社会中，职业不仅是一种谋生的手段，也满足了个人精神上的群体归属感，并是个人存在意义和价值的证明。因此，职业活动对员工个人和组织都具有重要意义。

（二）职业生涯

 基本概念 　职业生涯

> 职业生涯又称为职业发展，是指一个人一生的工作经历，特别是职业、职位的变迁及工作理想的实现过程。

职业生涯的概念既包含客观部分，例如工作职位、工作职责、工作活动以及与工作相关的决策；也包括对工作相关事件的主观知觉，例如个人的态度、需要、价值观和期望等。一个人的职业生涯通常包括一系列客观事件的变化以及主观知觉的变化。一个人管理自己职业生涯的方式可以从两个方面着手：一是可以通过改变客观环境，如转换工作等；二是可以通过改变对工作的主观评价，如调整期望等。因此，与工作相关的个人活动及其对这些活动所做出的主观反应都是其职业生涯的组成部分，必须把两者结合起来，才能充分理解一个人的职业生涯。

同时，职业生涯的概念体现出一种动态性，即随着时间的推移，职业生涯是不断向前发展的，并且无论从事何种职业，具有何种晋升水平，工作模式的稳定性如何，所有的人都拥有自己的职业生涯。在现实生活中，一个人在选择一种职业后，也许会终生从事，也许会转换几种职业。无论怎样，一旦开始进入职业角色，他的职业生涯就开始了，并且随时间的流逝而延续，因此职业生涯表示的是一个动态过程，是一个人一生在职业岗位上所度过的、与工作活动相关的连续经历，它并不包含在职业上成功与失败或进步快与慢的含义。也就是说，不论职位高低，不论成功与否，每个工作着的人都有自己的职业生涯。

可见，职业生涯不仅表示职业工作时间的长短，而且还涵盖着职业发展、变更的经历和过程，包括从事何种职业工作、职业发展的阶段、由一种职业向另一种职业的转换等具体内容。

二、职业生涯管理

（一）职业生涯管理的内容

 **职业生涯管理**

职业生涯管理是指组织开展和提供的用于帮助和促进组织内正从事某类职业活动的员工实现其职业发展目标的行为过程。

职业生涯管理是企业人力资源管理的重要内容之一，包括职业生涯设计、规划、开发、评估、反馈和修正等一系列综合性的活动与过程。

通过员工和组织的共同努力与合作，使每个员工的生涯目标与组织发展目标一致，使员工的发展与组织的发展相吻合。因此，职业生涯管理内容包括以下两个方面：

第一是员工的自我管理，这是职业生涯是否成功的关键。从自我管理的角度讲就是一个人对自己所要从事的职业、要去的工作单位、在职业发展上要达到的高度等作出规划和设计，并为实现自己的职业目标而积累知识、开发技能的过程。

第二是组织协助员工规划其生涯发展，并为员工提供实现生涯目标的各种机会。职业生涯是个人生命运行的空间，但又和组织有着必然的内在联系。组织是个人职业生涯得以存在和发展的载体。从组织角度对员工的职业生涯进行管理，集中表现为帮助员工制定职业生涯规划、建立各种适合员工发展的职业通道、针对员工职业发展的需求实施的培训、给予员工必要的职业指导、促使员工职业生涯的成功。因此，对职业生涯管理的内涵我们应该把握下列三点。

1. 组织为员工设计的职业规划与员工个人职业生涯规划有明显的不同

个人职业生涯规划是以自我价值实现和增值为目的，并且可以通过跳槽来实现个人发展目标。而组织是将员工视为可开发增值的人力资本，所以组织为员工设计的职业规划是通过协助员工在职业目标上的努力，谋求组织的持续发展。它帮助员工完成自我定位，克服完成工作目标中遇到的困难挫折，鼓励将个人职业生涯目标同组织发展目标紧密相连，并尽可能多地给予他们发展机会。所以相对于个人职业生涯规划而言，更具有专业性和系统性。

2. 职业生涯管理必须实现个人与组织的共同目标

职业生涯管理在帮助员工实现个人职业生涯目标的同时，还必须满足组织自身职业发展的需要。这可以通过两个方面来实现，一方面在满足员工职业发展需求的同时，使全体员工的职业技能得到提高，进而带动组织整体人力资源水平的提升；另一方面在职业生涯管理中对员工的有意识引导可使同组织目标方向相一致的员工脱颖而出，从而为组织培养高层经营人员、管理人员或技术人员。

3. 职业生涯管理涉及的内容十分广泛

组织对员工职业活动的帮助均可列入职业生涯管理范畴之中。其中,既包括员工个人的,如各类培训、咨询、讲座以及为员工提高学历给予便利等;也包括组织的诸多职业发展政策和措施,如规范职业评议制度,建立和执行有效的内部升迁制度等。

(二)职业生涯管理的特征

根据对职业生涯管理的内涵的理解,职业生涯管理具有以下三方面的特征。

1. 职业生涯管理是组织与员工双方的责任

在职业生涯管理中,组织和员工都必须承担一定的责任,双方共同合作才能完成职业生涯管理,其目的是为了促进员工的全面发展。在职业生涯管理中,员工个人和组织须按照职业生涯管理工作的具体要求做好各项工作。无论是个人或组织都不能过分依赖对方,因为许多工作是对方不能替代的。从员工角度看,个人职业生涯规划必须由个人决定,要结合自己的性格、兴趣和特长进行设计。而组织在进行职业生涯管理时,所考虑的因素主要是组织的整体目标,以及所有组织成员的整体职业生涯发展,其目的在于通过对所有员工的职业生涯管理,充分发挥组织成员的集体潜力和效能,最终实现组织发展目标。

2. 职业生涯信息在职业生涯管理中具有重要意义

组织必须具备完善的信息管理系统,只有做好信息管理工作,才能有效地进行职业生涯管理。在职业生涯管理中,员工个人需要了解和掌握有关组织各方面的信息,如组织的发展战略、经营理念、人力资源的供求情况、职位的空缺与晋升情况等。组织也需要全面掌握员工的情况,如员工个人性格、兴趣、特长、智能、潜能、情绪以及价值观等。此外,职业生涯信息总是处在变动过程中,这就要求必须对管理信息进行不断的维护和更新,才能保证信息的时效性。

3. 职业生涯管理是贯穿于员工职业生涯发展和组织发展全过程的一种动态管理

每一个组织成员在职业生涯的不同阶段及组织发展的不同阶段,

其发展特征、发展任务以及应注意的问题都是不同的。每一阶段都有各自的特点、目标和发展重点,所以对每一个发展阶段的管理也应有所不同。由于决定职业生涯的主客观条件的变化,组织成员的职业生涯规划和发展也会发生相应变化,职业生涯管理的侧重点也应有所不同,以适应情况的变化。

第二节 职业生涯理论

要想做好职业生涯规划,首先要掌握职业选择规律和职业发展规律。

一、职业选择理论

职业选择是指人们从对职业的评价、意向、态度出发,依照自己的职业期望、兴趣、爱好、能力等,从社会现有的职业中挑选其一的过程,职业选择的目的在于使自身能力素质和职业需求特征相符合。如何选择职业?职业选择理论提供了这方面的答案。

(一)人格类型理论

人格又称个性,心理学中个性是指一个人种种行为的心理活动的总和。人格类型理论是美国职业指导专家约翰·L·霍兰德于20世纪60年代创立的。该理论强调个人与环境之间的匹配,霍兰德认为"一个人作出职业选择的依据就是寻找那些能够满足他或她成长的环境","对自己的工作环境知道得越多,他或她就越容易作出正确的职业选择"。该理论经过几十年研究和补充修正形成了系统的职业指导模式,该模式可以通过自我评定来发现自己的职业类型,并依据个性类型来选择自己的职业。

1. 理论假设

人格类型理论是建立在一系列假设的基础上的。

第一,个体之间在人格方面存在着本质差异。大多数人的人格类型可归为现实型、研究型、艺术型、社会型、企业家型和传统型六种。每种特定人格类型的人,会对相应职业类型中的工作或学习感兴趣。

第二,现实中存在与上述人格类型相对应的六种环境类型,即现实型、研究型、艺术型、社会型、企业家型和传统型。

第三,当个体人格类型与工作环境相协调一致时,会产生更高的工作满意度和更低的离职率。

第四,一个人的行为是其个性特征和环境特征共同作用的结果。

2. 人格类型与职业类型的匹配

在理论假设的基础上,霍兰德提出了人格类型与职业类型相匹配的模型,见表6-1。

表6-1 人格类型与职业类型的匹配

类型	劳动者的人格特点	环境特点	职业特点	适应的职业
现实型（R）	1. 愿意使用工具从事操作性的工作 2. 动手能力强,做事手脚灵活,动作协调 3. 偏好于具体任务,不善言辞和交际 性格:持久的、感觉迟钝的、不讲究的、谦逊的	要求有明确的、具体的体力任务和操作技能,人际沟通能力要求不高	熟练的手工和技术工作,运用手工工具或机器进行工作	工程师、机械师、机械工、木工、电工、电气技师、维修工、农民、渔民等
研究型（I）	1. 抽象思维能力强,求知欲强,肯动脑,善思考,不愿动手 2. 喜欢独立和富有创造性的工作 3. 知识渊博,有学识才干,不善于领导他人 性格:好奇的、个性内向、非流行大众化、变化缓慢的	要求具备思考和创造能力,社交能力要求不高	科学研究和试验工作,研究自然界、人类社会的构成和变化	科研人员、科技工作者、数学家、化学家、物理学家、动植物学家、地质学家;化学、冶金、电子、无线电、飞机等方面的工程师、技术人员等

续表

类型	劳动者的人格特点	环境特点	职业特点	适应的职业
艺术型（A）	1. 喜欢以各种艺术形式的创作来表现自己才能，实现自身价值 2. 具有特殊艺术才能和个性 3. 乐于创造新颖的、与众不同的艺术成果，渴望表现自己的个性 性格：冷淡疏远的、有独创性的、非传统的	通过语言、动作、色彩和形状来表达审美原则，单独工作	从事艺术创作	作家、演员、记者、诗人、画家、作曲家、编剧、舞蹈家、音乐教师、雕刻、摄影艺术、室内装修、服装设计等
社会型（S）	1. 喜欢从事为他人服务和教育他人的工作 2. 喜欢参与解决人们共同关心的社会问题，渴望发挥自己的社会作用 3. 比较看重社会义务和社会道德 性格：缺乏灵活性的、亲切仁慈的	解释和修正人类行为，具备高水平的沟通技能，热情助人	通过命令、教育、培训、咨询等方式帮助人、教育人、服务人	教师、学校管理人员、保育员、行政人员、医护人员、社会福利机构工作者、社会群众团体工作者、咨询人员、公关人员等
企业家型（E）	1. 精力充沛、自信、善交际、具有领导才能 2. 喜欢竞争，敢冒风险 3. 喜欢权力、地位和物质财富 性格：善辩的、精力旺盛的、寻求娱乐、努力奋斗的	善作言行反应，有说服他人和管理的能力，完成监督者角色	劝说他人、指派他人去做事情的工作	企业家、厂长、各级领导者、政治家、政府官员、商人、律师等
传统型（C）	1. 喜欢按计划办事，习惯接受他人的指挥和领导，自己不谋求领导职务 2. 不喜欢冒险和竞争 3. 工作踏实，忠诚可靠，遵守纪律 性格：有责任心的、依赖性强、高效率、猜疑心重	要求系统、常规的行为，具体体力要求低，人际沟通技能低	一般指各种办公室、事务性工作	会计、统计、出纳、办公室职员、行政助理、税务员、秘书和文书等

霍兰德认为,劳动者与职业间应实现相互适应,只有在同一类型的劳动者与职业相互结合时,劳动者的才能与积极性才能得以发挥。然而,实际上大多数人不仅仅只有一种性向(比如,一个人的性向中可能同时包含着社会型、现实型、研究型这三种性向)。霍兰德认为,这些性向越相似或相容性越强,则一个人在选择职业时所面临的内在冲突和犹豫就越少。为了帮助描述这种情况,霍兰德提出了一个六边形的职业性向选择图,见图6-1。

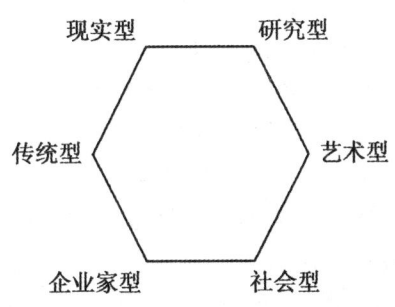

图6-1 六边形职业性向选择图

此图的每一个角代表一个职业性向和一种职业类型。根据霍兰德的研究,连线距离越短,两种类型的职业相关系数就越大,适应程度就越高。当连线距离为零,换言之,劳动者类型与职业类型高度相关,统一在一个点上,表明某种类型劳动者从事相关类型职业,或者某种类型职业有相应类型劳动者来担当,在这种情况下,职业配置最相适宜,是最好的职业选择。

(二) 职业-人匹配理论

职业-人匹配理论最早由美国波士顿大学的帕森斯教授提出的,是用于职业选择与职业指导的最经典的理论之一。

该理论认为每个人都有一系列独特的特质,并且可以对其进行客观而有效的测量;每个人的独特特质又与特定的职业相关联;为了取得成功,不同职业需要配备具有不同个性特征的人员。因此该理论的核心就是在清楚认识、了解个人的主观条件和社会职业岗位需求条件的基础上,将主客观条件与社会职业岗位相对照、相匹配,最后选择一种职业需求与个人特长匹配相当的职业。个性特性与工作要求之间配合得越紧密,职业成功的可能性也就越大。为此,帕森斯在他所著的《选择一个职业》一书中,明确阐述了职业选择的三大要素和条件:

第一,应该清楚地了解自己的态度、能力、兴趣、智谋、局限和其他特征。

第二,应清楚地了解不同行业工作的要求、成功要素、优缺点、薪酬水平、发展情景以及机会。

第三,在上述两个要素之间进行最佳搭配。

职业-人匹配分为两种类型:一是条件匹配,即所需专门技术和专业知识的职业与掌握该种特殊技能和专业知识的择业者相匹配,如脏、累、险劳动条件很差的职业,需要吃苦耐劳、体格健壮的劳动者与之相匹配;二是特长匹配,即某些职业需要具有一定的特长,如具有敏感、易动感情、不守常规、有独创性、个性强、理想主义等人格特性的人,宜于从事审美性、自我情感表达的艺术创作类型的职业。

帕森斯的理论为人们的职业选择提供了最基本的指导原则——人职匹配原则,因此受到广泛的重视,产生了深远的影响。

小案例 6-1

男生 985 研究生毕业,一年换四次工作,最终在家"啃老"

小陈是某 985 高校的硕士研究生学历,2016 年毕业后,在一年左右的时间中换了四份工作,几个月前,他终于不再找工作,整天在家抱着手机玩游戏,下定决心要啃老!

小陈是河南人,学习成绩从小就很优秀,每一次听到关于他的消息,都是这孩子考了全校前几,拿了多少奖学金,他就是父母眼中的"别人家的孩子"。高考时,他考上了全国排名前十的 985 高校,对于一个河南的孩子来说,这是非常了不起的成绩,毕竟竞争十分激烈。大学本科毕业后,他被直接保送为该校的研究生。

小陈的爸爸妈妈都是老师,含辛茹苦地把他养大,培养成为硕士研究生,可以说他是父母一生最骄傲的作品。研究生毕业后,小陈凭借自己的高学历和优秀的研究生成绩,进入了河南当地的一家大企业,过上了白领的生活,月薪八千以上,成为了众人羡慕的对象。但仅仅干了两个月,他就辞职了,理由是不顺心。之后又换了两份工作,都是没干多久就辞职了。最后一份工作是在教育系统的父母帮忙找的——某中学老师的岗位。可三个月后,他又辞职了。于是,他开始过起了啃老的日子,每天晚睡晚起,抱着手机和电脑消遣。

大家不禁纳闷,一个重点高校的研究生怎么会连着四份工作都做不好?原因在哪儿?据小陈最后一份工作单位的教务主任说,小陈在中学上班期间,工作态度马虎,上课不提前备课,领导交给他的任务,他从来不给反馈,单位里面装大爷,跟同事频繁发生矛盾,在他上班的三个月,他的班级平均分下滑了10分。最后,领导再也不敢用他了,只能让他走人。

资料来源:根据新浪看点的资料改编。

请思考:

1. 分析小陈多次换工作的原因。
2. 如果你是小陈的好友,如何帮助小陈设计职业生涯?

二、职业发展阶段理论

一个人的一生大部分时间是与工作,或者说是与职业有关的。职业发展与个人的结合是否美满和谐,将决定其一生的幸福与悲伤,成功与失败。很多专家学者对职业生涯发展的过程进行了专门的研究,将人们生命周期中的职业生涯划分为不同的发展阶段,假设每一个阶段都有自己独特的问题和任务,并提出了解决这些问题、完成这些任务的方法和对策。

(一)舒伯的职业发展阶段理论

舒伯的职业发展阶段理论是工业发达国家较为常用的一种理论。舒伯认为,每个人都有一个职业周期,要经过几个发展阶段。职业发展的本质就是人们的自我概念与外界的现实环境合为一体的过程,而驱动这一过程的根本动机,就是人们自我概念的实现与完成。据此,他把一个人可能经历的主要职业过程大体分为五个阶段。

1. 成长阶段(出生—14 岁)

在这一阶段,一个人通过对家庭成员、朋友、老师的认同以及与他们之间的相互作用,逐步建立起了自我的概念。这个阶段的一个重点是身体与心理的成长。到这一阶段结束时,进入青春期的儿童开始对各种可选择的职业进行带有某种现实性的思考了。

成长阶段又分为以下 3 个时期。

幻想期,4—10 岁:儿童从外界获得各种关于职业的知识,在幻想中扮演自己喜爱的职业角色。

兴趣期,11—12 岁:儿童以兴趣为中心,对自己所理解的职业进行选择与评价。

能力期,13—14 岁:孩子们开始更多地考虑自身条件,并有意识地进行能力培养。

2. 探索阶段(15—24 岁)

在这一阶段,个人将积极认真地探索各种可能的职业选择,他们试图将自己的职业选择与自己对职业的了解以及在学校教育、社会活动和工作等中获得的个人兴趣和能力匹配起来。这一阶段的个体往往作出一些带有试验性质的、较为宽泛的职业选择。他们在进行职业选择时既会考虑到自己的兴趣,也能结合社会需要。然而,随着个人对所选择职业以及对自我的进一步了解,这种最初选择往往会被重新修订。处于这一阶段的人,还必须根据所选择职业的可靠信息来作出相应的教育决策。到这一阶段结束时,人们已经做好了开始工作的准备。

探索阶段由下面 3 个时期组成。

试探期,15—17 岁:开始考虑自己的需要、兴趣、能力、价值观和机会,并通过幻想、讨论、课程、工作等尝试作试探性的选择,此时的选择会缩小范围,但对自己的能力、未来的学习与就业机会还不是很确定,此时的一些选择以后并不一定会被采用。

过渡期,18—21 岁:青年开始进入劳动力市场,或开始进行专门的职业培训。

尝试期,22—24 岁:在这一阶段差不多选定了自己的工作领域,找到一份入门的工作后,并尝试将它作为维持生活的工作。此阶段所选择的工作范围会更小，只选择可能提供重要机会的工作。

3. 建立阶段（25—44岁）

这一阶段是大部分人工作周期的核心部分。大多数人会在这期间找到合适的职业，并随之全力以赴地投入到有助于自己在此职业中取得永久发展的各种活动中。通常人们愿意将自己早早锁定在某一个选定的职业上，然而，在大多数情况下，在这一阶段人们仍然在不断地尝试与自己最初的职业选择所不同的各种能力和理想。

建立阶段由下面3个时期组成。

尝试期，25—30岁：个人将决定其所选择的领域是否合适。如果不合适，他就需要做出一番调整，根据自己的经历重新选择职业。

稳定期，30—44岁：通过一段时间的职业经历后，个人往往已经定下了较为坚定的职业目标，并制定出较为明确的职业计划来确定自己晋升的潜力、工作调换的必要性以及为实现这些目标需要开展的知识、技能以及其他方面的准备等。

4. 维持阶段（45—64岁）

这是职业生涯发展的后期阶段，个人由于组织所需要的专业知识和经验的积累，已经成为组织的骨干，在自己的工作领域中为自己创立了一席之地。很多人简单地从稳定期直接跨入维持阶段。在此阶段，个人所作的大部分努力只是为了维持工作成就，保持并提高自己的社会地位。

5. 衰退阶段（65岁以上）

在这一阶段，职业生涯接近尾声，最后不可避免地退休。这时人们需要学会接受一种新角色，成为年轻人的良师益友和业务顾问，利用自己的经验继续发挥作用。

（二）金斯伯格的职业生涯发展阶段理论

金斯伯格是职业生涯发展理论的典型代表人物之一，也是职业生涯发展理论的先驱者。他研究的重点是从童年到青少年阶段的职业心理发展，通过对比年轻人从儿童期到成年早期的成熟过程中的各个关键点上有关职业选择的想法和行动，金斯伯格把人的职业选择心理的发展分为三个主要时期：幻想期、尝试期和现实期。

1. 幻想期(11岁以前)

在这个时期,儿童想象自己将来在社会中扮演的角色,如科学家、教师、飞行员、演员、司机、医生等。他们在游戏中经常扮演自己所喜爱的角色。在幻想期,儿童只凭自己的兴趣,而不考虑自己的能力和社会机遇。

2. 尝试期(11—17岁)

在由少年向青年过渡的时期,一个人的生理和心理各方面都在迅速变化。在尝试期,人们不仅考虑自己的职业兴趣,也能客观地审视自己的能力。

3. 现实期(17岁以后)

人们即将步入社会,他们已经把自己的主观愿望、客观条件和社会现实联系和协调起来。他们有着非常具体的职业目标。

(三)施恩的职业生涯发展阶段理论

施恩把人的一生分为以下九个阶段。

1. 成长阶段(0—20岁左右)

这一阶段人不仅完成身体方面的成长,而且完成了知识的获取、职业兴趣和才能的培养。

2. 进入工作实践阶段(16岁以后)

在这段时间内,劳动者初次进入劳动市场寻找职业,与雇主达成协议,成为组织中的一员。

3. 基础培训阶段(16—25岁)

在这期间,劳动者获得组织成员资格,融入组织开始适应工作,完成安排的工作任务。

4. 早期职业的正式成员资格阶段(17—30岁)

在这期间,劳动者开始履行与职业相关的义务,承担责任,进一步发展完善自己,为以后的职业发展奠定基础。

5. 职业分析阶段(25岁以后)

这一阶段,劳动者一般担当重要职务或承担重要责任,劳动者经过一段时间的工作实践,开始冷静地分析自己从事的职业、重新确定或再次作出职业选择,包括为了获得更大的职业发展而重新回到学校继续学习、充电,进行自我开发,制定长期的职业发展计划。

6. 职业中期危险阶段(35—45岁)

这期间,劳动者较为现实地评估自己的能力、职业目标及职业前景,对自己的职业抱负和个人前途作出更具体的决定。

7. 职业后期阶段(40岁至退休)

在这期间内,劳动者由于各方面的成熟,承担更为重大的责任,达到事业的顶峰;之后,能力、精力开始下降,开始追求职业的稳定。

8. 衰退与离职阶段

接受能力、精力的下降,准备退出职业生涯,接受角色的转换。

9. 退休阶段

劳动者从社会回到家庭,适应社会角色的转换,建立新的价值观。

施恩关于职业生涯发展阶段的划分基本上是依照年龄增大的顺序并根据不同时期的职业状态、任务、职业行为等进行的划分,他只给出一个大致的年龄跨度,并在不同的职业阶段上年龄有所交叉。例如,职业分析阶段本是人生职业经历中一个大的阶段,但是,施恩又专门划出一个职业中期危险阶段,因为35—45岁正是关乎一个人职业命运和前途的关键时期。依据职业状态和职业行为及发展过程的重要性划分职业周期阶段,从而使职业生涯发展阶段更加清楚明了。

小案例 6-2

日本企业的职业生涯发展计划

近年来,日本推行了"职业生涯发展计划",力图通过持续的教育培训,因人制宜地将职工培养成为一专多能、适应科学技术不断发展需要的人才。推行这种计划的企业,一般会把职业生涯分为四个阶段:第一阶段从进入企业到28岁左右,该阶段的员工刚刚进入社会,有浓厚的求知欲望;第二阶段是30岁左右,该阶段的员工能积极应用所学的专业知识和技能;第三阶段是从35岁到40

岁左右,该阶段的员工已经进入成熟期,能充分发挥所积累的实力,领导若干下属人员一起工作;第四阶段是45岁以上,该阶段的员工能够作为企业的管理者,活跃在企业的各个部门。

对于这四个阶段的不同对象,不同企业采用不同的管理方法。以日本东洋工程技术公司为例,对处于第一阶段的员工,采取入职准备教育、现场实习、集体教育等多种方法使他们掌握多方面的知识;对进入第二阶段的员工,则以情报整理法为中心进行教育,实行"骨干阶层普遍继续提高的进修";在第三阶段,对开始担任管理职务的人员马上实行新任管理职务的进修。进修一年后实行函授教育,三年后实施MDP(管理、发展、计划)教育,为进入第四阶段创造条件;在管理人员达到45岁左右的时候,对其适应性做出评论,目的是确定其属于哪种类型的人,是适合于当经理还是当专业人员。对于适合担任经理的人员,实行"骨干经理进修"和"高级经理进修",对专业人员则选送到大学进修或到研究所做专门研究。

资料来源:尚娟,《人力资源管理》,西安电子科技大学出版社,2014年版。

请思考:

概括日本企业的职业生涯发展计划特点;这些计划对我国有哪些启示?

第三节　职业生涯规划与管理

职业生涯管理分为个人的职业生涯管理和组织的职业生涯管理。个人的职业生涯管理是以实现个人发展的成就最大化为目的的,通过对个人兴趣、能力和个人发展目标的有效管理实现个人的发展愿望。组织职业生涯管理是以提高企业人力资源质量,发挥人力资源管理效率为目的的,通过个人发展愿望与组织发展需求的结合实现组织的发展。

职业生涯管理是"以人为本"的理念的体现,企业职业生涯管理的最终目的是通过帮助员工的职业发展,以求企业的持续发展,实现企业目标。因此,职业生涯管理假定:只有企业员工的卓越发展,才有企业的目标实现。员工的卓越,有赖于企业实施的职业生涯管理,在企业提供的有效职业生涯管理中,员工迈向卓越,并将自己的聪明才智奉献给企业。

一、个人职业生涯规划

(一) 个人职业生涯规划的内涵和意义

基本概念　　个人职业生涯规划

> 个人职业生涯规划是指个人根据自身的主观因素和客观环境的分析,确立自己的职业发展目标,选择实现这一目标的职业,以及制定相应的工作、培训和教育计划,并按照一定的时间安排,采取必要行动实现职业生涯目标的过程。

职业生涯规划在个人的职业决策过程中必不可少,它有助于个人发现自己的人生目标,平衡家庭与朋友、工作与个人爱好之间的需求。另外,职业生涯规划能使一个人作出更好的职业选择:接受还是拒绝某项工作、有无跳槽的必要、是否该寻找更具挑战性的工作以及何时辞掉压力过大的工作。更为重要的是,职业生涯规划有助于个人在职业变动的过程中,面对已经变化的个人需求及工作需求,进行恰当的调整。

(二) 个人职业生涯规划的原则和步骤

职业生涯规划要使一个人走向成功之路,就必须在规划职业生涯时充分考虑到个人的特性和企业的发展需要,使个人发展与组织发展结合起来,对影响职业生涯的各种主客观因素进行分析、总结和测定,确定一个人的人生发展目标,选择实现这一目标的职业,编制相应的工作、教育和培训等行动计划,对每一步骤的时间、顺序和方向作出合理的安排。为了正确制定职业生涯规划,还必须遵循一定的原则,按照规范的步骤进行。

1. 职业生涯规划的原则

(1) 清晰性原则：规划一定要清晰、明确，能够把它转化成为一个可以实行的行动，人生各阶段的线路划分与安排一定要具体可行。

(2) 挑战性原则：规划要在可行性的基础上具有一定的挑战性，完成规划要付出一定的努力，成功之后能有较大的成就感。

(3) 可行性原则：规划要有事实依据，要根据个人特点、组织和社会发展需要来制定，不能做不着边际的梦想。

(4) 变动性原则：规划未来的职业生涯目标，牵涉到多种可变因素，因此规划应有弹性，以增加其适应性。

(5) 长期性原则：规划一定要从长远来考虑，只有这样才能给人生设定一个大方向，使你集中力量紧紧围绕这个方向做出努力，最终取得成功。

(6) 一致性原则：规划是职业生涯发展的整个历程，因此主要目标与分目标要一致，目标与措施要一致，个人目标与组织发展目标要一致。

(7) 激励性原则：职业生涯目标要与自己的性格、兴趣和特长相符合，从而能对自己产生内在的激励作用。

(8) 可评量原则：规划的设计应有明确的时间限制或标准，以便评量、检查，使自己随时掌握执行的状况，并为规划的修正提供参考依据。

  阅读资料 6-1

《周易》与职业生涯发展规划要求

借用《周易·乾卦》对龙所处不同状态的描写，可类比职业生涯发展不同阶段对应的不同规划要求：

(1) 潜龙：潜龙勿用。此阶段员工要积极主动，努力进取，按照单位的要求踏实做事，不张扬，耐心等待机会。

(2)见龙:见龙在田,利见大人。此阶段员工要勤奋工作,任劳任怨,充分显现自己的能力,使自己成为对单位有重要作用的人。

(3)惕龙:君子终日乾乾,夕惕若,厉无咎。这一阶段员工要继续努力,工作要谨言慎行,兢兢业业,戒骄戒躁,经常反省自己。

(4)跃龙:或跃在渊,无咎。由于之前的努力奋斗,此阶段员工能游刃有余应对工作中各类事情,正是施展才华的好时候,要继续努力工作,且谨慎从事,不可越轨。

(5)飞龙:飞龙在天,利见大人。这一阶段员工从事的工作已达到顶峰,如果有贵人相助,将更加辉煌。此时应懂得给别人提供机会,培养新人。

(6)亢龙:亢龙有悔。意为居高位的人要戒骄,否则会失败而后悔。此阶段员工不可恃功而骄,要懂得急流勇退,要约束自己的言行。

资料来源:魏迎霞、李华,《人力资源管理》,河南大学出版社,2017年版。

2. 职业生涯规划的步骤

职业生涯规划是一个周而复始的连续过程,一般要通过8个步骤完成,见图6-2。

(1)确定志向。

志向即一个人为之奋斗的最终目标,是事业成功的基本前提。没有志向,事业的成功就无从谈起。俗话说:"志不立,天下无可成之事。"立志是人生的起跑点,反映着一个人的理想、胸怀、情趣和价值观,对一个人的成就大小有决定性的影响。所以,在设计职业生涯时,首先要确立志向,这是设计职业生涯的关键,也是设计职业生涯中最为重要的一步。

(2)自我评估。

自我评估是对自己的各方面进行分析以达到全面认识自己、了解自己的目的,自我评估包括对人生观、价值观、受教育水平、兴趣、特长、

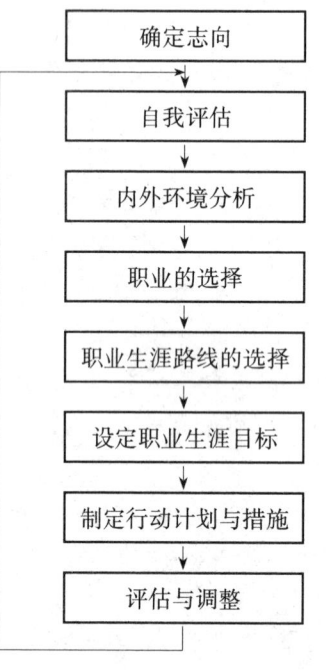

图6-2 职业生涯规划流程图

性格、技能、智商、情商、思维方式、思维方法等进行分析评价,因为,只有认识了解自己,才能选定适合自己发展的职业生涯路线,才能对自己的职业发展作出最佳抉择,增加事业成功的概率。

(3)内外环境分析。

了解自己又必须与分析环境相结合,因为在漫长的人生进程中,身边其他人、所处的组织环境、社会环境、经济环境将直接影响职业的发展,因此,在设计个人职业生涯时,应分析环境发展的变化情况、环境条件的特点、自己与环境的关系、环境对自己有利与不利的因素等等。只有把自身因素和社会条件作最大限度的契合,才能做到在复杂的环境中趋利避害,使职业生涯设计更具有实际意义。

阅读资料6-2

认识你自己

传说在古希腊一处神庙入口处的一块石头上,刻着"认识你自己"的名言。古往今来中外先贤都把"认识你自己"当成人生中最重大的问题去思考和探索。苏格拉底最爱引用这句话,并且把它作为哲学的名言使用。老子说过"知人者智,自知者明"。蕴含同样的哲理。这些充满睿智的箴言告诉我们,人的一生,认识自我最重要,也最困难。职业生涯规划的起点就是客观地认识自我、评价自我。

(4) 职业的选择。

职业的选择是事业发展的起点,职业选择是否正确直接关系到事业的成功与失败。个人进行职业选择时存在诸多需要考虑的因素,包括性格与职业的匹配;兴趣与职业的匹配;特长与职业的匹配;内外环境与职业的相适应等。尤其是对于刚步入社会初选职业的年轻人,认清自我、分析环境、了解职业,使自己的性格、兴趣、特长与职业相吻合显得尤为重要。

(5) 职业生涯路线的选择。

职业生涯路线是指当一个人选定职业后,是向专业技术方向发展,还是向行政管理方向发展。发展方向不同,各自要求也不同,因此,在设计职业生涯时,必须作出抉择,以便为自己的学习、工作以及各种行动措施指明方向,使职业沿着预定的路径即预先设计的职业生涯发展。

通常职业生涯路线的选择需要考虑三个问题:我想往哪方面发展?我能往哪方面发展?我可以往哪方面发展?

对以上三个问题要进行综合分析,才能确定自己的最佳职业生涯路线。其分析过程如图6-3所示。

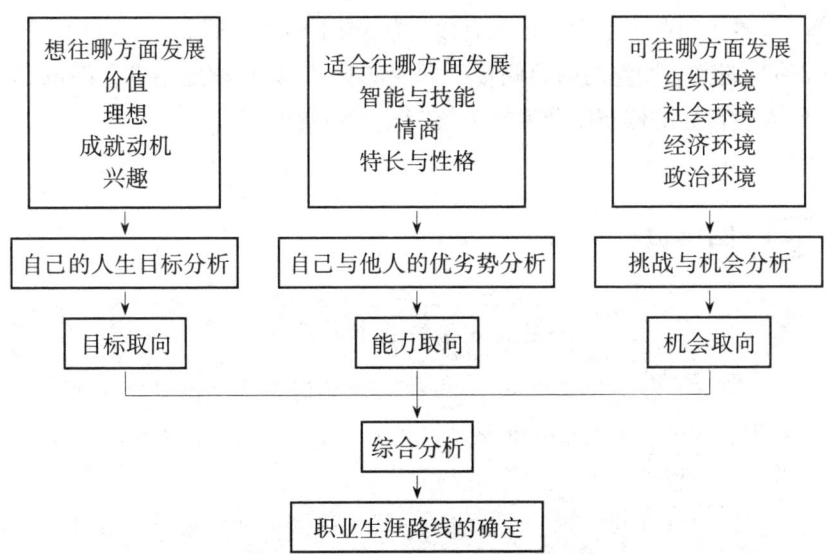

图6-3 职业生涯路线分析流程图

(6) 设定职业生涯目标。

职业目标的设定,是职业生涯规划的核心。一个人事业的成败,很大程度上取决于有无正确适当的目标。一个人确立什么样的事业目标,要根据主客观条件加以设计,每个人条件不同,目标也不可能完全相同,但确定目标应遵循的规则却是相同的,即目标要符合社会与组织的需求,目标要符合自身的特点,目标高低的幅度恰到好处,目标正当、明确、具体并留有余地等等。应该说一个未来的成功者,必定是一个目标意识很强的人。

(7) 制定行动计划与措施。

行动是所有生涯设计中最艰难的一个步骤,无论多么美好的理想和想法,最终都必须落实到行动上才有意义,因此在确定了职业生涯目标和职业生涯路线后,就要落实实现目标的具体措施,包括工作、训练、教育、轮岗等。这些计划要特别具体,以便定时检查。

(8) 评估与调整。

影响职业生涯设计的因素很多,其中环境变化是最为重要的一个因素。有的变化是可以预测的,而有的变化却难以预测。在这样的状况下,要使职业生涯设计行之有效,就必须不断地对职业生涯设计进行评估与调整。调整的内容侧重于职业的重新选择、职业生涯路线的选择、人生目标的修正以及实施措施与计划的变更等。

阅读资料 6-2

未来即将消失的十大职业

随着科技的快速发展,未来职业变迁的速度将越来越快。下面将盘点这些未来可能濒临消失的职业,将要入行的人们千万要当心。

1. 记者。也许有一天,90%的记者都会失业!这不是危言耸听,美国的 Narrative Science 公司,结合大数据和人工智能,利用软件开发的模板、框架和算法,瞬间撰写出上百万篇报道,《福布斯》杂志都已经成为他们的客户。除此之外,互联网的出现让纸媒生存空间不断被压缩。继《万象》《环球财经》《他生活 hislife》之后,《好运 MONEY》宣布即将停刊。

2. 银行柜员。商业周刊中文网称,未来 10 年中国大陆 80% 的现金使用会消失,人们逐渐开始选择网银或移动支付。未来 20 年,绝大多数中小银行如果不外包前台业务,将难以生存。无论这个预言如何,传统金融业和科技行业正上演一场生死时速。金融领域将发生一场彻底的互联网革命,这是谁也阻挡不了的趋势。

3. 司机。如今看到谷歌的无人驾驶汽车在硅谷 101 高速公路上穿梭,或是自己停靠到旧金山大街上,都已经不足为奇。而奥迪、丰田和奔驰等汽车厂商都计划开发自己的无人驾驶汽车。因为汽车已经不需要人来驾驶,司机这一职业可能会消失。包括驾校老师、停车执法者等等职业也都随之消失。

4. 装配车间工人。全球最大代工企业富士康百万"机器人大军"计划公布后引起外界瞩目。专家称,一线工人的用工量被挤占不可避免,生产工人将面临下岗的困境成为共识。目前富士康的机器人手臂还只是进行简单的操作,但是未来,随着机器人成本的下降和普及,装配车间的工作将不需要操作工人了。

5. 有线电视安装人员。借助一个电视盒子,就可以让每一台普通电视升级为智能云电视机,同时实现与家庭其他无线终端(手机、Pad、电脑)的交互。只要身处带宽足够的 WIFI 环境,就可以在电视上免费观看在线视频内容。有线电视最终会消失,甚至电视台的构建都会被打乱。相关产业链上的人都要当心,有线电视安装人员只是一个典型的代表。

6. 加油站管理和工作人员。石油在枯竭,加油这件事可能会消失。未来,新能源充电站也许会普及,而且充电站也会实现自动化,不需要人来服务,当然也不需要人来负责加油充电等动作。

7. 经纪人、中介商。中介商这一职业的悄然隐退已是正在发生的事情，信息高速公路的无限发达必将"夺去"经纪人的饭碗。原因很简单，他们将不会比普通人知道得更多，譬如已经有越来越多的人选择在网上自选保险。未来人们可能会需要更多专业规划师，而不是经纪人。

8. 职业模特儿。未来没有谁再会为自己的个子矮而愁眉不展，高技术含量的增高手术能给一个人延长原身高。另外，"超微科技"的运用使整容业更趋完美，已经有人在研发用电脑"勘测丈量"脸部细节，度身制作完美五官"零件"，以求"一劳永逸、完整美丽"效果的新技术。从这个意义上讲，漂亮的脸蛋与高挑的身材人人都可以拥有，职业模特儿便失去存在的意义。

9. 各种工业样品、小商品制造者。3D打印将颠覆制造业。商品将不再通过制造和物流的环节到达用户的手中，用户将购买从杯子到房子等所有产品的设计，然后就地3D打印出来，这种方式最大的优势在于：成本将比供应链产品便宜，而且有些东西不需要专门的人来制造。各种工业样品也不需要专人制造，只需打印出来，看是否符合要求即可。

10. 个体商户。李宁实体店已关掉1 800多家，电商销售额超过实体店销售额已成为不争的事实，未来3—5年全国有近80%的书店将关门，服装店、鞋店有近30%将关闭。

资料来源：根据人民网资料改编。

请思考：

你认为以上预测是否科学？如果你目前正从事其中一份职业，谈谈你未来职业规划的设想。

总之，成功的职业生涯规划需要时时审视内外环境的变化，并且调整自己的前进步伐。在进行职业生涯规划时应该把握几个"黄金准则"：择己所好、择己所长、择世所需、择己所利。

二、组织职业生涯管理

职业生涯管理应被看作是组织和员工个人为了满足各自和对方的需要而采取的对职业行为进行有意识的管理行为,管理的结果建立在组织和个人的职业互动过程中。在现代企业中,从员工个人角度来看,个人最终要对自己的职业发展计划负责;而从组织角度来看,他们必须鼓励员工对自己的职业生涯负责,为员工提供他们感兴趣的有关组织工作、职业发展机会的信息,帮助员工做好自我评价和培训工作,甚至帮助他们制定与组织目标相符的职业计划和目标。

(一)组织职业生涯管理的内涵和意义

基本概念　组织职业生涯管理

> 组织职业生涯管理是指从组织角度对员工从事的职业和职业发展过程所进行的一系列计划、组织、领导和控制活动,以实现组织目标和个人发展的有效结合。

组织职业生涯管理涵盖自招聘新员工进入组织开始,直至员工流向其他组织或退休而离开组织的全过程,它同时涉及职业活动的各个方面。从组织角度看,对员工的管理体系能否保证使员工在合适的时间改变其在组织中的相对地位,将对组织的生产效率和效益产生非常重要的影响。

(二)组织职业生涯管理的方法

与组织的其他制度不同,职业生涯管理的目的既要满足组织发展的需要,也要满足个体发展的需要,通过着眼于帮助员工实现职业生涯计划来达成组织发展的目的。因此,要实行有效的组织职业生涯管理,应该找出不同职业生涯期的管理重点。

1. 职业生涯早期阶段的组织管理

职业生涯早期阶段是指个人由学校进入组织并在组织内逐步"组织化",为组织所接纳的过程。所谓个人组织化是指应聘者接受雇佣并进入组织后,由一个自由人向组织转化所经历的一个不断发展的进程,它包括向所有雇员灌输组织及其部门所期望的主要态度、规范、价值观和行为模式。

在员工职业生涯早期阶段,组织承担着非常重要的职业生涯管理任务,组织通过对新员工进行有效评估、培训、职业生涯规划及管理等措施,帮助员工顺利适应工作。通过员工和组织共同努力与合作,使每个员工的职业生涯目标与组织发展目标一致,使员工与组织都获得发展。在这一阶段,组织的职业生涯管理主要体现在:

(1) 对新员工进行上岗引导和岗位配置。新员工上岗引导是指给新员工提供有关企业的基本背景,包括历史与现状、宗旨、任务和目标,有关的制度、政策和规定,工作职责和劳动纪律,组织文化等。这些信息对员工做好本职工作都是必需的,也是引导员工熟悉环境,减少焦虑感,增加归属感和认同感所不可缺少的。

(2) 提供一个富有挑战性的最初工作。大多数专家都认为,企业能够做的最重要的事情之一就是争取做到为新雇员提供的第一份工作是富有挑战性的。研究者们发现,新雇员在企业的第一年中所承担的工作越富有挑战性,他们的工作也就显得越有效率、越成功,即使是到了五六年之后,这种情况依然存在。提供富有挑战性的起步性工作是"帮助新雇员取得职业发展的最有力然而却并不复杂的途径之一"。

(3) 对新员工严格要求,并开展职业生涯规划活动。在新员工与其上级之间往往存在一种"皮格马利翁效应"。也就是说,上司的期望越高,对自己的新员工越信任、越支持,那么你的新员工就干得越好。因此,在新员工开始探索性工作的第一年中,应当为他找到一位受过特殊训练、具有较高工作绩效并且能够通过建立较高工作标准而对自己的新员工提供必要支持的主管人员。因为这样的主管人员会向新员工灌输这样一种思想,即组织期望他们能够达到良好的工作绩效,并且这种绩效会得到组织回报,此外,同样重要的是,这些主管人员会随时做好通过指导和咨询对他们给予帮助的准备。

组织还应当采取步骤,加强新员工对他们自己的职业生涯规划和开发活动的参与。组织可以通过开展一些活动使员工学到职业生涯规划的基本知识,并有机会参与各种以明确自己的职业目标为目的的活动以及形成较为现实的职业目标等。重点是协助员工在个人目标与组织内实际存在机会之间,达到更好的结合。

2. 职业生涯中期阶段的组织管理

职业生涯中期是一个时间周期长、富于变化,既有可能获得职业生涯成功,又有可能出现职业生涯危机的一个很宽阔的职业生涯阶段。因此,组织要实现自身的发展目标,就必须强化其职业管理任务,充分发挥员工的潜能,丰富员工的工作内容,帮助员工进行继续教育和不断成长,克服职业生涯中期所发生的职业问题。组织对职业生涯中期阶段的管理,常见措施有:

(1) 提拔晋升,畅通职业生涯管理通道。这一措施主要适用于有培养前途、有作为、能获得晋升的员工。晋升主要有三种途径:行政职务的提拔晋升;转变职业,由操作工提拔为管理者;技术职务的提拔晋升。

(2) 安排一定范围内的工作轮换。美国学者的研究发现,员工的工作满足源会随着一个人从事一项给定工作的实际时间的长度,发生系统的变化。在员工从事某项职业的最初几年,该职业都会对员工产生很大的吸引力、刺激力,员工对工作的任何变化与改进,都会感到兴奋,也会不遗余力地作出自己的贡献。然而,当个人工作资历达到5年以上的长久时间,他对工作再设计便可能失去反应,对工作本身产生了"疲顿倾向",出现失去进取心和创新精神的潜在危险。这时其工作满足源转向了工作的外因素,如监督的性质、工作场所的人际关系、作业环境与条件、报酬和福利、退休方案及其待遇等等。因此,从组织角度,一个重要的预防措施就是制定出明确的职位轮换计划。所谓工作轮换,是指把一个人安排到另一个工作岗位上,其所承担的义务、责任、职位和报酬都与前一个工作差不多。但工作轮换可以使员工学到新知识和新技能,为今后的晋升和发展奠定基础。实践证明,当晋升和提薪的机会变小时,工作轮换就会成为一种可有效激励员工的措施。

(3) 提供适宜职业生涯的发展机会。现实中,对于处于职业中期且年龄较大的员工,由于其进取心和工作参与感的降低,组织应当安排其承担适当角色并提供相应的发展机会,以获得最佳组织效益。如让年长的员工充任良师的角色,让中年期的员工担当临时性组织者角色等,这样做能调动员工的积极性,保持员工的工作参与欲,充分利用员工之所长,为组织服务,达到促进组织发展的目的。

3. 职业生涯后期阶段的组织管理

职业生涯后期,员工已进入职业生命的最后阶段,这一阶段员工的人生需求变化很大,而职业生命尚有 10 年左右时间,如何发挥员工的潜能和余热,并帮助员工顺利度过这段时间,是组织义不容辞的责任。

到职业后期阶段,员工的退休问题必然提到议事日程。大量的事实表明,退休很可能伤害了员工。对企业的工作也会产生影响,为了减少和避免可能的伤害与影响,对员工退休事宜加以细致周到的计划和管理是十分必要的。

(1) 开展退休咨询,着手退休行动。退休咨询就是向即将和已经退休的人提供财务、住户、搬迁、家庭和法律、再就业等方面的咨询和帮助。

组织开展的递减工作量、试退休等适应退休生活的退休行动,对员工适应退休生活也很有帮助。递减工作量是对即将退休的员工逐渐减少其工作量。试退休是安排即将达到退休年龄的员工离开工作一段时间去体验退休的感受,然后决定是继续工作一段时间还是退休,亲自感受并逐步适应退休生活。

(2) 做好退休员工的职业工作衔接。员工退休而组织的职业工作却要正常运转,因此,组织要有计划地分期分批安排应当退休的人员退休。在退休计划中,选好退休员工职业工作的接替人,及早进行接替人的培养工作是非常重要的。组织可以采取多种形式对接替员工进行职业岗位的培训与学习,在新老员工职业更替之时衔接好,保证工作正常顺利进行。

(3) 做好员工退休后的生活安排。组织可以因人而异地帮助每一个即将退休者制定具体的退休计划,尽可能地把退休生活安排得丰富多彩又有意义。例如,鼓励退休员工进入老年大学,参加社会公益活动和老年群体的集体活动等;也可以通过经常召开退休员工座谈会的方式,增进退休员工与组织的互动。另外组织还可以采取兼职、顾问或其他方式聘用退休员工,使其发挥余热。

三、职业生涯管理成功的关键

要在组织中成功地实施职业生涯管理,必须克服来自多方面的阻力,而相关人员的支持是成功实施职业生涯管理的关键。

(一)高层领导支持是关键

组织的高层领导是否支持,是组织能否顺利开展职业生涯管理的最重要的影响因素之一,它关系到人员配备、资金投入、绩效评估、实施追踪等一系列的问题。领导支持将职业生涯管理作为人力资源开发的重要措施,就会制定相应的政策,配备相关人员,使该措施能取得成效。尤其是当人才竞争成为企业盈利的关键时,引导员工开发自己,并朝着组织导向的目标开发,具有长久的意义。

(二)职业生涯管理人员是核心

职业生涯管理活动是人力资源管理的重要形式,也是一项比较专业的工作,如果不熟悉人力资源管理及相关工作,就没法开展职业生涯管理活动。因此,进行职业生涯管理的专职人员,应具备这样几方面的技能:熟悉人力资源管理工作;具备较强的沟通和协调能力;熟悉职业指导的知识,掌握职业辅导的技能。

(三)员工和各级管理者是具体实施者

虽然实施组织职业生涯管理是人力资源部门的职责,但事实上,具体的实施主要靠员工个人和各级管理者。员工在职业生涯管理中应主动从经理和同事那里获得有关自身优势及不足的信息反馈;明确自身的职业生涯发展阶段和开发需求;了解存在着哪些学习机会以及与来自组织内外不同工作群体的员工进行接触。各级管理者在职业生涯管理过程当中扮演着主要的角色,承担着教练、评估者、顾问和推荐人四种角色责任。因此,各级管理者需要从思想观念到行为制度上配合职业生涯管理的实施。

(四) 人力资源部门是总管

人力资源部门是人力资源开发和管理的直接部门,他们对员工的选拔、晋升、培训、评估、薪酬负有直接的责任,并且人力资源管理部门还应提供专业服务,对员工的价值观、兴趣、技能进行测评,帮助员工做好寻找工作的准备,并经常提供与职业相关问题的咨询。

 本章小结

职业生涯又称为职业发展,是"贯穿于个人整个生命周期的、与工作相关的经历的组合"。职业生涯管理是组织开展和提供的用于帮助和促进组织内正从事某类职业活动的员工,实现其职业发展目标的行为过程,包括职业生涯设计、规划、开发、评估、反馈和修正等一系列综合性的活动与过程。通过员工和组织的共同努力与合作,使每个员工的职业生涯目标与组织发展目标一致,使员工的发展与组织的发展相吻合。

要想做好职业生涯规划,首先要掌握职业选择规律和职业发展规律。美国职业指导专家约翰·L·霍兰德的人格类型理论,强调了个人与环境之间的匹配,该模式可以通过自我评定来发现自己的职业类型,并依据个性类型来选择自己的职业。

舒伯的职业发展阶段理论认为,职业发展的本质就是人们的自我概念与外界的现实环境合为一体的过程,而驱动这一过程的根本动机,就是人们自我概念的实现与完成。据此,他把一个人可能经历的主要职业过程大体分为成长阶段、探索阶段、建立阶段、维持阶段、衰退阶段五个阶段。

职业生涯管理分为个人的职业生涯管理和组织的职业生涯管理两个方面的内容,个人的职业生涯管理是一个人对自己所要从事的职业、要去的工作单位、在职业发展上要达到的高度等作出规划和设计,并为实现自己的职业目标而积累知识、开发技能的过程。组织职业生涯管理是对员工从事的职业和职业发展过程所进行的一系列计划、组织、领导和控制活动,以实现组织目标和个人发展的有效结合。企业可以根据不同职业生涯期的特点进行重点管理。

案例分析

公司不是家,做好职业规划

华为裁员的事情引发各方关注。事件大致情况是,华为职工反映,华为中国区开始集中清理34岁以上的交付工程维护人员和40岁以上的研发老员工。有人把这个清退行动与2000研发将士出征联系起来,认为华为通过把老员工派驻海外自然淘汰来完成变相清退。对此,华为表示纯属谣言,也有海外老员工表示自己并未被清退。

"公司不是家。"当小李2011年刚入职华为时,他还记得被灌输的价值观,一开始还不太能接受。当大部分企业至少在表面上还喜欢谈理想主义和温情时,华为告诉他的却是,"华为不需要感恩,只需要契约"。

为何引发广泛关注

互联网公司和IT公司裁员本身并不奇怪,为何华为的举动会引发各方关注和广泛讨论呢?这是因为华为员工的高收入和年龄划线让众多科技公司的从业人员有了兔死狐悲的感觉。

华为的薪酬体系包括工资、奖金和虚拟股的分红。华为的高工资相对于互联网企业并没有太大差别,但是华为的奖金再加虚拟股的分红就是一个可观的数字。华为的老员工随着工作年限的增加,工资涨幅也许不是很大,但是奖金和累积越来越多的虚拟股,一个级别不高的老员工一年也能拿到百万以上,相当于其他公司高级经理人的水平。而通信行业的技术细分很细,一些职位并不是随着年龄和经验丰富就有更高的水平,而是达到一定层次水平和职位就遇到天花板。这种情况下,没有家庭拖累、精力充沛、体力旺盛、学习能力更强的新人就会有竞争优势。而在华为的薪酬体系下,新人的工资、奖金、分红综合下来要比老人少的多,性价比高的多。

从华为实际经营绩效来看,2016年的利润率只有7%左右,具体来说就是华为2016年比2015年的营收增加了1 300多亿人民币,利润却只增加了10亿人民币左右,这就意味着多收的1 300多亿收入几乎没有贡献有效利润,这在华为内部高层引起了不小的震动。在总体效益好、利润丰厚的情况下,华为可以容忍众多性价比不高的职位,而如果利润增长不那么乐观的时候,就要适当吐故纳新了。

事实上,在其他行业这种情况非常多见,而且不限于老员工。其他行业薪酬一般与职位挂钩,同职位老员工相比新员工并没有那么大的差异,40岁的服务员并不能比20岁的服务员赚的更多。中高管理层如果性价比降低,一样会新人换旧人的。只是科技公司、互联网公司的历史太短,流动性太大,入职多年的人是少数,还无法感知到这一点罢了。

华为的举动,让其他科技公司和互联网公司的员工有了警醒。如果你一直遇到职业的天花板无法上升,那么在技术岗位也好,营销岗位也好,一旦你年龄大了就无法和年轻人竞争,你的性价比低就会被替换掉。

做好职业规划,未雨绸缪

中国从1949年建国到90年代大下岗之前,实行了相当长时间的终身雇佣制。只要你加入一个企业,就可以从入职干到退休,在你20多岁的时候为企业做贡献,企业也不会在你50岁以后抛弃你,会给你合适的职位和工作,一直到你60岁退休。90年代改革之后,大部分企业都会根据企业需要选择雇员。2000年到2017年,仅仅过了17年,时间还不够一代人从入职走到退休。很多人也没有意识要做终身的职业规划和人生规划。

事实上,没有终身雇佣阶段的香港有过统计,平均在45岁的时候,一个人一生的收入达到巅峰。除了极少部分人能继续上升,大部分人是要下降的,转而和新加入工作的年轻人一起去竞争低工资、高强度的低级职位。所以,无论你在多么知名的企业,多么优秀的行业,都要在20多岁和30岁就有所准备。合理控制自己的消费水平,适当积累财富,以应对不时之需。

以华为为例,40多岁的员工在华为已经工作10多年,早年间每年有几十万的收入,后来一年有百万的收入。如果适当积攒,购买房产,那么到了2017年,他应该有数套价值不菲的房产,资产总额会是一个惊人的数字。或许靠房租或者房屋出售后的理财产品收入,就可以维持相当不错的生活水准。离职完全可以当作提前退休,享受生活或者做点自己想做的事情。而如果没有规划,高收入都被高消费花掉。不积累财产,那么这次离职就会是灭顶之灾。各种费用的开销……都依赖于你的工资,而你离职后再找一份年薪百万的工作可就不那么容易了。

资料来源:根据三茅网资料改编。

请思考:

1. 谈谈你对"华为不需要感恩,只需要契约"的理解。

2. 运用相关职业生涯理论,结合本案例分析职业生涯危险期的特点。

3. 你的职业生涯发展顺利吗?结合本案例谈谈如何规划自己的职业生涯。

实践运用

实践项目:个人职业生涯规划

实践目的:通过实践能够独立设计科学的个人职业生涯。

实践组织:(1)让学生确定个人职业生涯规划时间为5年(也可由学生根据个人工作或学习具体情况而定)。(2)要求学生整理和分析个人资料,包括个人专业、学历、兴趣特长、性格特征,以及职业倾向测试结果等,对自我情况进行分析。(3)根据所学的相关理论形成完整的个人职业生涯规划书。

实践考评:每位学生提交职业规划书,老师给予建议和指导。随机挑选部分学生(或由学生自愿)在课堂上汇报个人职业生涯规划书,老师给予简要点评,评价结果旨在帮助学生合理规划自己职业生涯,可以不作为成绩评定。

第七章 绩效考核

> 如果你不能描述它,你就不能衡量它;如果你不能衡量它,你就不能管理它;如果你不能管理它,你就不能实现它。
>
> ——罗伯特·卡普兰、戴维·诺顿

培训与开发是为了提高员工能够适应工作岗位所需要的知识与技能,然而,富有能力的员工并不必然会尽心尽力为企业"效劳"。绩效考核作为人力资源管理的核心职能之一,主要任务是搜集到与每一位员工的工作状态、工作行为、工作结果有关的信息,并将其转化为对员工工作业绩的评价依据,为员工管理活动提供信息支持。其目的就在于充分提高、发挥员工积极性,提高企业生产率,保证企业发展方向和促进战略目标实现。同时,科学的绩效考核能够为建立公正的薪酬制度、晋升制度等奠定必不可少的客观基础。

第一节 绩效考核概述

企业通过绩效考核可以给员工提供工作反馈,帮助员工扬长避短,改善绩效水平,提高员工的能力与素质,同时,可以将绩效考核结果作为人事决策的依据。

一、绩效考核的含义与内容

(一) 绩效考核的含义

 **绩效考核**

绩效是指那些经过评价的工作行为、方式和结果。

绩效考核是指收集、分析、评价和传递有关某一个人在其工作岗位上的工作行为表现和工作结果方面信息情况的过程。也就是按照一定的标准,采用科学的方法,检查和评定企业员工对职务所规定职责的履行程度,以确定其工作成绩的管理方法。

绩效可以分为员工绩效和组织绩效。员工绩效是指员工在某一时期内的工作结果、工作行为和工作态度的总和;组织绩效是指组织在某一时期内组织任务完成的数量、质量、效率和盈利状况。员工绩效和组织绩效最大的区别在于两者的侧重点不同,员工绩效着重于员工的产出和行为,而组织绩效侧重于组织的产出与行为。相应地,绩效考核可分为员工绩效考核和组织绩效考核。除特别说明外,本章中的绩效考核指的是员工绩效考核。

绩效考核在管理活动中承担着两种角色:一种角色是通过绩效考核获得员工工作的真实信息,以对绩效突出、表现优异的员工进行鼓励,或对绩效平平、表现不佳的员工进行惩戒;另一种角色是通过绩效考核获得员工工作的真实信息,有针对性地开发员工的各种潜能,并为组织提供员工在提升、调动和加薪等方面作决策的全面信息。

绩效考核的主要目的在于:通过对员工全面综合的评价,判断他们是否称职,并以此作为企业人力资源开发与管理的基本依据,切实保证员工的报酬、晋升、调动、职业技能开发、辞退等工作的科学性。

(二) 绩效考核的内容

绩效考核的内容,就是指每一个员工工作业绩最重要的方面。由于绩效考核的对象、目的和范围各异,由此绩效考核的内容也比较复杂繁多，但就其基本方面而言，不外乎是德、能、勤、绩四个方面。

1. 德

它是指人的精神境界、道德品质和思想追求的综合体现。德决定了一个人的行为方向——为什么而做；行为强弱——做的努力程度；行为方式——采取何种手段达到目的。德的标准不是抽象、一成不变的，不同的时代、不同的行业、不同的阶层、不同的职业对德的认识都会有所不同，它是一种相对标准。

2. 能

它是指人的能力素质，说大一点也就是认识世界和改造世界的能力。能力不是静态的、孤立存在的，它是借助于某种载体来得以体现的。因此，对员工能力的评价应该在素质考察的基础上，结合其实际工作中的集体表现来判断。一般来说，一个人的能力主要包括：动手操作能力、认识能力、思维能力、表达能力、研究能力、组织指挥能力、协调能力、决策能力等。对于不同的职位而言，其能力的要求也会各有侧重，进行评价时应该加以区别。

3. 勤

它是指一种工作态度，主要体现在企业员工日常的工作表现上，一般表现为工作的积极性、主动性、创造性、努力程度以及出勤率等方面。对勤的考核不仅要有量的衡量指标，如出勤率等，更要有质的评价，即员工是否以满腔的热情与旺盛的斗志，积极主动地投入和融入工作中。

4. 绩

它是指员工的工作业绩，包括完成工作的数量、质量、经济效益、对工作的影响和所能发挥的作用。在企业中，由于各人的岗位职责不同，因此对每个人工作业绩的评价也应该有所侧重，要制定有针对性的业绩评价标准。另外，在评价工作业绩时，不仅要考查员工的工作数量、质量，更要考查其工作为企业所带来的经济效益，因为对效益的考查是对员工绩效评价的核心环节。

在现实情况中，我国很多企业和事业单位经常采用"德"、"能"、"勤"、"绩"四个方面来进行工作业绩的考核，因为这种考核比较全面，具有一定的概括性。当然，在实际操作中还须注意两个问题：第一，考

第七章 绩效考核

核内容不必过分求全,关键是找出与每一个员工工作业绩关系最为紧密的内容,并将其细化和深化;第二,对"德""能""勤""绩"四个方面应该有一个准确的理解。根据绩效的定义,如果从结果方面强调绩效时,只有"绩"才是我们所说的绩效,即员工的工作成果、员工对组织目标的贡献。强调行为时,其行为特点则包括"德""能""勤"等特征。

必须说明的一点是:绩效考核的主要内容在实际考核过程中并非如此简单,比如在具体的考核中,有哪些方面能够最合理恰当地体现员工的工作业绩呢?如果企业有比较完善的人力资源管理制度的话,并且我们相信这种制度是合理的、科学的,那么,绩效考核的内容就可以从工作说明书上去找到各个员工应该完成的任务。

目前比较流行的一种观点是,在考虑结果的同时,不局限于工作结果,特别是在管理水平较高、员工个人不能全部决定工作结果的情况下,充分考虑人们所做的同企业目标相关的、可观测的行为或事情。一般情况下可以以定量的工作产出为主,辅以对工作态度和能力的考核。

 管理故事 7-1

两 熊 赛 蜜

黑熊和棕熊喜食蜂蜜,都以养蜂为生,它们各有一个蜂箱,养着同样多的蜜蜂。有一天,它们决定比赛,看谁的蜜蜂产的蜜多。

黑熊想,蜜的产量取决于蜜蜂每天对花的"访问量",在它看来,蜜蜂所接触花的数量就是其工作量。每过完一个季度,黑熊就公布每只蜜蜂对花的"访问量"。同时,黑熊还设立了专门奖项,奖励访问量最高的蜜蜂,但从它不告诉蜜蜂们与棕熊比赛的信息,只是让蜜蜂们比赛访问量。

棕熊与黑熊想得不一样,它认为蜜蜂能产多少蜜,关键在于它们每天采回多少花蜜,花蜜越多,酿的蜂蜜也越多。于是它直截了

当告诉众蜜蜂：它在和黑熊比赛看谁产的蜜多，它花了不多的"钱"买了一套测评系统，测量每只蜜蜂每天采回花蜜的数量和整个蜂箱每天酿出蜂蜜的数量，并将测量结果张榜公布，它也设立了一套奖励制度，重奖当月采蜜最多的蜜蜂。如果当月蜂蜜总产量高于上个月，那么所有蜜蜂都会受到不同程度的奖励。

一年过去了，两只熊查看比赛结果时，发现黑熊的蜜蜂不及棕熊的一半。

资料来源：根据百度文库的资料改编。

请思考：

结合案例谈谈黑熊与棕熊的绩效考核有什么不同？

二、绩效考核的原则

根据国内外企业管理的实践经验，在绩效考核中应遵循的原则有下列五条。

（一）透明公开原则

透明公开原则包括三方面的要求：一是考核的目标、标准和方法公开；二是考核的过程公开，即在绩效考核的每一个环节上都应接受来自人力资源部门以外的人员的参与监督，防止出现暗箱操作；三是考核的结果公开，即在绩效考核结束之后，人力资源部门应把考核的结果通报给每一位被考核对象，使他们了解自己和其他人的业绩信息。

（二）客观公正原则

在制定绩效考核标准时应从客观、公正的角度出发，坚持定量与定性相结合的方法，建立科学适用的绩效考核指标体系。这条原则要求在制定绩效考核标准时多采用可以定量化的指标，尽量减少个人主观臆断的影响，用事实数据服人，切忌主观武断和长官意志。

（三）多层次、多渠道、全方位原则

要做到科学考核员工的绩效其实是一件非常困难的事情，因为员工在不同时间、不同场合往往会有不同的行为表现，因此，人力资源管

理部门在进行绩效考核时,应多方收集有关信息,建立起多层次、多渠道、全方位的考核体系。

(四) 经常化、制度化原则

企业生产经营活动是一个连续的过程,员工的工作也由此是一种连续不断的行为,因此,企业绩效考核工作也必须作为一项经常化、制度化的工作来抓,如此才能最大限度地发挥出绩效考核的各项功能。此外,经常化、制度化的考核工作有利于调动、保持员工工作的积极性,有利于激发员工改进工作、提高质量的强烈愿望。

(五) 与企业文化、管理理念一致原则

考核内容实际上就是对员工工作行为、态度、业绩等方面的要求与目标,它是员工行为的导向。考核内容是企业文化与管理理念的具体化和形象化,在考核内容中必须明确:企业鼓励什么、反对什么,给员工以正确的引导。

 管理故事 7－2

唐僧师徒的降落伞

话说唐僧团队乘坐飞机去旅游,途中飞机出现故障需要跳伞。不巧的是,四个人只有三把降落伞,为了做到公平,师傅唐僧就对各位徒弟进行了考核,考核过关就可以得到一把降落伞,考核失败就自由落体,自己跳下去。

于是,唐僧问孙悟空:"悟空,天上有几个太阳?"悟空不假思索地答道:"一个。"唐僧说:"好,答对了,给你一把伞。"接着又问沙僧:"天上有几个月亮?"沙僧答道:"一个。"唐僧说:"好,也对了,给你一把伞。"八戒一看心理暗喜:"啊哈,这么简单,我也行。"于是,八戒摩拳擦掌,等待师傅出题。唐僧问八戒:"天上有多少星星?"八戒当时就傻了,二话没说直接就跳了下去。

没过多久,师徒四人又乘坐飞机去旅游,结果途中飞机又出现了故障,同样只有三把伞,唐僧如法炮制再次出题考大家,先问悟空:"中华人民共和国哪一年成立的?"悟空答道:"1949年10月1日。"师傅说:"好,给你一把。"又问沙僧:"中国有多少亿人口?"沙僧说:"13亿。"师傅说:"好的,答对了。"沙僧也得到了一把伞,轮到八戒了,师傅的问题是"13亿人口的名字分别叫什么?"八戒当即晕倒,再次以自由落体结束旅行。

第三次旅游的时候,飞机再一次出现故障,这时候八戒说:"师傅,你别问我了,我跳。"然后纵身一跃,跳了下去。唐僧双手合十说:"阿弥陀佛,这个呆子,不等为师把话说完,这次有四把伞啊。"

资料来源:根据百度文库资料改编。

请思考:

结合本故事,企业在对员工进行绩效考核时应该遵循哪些原则性问题?

三、绩效考核的实施

绩效考核的实施内容主要有以下几方面。

(一)确定绩效考核的参与者

绩效考核的参与者由多方面人员组成:上级、下属、同事、客户等都可以作为绩效考核的参与人员。

1. 上级评价

上级,尤其是员工的直接上级在绩效考核时居于特别重要的位置,应当十分重视直接上级的考评意见。但有一点必须说明,即直接上级与被考核员工的接触最多,感情因素往往会影响到考核的客观性与公正性,对平时听话、合得来的下属考核时容易偏宽松,而对合不来的下属考核时则偏严,因此,有时还需更高层级的上级做二次考评,以减少偏差。

2. 同事评价

由共同工作的同事参与绩效考核会使考核更符合实际工作情况。

因为员工通常会把自己最好的一面展现给上级,但是与其朝夕相处的同事却可以看到他更本质和更真实的一面。使用同事评价对上级考核进行补充,有助于形成关于员工绩效的一致性意见。

这种方法得不到经常使用的原因是:① 同事评价很可能成为员工彼此竞争的牺牲品;② 上级主管不愿意失去其在绩效考核过程中的控制权;③ 那些在绩效考核中得到较差成绩的员工可能会报复其他同事。

3. 下属评价

对于主管人员的工作作风和领导能力,下属最具有发言权。但是有些下属往往害怕得罪上级领导而不敢直言,而另一些下属则出于个人恩怨,使评议失之偏颇。因此,对下级的意见要注意分析,尤其要强调事实依据,并从统领全局的角度进行剖析。

4. 自我评价

由员工本人对自己的绩效进行评价。这种方法可以提高员工的参与度,给员工一个思考自身优缺点的机会。同时,自我评价在考察员工发展潜力方面也有积极的意义。

5. 客户评价

通常把某个人或者团队的工作产生的对象当成该个人或团队的客户,该客户如果属于本组织的职员则称为内部客户,否则就是外部客户。现代企业已经越来越多地开始使用内部客户和外部客户评价的方法来获得员工绩效考核所需要的工作绩效。

在实际工作中,可以将上述几种考核评议的形式结合起来综合使用。

(二) 培训评价者

相当多绩效考核失败的原因在于考评者本身的主观错误,因此,有必要在绩效考核之前对评价者进行培训,目的是为了避免各种可能出现的错误。

由评价者造成的错误类型如表 7-1 所示。

表7-1　由评价者造成的错误类型

错误类型	定义
居中趋势	把所有的员工都评为中等,工作表现评价错误
偏松或偏紧	给所有的员工打分不是太高就是太低,工作表现评价错误
近因效应	只根据员工最近的行为评价
对比效应	把当前员工与已经做过评价的员工相比而产生的偏差
评价者个人偏见	评价者故意提高与自己有相似点的评价结果或对某些特殊群体存有偏见
晕轮效应	对某一绩效要素评价高会导致对其他要素评价也高
首因效应	员工在期初的绩效表现对评价者评价其以后的绩效表现产生延续性影响

通过制定正规的培训计划,可以纠正被培训者在评价过程中经常出现的主观性错误。尤其当被培训者有机会观察其他管理者的错误行为,积极查找自身错误,并经常参加与本身有关的工作以减少犯错误的可能时,培训效果更加明显。

(三)相关管理者和人力资源管理部门在绩效考核中的作用

1. 高层管理者与绩效考核

高层管理者的高度重视和支持是绩效管理成功的关键,他们是绩效考核的氛围营造者、资源支持者、政策设计者、制度推行者。

2. 中基层管理者与绩效考核

中基层管理者在绩效考核中充当着关键的角色,他们是绩效考核的宣传员、基础信息提供者、考核者和被考核者。

3. 人力资源管理部门与绩效考核

人力资源管理部门设计绩效考核指标体系,为参与绩效考核的评价者提供培训、监督考核体系的实施,并对绩效实施结果进行评价和反馈。

(四)绩效考核的一般程序

对于一套设计科学合理的绩效考核方案来说,清晰明确的考核程序是绩效考核顺利实施的保证和操作指南。

绩效考核的一般程序分为"横向程序"和"纵向程序"。

1. 横向程序

它是按绩效考核工作的先后顺序进行考核的程序,主要环节有:

(1) 制定考核标准。这是绩效考核的前提,考核标准必须以职务分析中制定的职务说明与规范为依据。

(2) 实施考核。这是对员工的工作绩效进行考核、测定和记录。

(3) 考核结果分析与评定。绩效考核的记录需要与既定的标准进行比较来作分析与评判,从而获得考核的结论。

(4) 结果反馈与实施纠正。绩效考核结论通常应该与被考评的员工见面,使其了解组织对自己工作的看法与评价,从而发挥优势、克服劣势;另一方面,还需要针对考核中发现的问题采取纠正措施,因为绩效是对员工主观与客观因素的综合结果,所以纠正不仅是针对被考核的员工,也需要根据环境条件的变化对考核指标作相应的调整。

2. 纵向程序

它是按组织结构层次逐级进行绩效考核的程序,主要环节有:

(1) 基层部门。以基层为起点,由基层部门的领导对其直属下级进行考核。考核分析的单元包括员工的工作行为、员工的工作效果、影响员工行为的个人特性与品质等。

(2) 中层部门。基层考核之后,上升到中层部门进行考核,内容包括中层干部的个人工作行为与特性、该部门的总体工作绩效等。

(3) 高层部门。中层部门考核完成后逐级上升到公司领导层,再由公司所隶属的上级机构对公司这一最高层次进行考核,主要内容是考核经营效果等方面经营指标的完成情况。

(五) 考核的时间

考核时间并没有唯一的标准。典型的考核周期是一季、半年或一年,也可以在一项特殊工作或项目完成之后进行。考核周期不宜太密,这样不仅会浪费精力和时间,还会给员工带来过多的、不必要的干扰,造成心理负担。但周期过长,反馈迟缓,也不利于改进绩效,并使大家

觉得考核的作用不大,可有可无,导致考核流于形式。

一般来说,半年一次较为适宜,将两个半年考核的评分值平均后作为全年的得分,并据此实施奖惩。当然,不同类型的组织可以有不同的考核周期,需要根据实际情况确定考核周期。

四、绩效考核的配套制度

(一)完善的公司治理结构

现代企业制度的典型形式是公司制。实施有效的绩效考核必须具备的前提条件是,企业内部的组织结构须清晰、员工的职责须分明,因为岗位职权的划分直接影响到各级考核指标分解的合理性与科学性,因此,在实施考核的过程中必须对一些关键性的职责分工进行明确的界定。

经营层、管理层与执行层,如果职责不清或经常越位,不仅权力难以制衡,更严重的可能会引起员工之间难以适应,产生相互推诿,使企业陷入混沌之中。因此,完善公司治理结构,理顺权责关系,才能真正落实关键绩效考核指标。

(二)合理的分配奖惩机制

企业内部制度的效率取决于企业组织结构的效率,而决定企业组织结构效率的是企业内部的分配制度。

绩效考核系统的有效性要真正地发挥牵引和激发作用,就必须要解决好价值分配杠杆作用的发挥问题。价值分配不仅包括物质的分配,同样也包括挑战性工作岗位的分配、职位的晋升等非物质的分配内容。从现有的物质分配来看,主要有工资、奖金、福利、津贴以及远期收入等,在工资方面,要充分让个人的工作能力、绩效在工资结构中占据合理地位,并成为提高个人工资的主要因素。当然,更主要的还是要加强工作本身的激励,要不断创造有挑战性的工作岗位并将之赋予有创造意识、有进取精神的员工,给他们创造更大的职业生涯发展空间。

(三)以绩效为导向的业务工作流程

在对企业各级组织和部门的管理体系的整体规范程度和内部控制的评判中,流程的规范以及日常的遵守情况成为一个重要的衡量

第七章 绩效考核

标准,但是究竟应该按照何种规范进行流程操作却成为了困惑各级管理者的日常问题,需要花费很多额外的时间去商议。因此,建立标准的业务流程规范是十分必要的,否则,企业自以为找到的有效管理"武器"会在具体操作中走样,造成绩效考核流于形式,先进成了"轮流坐庄",以致最终主管不想考,员工不愿被考,绩效考核组织部门也没兴趣组织考核。

(四) 预算管理评估机制

没有预算管理就不可能对相关的财务指标定下目标,也就缺乏了考核财务指标时的参照系数。预算管理的流程、预算指标分解的合理性以及预算控制的严格程度等都会影响企业绩效考核标准的制定和考核流程;同时,绩效考核的实施也有助于预算管理的推行。

(五) 其他与绩效考核相配套的环节

这里所介绍的与绩效考核相关的其他配套环节主要是指企业内部信息平台的建立。

由于涉及一些关键绩效指标的数据来源比较复杂,如果没有强大的信息平台作为支持,很可能就不能或很难采集到相关的指标数据,客观上妨碍了绩效考核的实施以及效果。此外,如果没有信息系统的支持,企业上下级在对于绩效执行结果的沟通、反馈、查询上会产生困难,同样也难以实现绩效考核的真正目的。

 小案例 7-1

公司将工资的 30% 视作绩效工资,合理吗?

某公司在没有任何成文规定的情况下就突然宣布,从 2017 年元月份开始,中层员工只发 70% 的工资,剩余 30% 的视作绩效工资,根据收入目标完成情况给予发放。而且公司老总级和普通员工都不参与,只针对中层管理人员。30% 绩效工资的发放也没有标准,只是按公司的收入目标完成情况,基本上是老总说发多少就

> 发多少，2017第一季度70%，第二季度90%，第三、第四季度一分钱都没有发。一些中层管理人员找老总沟通此事，老总认为，由于公司的收入目标没有完成，就应该发这么多，并且还声称，以后可能只发50%的工资。
>
> 资料来源：根据找法网的资料改编。
>
> **请思考：**
> 你认为案例公司这种做法合理吗？为什么？试分析一下。

第二节　绩效考核指标体系设计

绩效考核的有效实施需要有科学可行的考核指标体系。绩效考核指标体系的合理性直接影响到考核结果的质量，也直接影响到考核、被考核人员的承受程度，因此，要采用科学有效的方法来设计考核的指标体系，使指标能充分反映出各个层面人员的工作成果，考核工作质量与成效。

一、绩效考核指标体系设计方法

（一）个案研究法

个案研究法，是指通过选取若干个具有代表性的典型人物、事件或岗位的绩效特征进行研究，以确定绩效考核指标和考核指标体系。

个案研究可以分为典型人物研究和典型资料研究两种。

1. **典型人物研究**

典型人物研究，就是以表现典型人物的工作情况、具体表现作为研究的直接对象，通过对其观察分析，确定出其所代表的人物或岗位的绩效指标体系。

2. **典型资料研究**

典型资料研究，就是以典型人物或事件的文字资料作为直接的研究对象，通过对这些资料的总结分析，归纳出绩效考核的指标体系。

两种方法在实际应用时,可以根据研究情况和条件而定,如果能同时运用则是最理想的。在选择典型人物和典型资料时,可以选择成功的典型人物和典型资料,也可以选择失败的典型人物和典型资料,同样也可以将两者结合起来使用。

(二)访谈法

访谈法,是指通过访问各类人员以及与他们的谈话来收集有关资料,以此作为确定考核指标的依据。

访谈可以分为结构性和非结构性访谈。结构性访谈是指有明确目的、事先确定访谈问题的访谈形式;非结构性访谈是指目的不太明确、事先未确定访谈问题的访谈形式。一般在进行访谈时主要采用的具体方法有个别访谈法和群体访谈法两种。

1. 个别访谈法

个别访谈法,是指通过走访有关人员,进行面对面的谈话来了解被考核对象的各种情况,然后将收集到的材料进行归纳总结,找出其共性的内容,以此作为绩效考核的指标。

2. 群体访谈法

群体访谈法,是指召集有关部门具有一定知识和经验的人员,共同讨论被考核对象的工作性质、绩效的表现形式等,通过集思广益为绩效考核指标的确定提供依据。参加群访的人数一般以 5 至 8 人为准。

(三)问卷调查法

问卷调查法,是指问卷设计者以书面形式将项目和问题表示出来分发给有关人员,经填写后回收,是一种收集、征求不同人员意见的有效方法。

问卷调查分为结构性和非结构性问卷调查。这里主要讨论结构性问卷调查设计与实施的程序。

1. 搜集、分析与确定考核指标

根据考核目的、考核对象等情况,搜集、分析和确定绩效考核指标。可以采用文献查阅、关键事件分析、访谈等方法确定这些绩效考核指标。

2. 描述考核指标

对每一个考核指标用恰当的语言加以描述,以确定它的内涵和外延。

3. 编制结构性调查问卷

对所有绩效考核指标的描述语句加以评定,并将这些语句随机加以排列,编排出一个结构性调查问卷。

每一个绩效考核指标的语言描述需注意的有:不要在所提的一个问题中包含两个或两个以上的问题;提问的措辞要认真推敲,防止诱导;在问题回答的次序上可以按照逻辑性、先易后难的顺序回答。

4. 确定对象

根据调查的目的和单位的具体情况,确定问卷调查的对象、调查的范围和调查所采用的方法。

5. 分发问卷

通过一定的渠道和途径分发设计好的问卷,当然,选择的渠道和途径必须是可以回收问卷的。

6. 回收问卷

对分发的问卷进行回收,同时进行统计分析,得出调查结果。比如根据每一个绩效考核指标的重要性进行排序,依据重要性的不同确定用于绩效考核的指标体系。

(四) 总结经验法

总结经验法,是指根据特定时期的用人政策、本单位的具体情况以及考核单位所积累的经验来确定考核指标体系;或者是参照总结一些较为权威的绩效考核指标体系以及同行业人员绩效考核的经验,再结合本单位的情况以及考核目的来确定绩效考核指标体系。

(五) 多元分析法

多元分析法,是指通过因子分析和聚类分析等方法,从较多数量的初选指标中找出关键性的指标以及某类岗位人员绩效的基本结构。这是一种结论性的定量设计方法,主要用于对考核信息数据的处理。

二、绩效考核指标设计的主要内容

这部分设计包括绩效考核文件的设计、岗位关键绩效指标的设定、员工当期工作目标的设定、员工能力发展计划的设定、各类考核指标权重的确定以及绩效考核标准的编制。

(一) 绩效考核文件的设计

绩效考核文件一般包括的内容有绩效考核制度和流程、绩效考核指标、绩效考核表。

在设计一个具体的绩效考核方案时,一般的步骤是设计绩效考核指标(考什么)、设计绩效考核表(谁来考)、制定绩效考核制度和流程(如何考)。

考核指标体系通常有考核要素、考核标准、考核评分三部分构成,在指标设置上一定要遵循同质性、可考性、易操作性的原则,使考核指标能够真正得到落实。

绩效考核指标设计的主要步骤是:员工的工作内容是什么?工作的关键点是什么?每个关键点的比重是多少?如何细化关键点?考核的细化标准是什么?考核的分值如何确定?

在绩效考核文件设计过程中须注意的问题是,每个阶段都要进行充分的沟通,经过多次的修改;文件制定完成后,要用多种途径征求意见,并且要进行宣讲。

(二) 岗位关键绩效指标的设定

确定绩效考核指标的重要内容在于确定每个岗位工作的关键点。而岗位关键绩效指标的设定可以通过界定员工岗位的主要职责,选择、分解和设定员工关键绩效指标,准备关键业绩指标的管理工具,修订等过程来实施。

1. 界定员工岗位的主要职责

界定员工岗位的主要职责,可以通过工作岗位分析的方法来进行,企业在进行工作岗位分析的基础上,在职位描述书上就考核目的、对被考核对象所在岗位的工作内容、性质、完成这些工作所应履行的岗位职责和应具备的能力素质、工作条件等进行研究和分析,从而了解被考核者在该岗位工作所应达到的目标、采取的工作方式等,初步确定绩效考核指标。

我国企业大都根据企业给每个工作岗位制定的职责、要求来确定相应的绩效考核指标体系,当然,为了减少管理成本,并不是所有的岗位职责、要求都作为考核的指标,而是选取每个企业看来至关重要的岗位职责作为绩效考核的指标。

因此,设计员工绩效计划的基础工作是,人力资源部门和各部门确定所有员工岗位的主要职责,并将其填写在员工绩效计划中的"岗位主要职责"一栏中。然后,人力资源部门将填有员工岗位主要职责的绩效计划书交给需要为下属员工进行绩效计划的部门内部管理层,为设定关键绩效指标和工作目标提供基础。

2. 选择、分解和设定员工关键绩效指标

可以运用平衡计分卡来建立关键绩效指标体系,这个体系体现了企业指标在各相关部门的分解,同时也成为各部门设定关键绩效指标的基础。

关键绩效指标体系可以分为两部分:部门层级的关键绩效指标体系、部门内部的关键绩效指标体系。

设计员工的绩效考核表格,首先要挑选能够直接落实到某个工作岗位上的部门内关键绩效考核指标,其次再将不能直接落实到某个工作岗位上的部门层级的关键绩效考核指标进行分解,确定指标体系。同时,针对目标职位的业务,找到影响该职位对企业贡献大小的关键因素,根据这些因素找出该职位的关键业绩指标,确定各个指标的权重和评分标准,最后与该职位及相关职位人员讨论关键业绩指标的可行性及可操作性,并最终落实确定。

选择、分解和设定员工关键绩效指标的工作对各部门而言,应该将上述的关键绩效指标合理地分解落实到部门内部相关的员工。

在选择、分解和设定员工关键绩效指标的过程中需遵循的原则是:与业务单位的经营目标相关、体现业务单位的工作重点、与员工的岗位职责直接相关、要包括直接管理的工作及密切参与协调支持的工作、体现各岗位的工作重点、促使管理者集中注意力,为工作有限排序。

选择的标准是指标的重要性、可操作性、职位可控性。

对于部门经理,应当从部门层级的关键绩效指标体系中选择;对于部门内部的员工,应该对照各岗位的关键职责来选择、分解和设定关键绩效指标。

需注意的是,各级管理者在为下属员工选择、分解和设定关键绩效指标时,应抓住重点,针对关键环节或薄弱环节设定指标,切忌面面俱到,指标过多。

3. 准备关键业绩指标的管理工具

对于关键绩效指标企业一定要配以相应的管理工具,可以制定运用关键业绩指标进行目标管理的流程和企业制度,如年初制定各指标的具体方法、各考核期末取得指标数据的方法、调整指标数值的方法等等;可以制作关键业绩指标评分标准表、日常汇报表、年终考核表等工具。

4. 修订

为了使制定好的指标更趋合理,应对其进行适当的修正。修正可以分为两种:一种是考核前修正,即通过专家咨询法将所确定的指标提交领导、学术权威或专家审议,征求意见,修改、补充、完善绩效考核指标体系;另一种是考核后修正,即根据考核结果应用之后的效果等情况进行修正,使考核指标内容更加理想和完善。

(三) 员工工作目标的设定

员工工作目标、部门内部的关键绩效指标以及部门层级的关键绩效指标之间的关系是一种协力的共同作用关系,即员工通过日常工作中完成每个工作目标,达成部门内部的某个关键绩效指标,从而最终实现部门层级的某个关键绩效指标。员工当期的工作目标会直接牵涉到部门的利益,可以弥补完全量化的关键绩效指标所不能反映的方面,可以更加全面地反映员工的工作表现,可以使基层人员对本岗位工作重点有明确的认识,因此具有十分重要的意义。

在员工工作目标的设定过程中应遵循以下原则:

(1) 具体化:即要有具体的工作绩效或工作成果。

(2) 可衡量性:目标的质量、数量、及时性、费用上要可以衡量。

(3) 认可性：上级和下属对所设定的目标均保持认可。

(4) 可行性：所设定的目标既要具有挑战性，又要在实际环境中切实可行。

(5) 相关性：员工当期的工作目标的设定要与企业的经营目标紧密相关。

（四）员工能力发展计划的设定

这里的能力是指根据企业发展的整体要求，个人需要发展的能力与知识，而不是个人需要完成的任务或职责。

个人需要发展的能力与知识可以用个人的行为表现具体化，从而为实现关键绩效指标与工作目标提供帮助。具体的能力可以分为专业能力和管理能力。专业能力是指完成个人职责范围内的工作所需要的专业技能；管理能力是指不同层面的管理人员所需具备的一般能力。

（五）各类考核指标权重的确定

如何对关键绩效指标确定其权重同样是一个十分重要的问题，它关系到具体考核指标的贯彻落实的可行程度。

对于不同层级的员工，其绩效计划中关键绩效指标和工作目标之间的权重会有所不同，一般而言，对于职级高的职位和主要业务部门的职位，其关键绩效指标的权重大于工作目标设定；对于职级低的职位和部分管理及支撑部门的职位，其工作目标设定大于关键绩效指标权重。

关键绩效指标和工作目标的设定可以参考如下建议，见表 7 - 2。

表 7 - 2 关键绩效指标与工作目标设定

考核对象 \ 内容及权重	关键绩效指标	工作目标设定
领导层	100%	
管理层	60%	40%
执行层	20%	80%
基　层		100%

对于不同的考核目的，在不同级别员工之间各种考核因素的权重

可以参考如下建议，见表7-3。

表7-3 不同级别之间各种考核因素的权重设定

考核种类	评价因素	初级员工	中级员工	高级员工	中高层管理人员
提薪考核	关键职责	20%	25%	25%	25%
	工作目标	50%	40%	35%	30%
	工作能力	30%	35%	40%	45%
奖金考核	关键职责	40%	50%	60%	70%
	工作目标	60%	50%	40%	30%

（六）绩效考核标准的编制

作为绩效计划设计结束前的关键一步，要从横向和纵向两个方面检查设计是否维持了统一的标准。

从横向上主要检查相同单位、职务的关键绩效指标与工作目标设定的选择和权重的分配等标准是否一致；从纵向上主要根据企业战略及业务计划、职位工作职责描述，检查各级经理的考核指标是否在下属中得到了合理的承担或进一步分解，能否保证企业发展战略目标和业务计划的实现。

1. 考核标准

对员工进行绩效考核单有指标体系还不够，还需要依据一定的标准对每一指标进行衡量。因此，绩效考核的标准包括绝对标准、相对标准和客观标准三种。

（1）绝对标准。绝对标准即建立员工工作行为特质标准，然后将达到该项标准列入评估范围内，而不在员工相互之间作比较。

（2）相对标准。相对标准即把员工之间的绩效表现互相比较，将被评估者按某种向度作顺序排名，或将被评估者归入先前决定的等级内再加以排名。

（3）客观标准。客观标准即评估者在判断员工所具有的特质以及其执行工作的绩效时,对每项特质或绩效表现,在评定量表上每一点的相对基准上予以定位,以帮助评估者作评价。

管理故事 7-3

刘邦如何封赏?让很多老板自叹不如

刘邦建立西汉王朝之后,就马上对有功之臣进行封赏。不光是刘邦,历代皇帝在建国之初都会对其功臣名将进行封赏,这是稳定局面、避免再起战火的最好方式,也能化解内部的一些矛盾。封赏是一门学问,刘邦是怎么做的呢?

他对在打败项羽的战争中贡献突出、相对独立的各路军事统帅给予最高封赏,然后分封爵位。这个过程充满了争议,焦点是"一线业务人员"与"二线支持与管理人员"的绩效贡献大小问题。

刘邦认为萧何的功劳最大,所以得到的封赏应该最多。而一线的功臣们则认为,自己在战场上出生入死,却没有一个舞文弄墨的行政后勤官员得到的多,大呼不公。这样的争吵持续了一年,才封了二十几位功臣,其余的人仍然没有得到封赏。舆论开始对刘邦不利,未被分封的大臣们抱怨刘邦,"所封皆萧、曹故人所亲爱,而所诛者皆生平所仇怨"。刘邦身陷"绩效门"危机。

面对大臣的质疑,刘邦举了个不是很恰当,但很能说明问题的例子。刘邦说:"你们知道打猎是怎么回事吗?"大臣们说:"知道。"刘邦又问:"那你们知道猎狗吧?"大臣们说:"知道。"刘邦说:"在打猎过程中,追杀野兽、兔子的是猎狗;指明野兽、兔子的位置的是猎人。你们这些能够抓到野兽的,只不过是有功的狗罢了,而萧何能够指出野兽的位置,适时放出猎狗,则是有功的人!"这样一来,大家就不敢再说什么了。

资料来源:根据搜狐网的资料改编。

请思考:

本故事反映了绩效考核的哪些问题?联系实际谈谈你的解决措施。

2. 制定标准的原则

在制定具体的绩效考核标准时要充分考虑标准既要有科学性,又要有合理性与可操作性,因此,应遵循如下原则。

(1) 定量要准确。标准能用数量表示时尽可能使用数量表示。同时,标准的定量必须准确。定量准确包含三个方面：各指标标准的起止水平应是合理的;各标准的含义、相互之间的差别应是明确合理的,评分应是等距的;选择的等级档次数量要合理。

(2) 内容要先进合理。所谓先进是指考核标准要反映企业的科学技术水平、管理水平,不至于使员工的每项指标都达到满分;所谓合理是指考核标准不能太严,使员工的考核分数都较低。一般情况下,应以多数员工能达到的水平为考核的及格分。

(3) 绩效考核标准要针对不同的岗位及承担该岗位被考核者的特点而定。同样的指标,对于不同的岗位其要求是不同的。因此,应该根据岗位的特点来设计考核标准。比如出勤率指标,对于门卫而言是一个很严格的标准,而对于推销员而言则是一个可有可无的标准。

(4) 文字应简洁通俗。在标准中,应尽量使用人们常用的大众化语言和词汇,表达力求简明扼要,专业术语及模棱两可的词句尽可能不用,以减少用于考核者对词汇概念理解的不同而产生的评定差异。

第三节　绩效考核方法

如何使绩效考核的结果与员工的实绩相符,绩效考核的方法使用是很重要的。对不同的员工采用不同的考核方法,以及综合运用各种考核方法是绩效考核的结果名副其实的保证。

一、绩效考核的方法

(一) 民意测验法

民意测验法,是指被考核者的同事、下级以及有工作联系的人对被考核者从几个方面进行评价,从而得出对被考核者绩效的考核结果。

民意测验法在我国很多国有企业和事业单位中被广泛应用,它的优点是：具有民主性、群众性，能够了解到广大基层员工，特别是与被考核者有直接工作联系的人员对干部的看法。它的缺点是：只有由下而上，缺乏由上而下，受群众素质的局限。如果某一位干部工作积极，具有开拓精神，对于组织绩效来说可能是做了很大的贡献，但是却可能在这个过程中得不到多数人的理解与支持，甚至影响很多人的眼前利益，这样，他在民意测验法的评价中就难以得到比较好的与公正的评价。

民意测验法适用于进行群众工作的岗位，例如工会、负责员工福利与保障的岗位等。

（二）共同确定法

最典型的共同确定法就是各大学、科研部门和各个企业都在采用的评价科学技术人员、教师的工作绩效，特别是评定职称中所采用的方法。这个方法的基本过程是：先由基层考评小组推荐，然后进行学科或专业考核小组初评，再由评定分委员会评议投票，最后由评定总委员会审定。

这种方法的优点是：通过专家来进行评价，保证被考核人的水平、能力、素质等方面确实符合要求，得到比较公允的考核结果。它的缺点在于：考核的结果可能受考核者的主观因素影响过多，但是在类似评定职称这类难以用量化指标或行为因素来进行的考核中，不失为一种可行的方法。

（三）配对比较法

配对比较法，是将考核者进行两两逐对比较，比较中认为绩效更好的得1分，绩效不如比较对象的得0分。在进行完所有比较后，将每个人的所得分加总，形成个人的相对绩效，根据这个得分来评价出被考核者的绩效优劣次序。

这种方法的优点是：可以用一定的量化指标来评价被考核者，实施理想的话，准确度较高。它的缺点是：在被考核人员不多的情况比较适用，一旦超过20人就会相当费时费力；难以得出绝对评价，只能给出相对的位置；有时会造成得分的循环，无法得出优劣次序。

（四）等差图表法

等差图表法在实际操作中要考虑两个比较主要的问题：一是考核项目，即要从哪些方面对员工的绩效进行考核；二是评定分等，即对每个考核项目分成几个等级。在确定了这两者后,即可由考核者按照评定图表的要求对被考核者给出分数。

这种方法的优点是:考核内容全面,打分档次可以设置较多。恰当地加以辅助要求,比如在某一个档次的人员不能超过或少于一定的比例,可以要求考核者给出具有一定区别性的考核成绩;比较实用且开发成本小。它的缺点在于:受主观因素影响,因为每个考核者给出的被考核者的分数都是个人主观的看法;没有考虑加权,被考核的因素对于考核的总结果都具有同样的重要性;图表不能指导行为,员工并不知道自己该如何做才能得到高分;对于绩效考核面谈中所需提供的信息也不够成功。

这种方法比较适用于考核工人、职员等基层的、工作行为和结果都比较容易被了解的员工。表7-4是一个举例说明。

表 7-4 等 差 图 表 法

姓名:		职务:	
考核项目	评级记位		得分
工作质量	5 10 15 20 25	太粗糙 不精确 基本精确 很精确 最精确	
工作数量	5 10 15 20 25	完成任务极差 完成任务较差 完成任务 超额完成 超额完成一倍	
工作知识	5 10 15 20 25	缺乏 不足 一般 较好 很好	

续表

考核项目	评级记位	得分
工作协调	5 差 10 较差 15 一般 20 较好 25 很好	
总分		

(五) 要素评定法

要素评定法,实际上是等差图表法的修改版,它在等差图表法的基础上经过两点的修改而形成:第一,考虑到不同的考核项目具有不同的重要性,因而考虑了加权的因素,给不同的项目赋予不同的重要性,并通过它们各自的分值范围来体现;第二,为了更好地明确各项考核要素之间的关系,更有条理地分清各项考核因素之间的关系,细化每项考核要素。

在实际操作中,一般由本人、上级、下级、同级各填一表,再给各表赋予相应的权数,计算综合得分。它的优点是:考核要素比较全面,考虑了加权,并由不同的人员参与考核。缺点在于:比较繁琐,费时费力。目前这是一种应用最为普遍的考核方法,表7-5是一个举例说明。

表7-5 要素评定法

要 素	1级	2级	3级	4级	5级
技能 1. 知识 2. 经验 3. 创造力	14 12 14	28 24 28	42 36 42	56 48 56	70 60 70

续表

要　素	1级	2级	3级	4级	5级
绩效					
1. 数量	20	40	60	80	100
2. 质量	20	40	60	80	100
3. 特殊贡献	10	20	30	40	50
态度					
1. 责任感	10	20	30	40	50
2. 协作态度	10	20	30	40	50

（六）关键事件法

它的基本方法是：每人都以一定的分数为基本分，然后根据一系列加分和减分项目进行计算得出考核总分。

一般操作程序：由主管人员将每一位下属员工在工作活动中所表现出来的非同寻常的好行为与非同寻常的不良行为（或事件）记录下来，然后在某一段固定的时间里，根据所记录的特殊事件来决定下属的工作绩效。

这种方法的优点是：确定一个奖惩的分值，以这个分数为依据进行奖惩，排除了主观因素的影响，使绩效考核的结果有确切的事实依据；避免了近因效果，因为它依据的是员工在整个年度或一段时间中的表现，而不是最近一段时间的表现，能为绩效改善提供依据。

这种方法在我国众多组织中应用相当广泛，在具体应用时，可以将它与工作计划、目标和工作规范结合适用。

（七）情景模拟法

情景模拟法，是为了适应当前很多管理和执行工作的发展，由美国心理学家茨霍恩等首先提出来的。现代企业的工作越来越复杂，每一项任务的执行都需要多方面的素质和能力，而各项不同的任务所需要的素质和能力又不相同。为此，单纯凭借远离工作的考试、测评无法全面考核出被考核者是否能够适应工作，所以，利用仿真评价技术，通过计算机仿真、模拟现场等技术手段,进行模拟现场考核,或者通过代理职务进行真实现场考核才是更为有效的考核方法。

这种方法的优点是:可以使被考核者真实地面对实际工作,表现出自己的实际水平和能力。缺点是:成本高、费时费力。

这种方法适用于关键岗位、特殊岗位的员工绩效考核。

(八) 强制选择法

强制选择法,要求考核者从诸多陈述中选择与被考核者的特征最相近的陈述。这些陈述通常是成对出现的,它们分别标志着员工完成工作的成功与否。而哪些陈述表明员工的绩效更高,考核者事先是不知道的。表7-6是一个举例说明。

表7-6 强制选择法

1a:努力工作 1b:迅速工作
2a:对顾客负责 2b:表现出首创精神
3a:产品质量差 3b:缺乏良好的工作习惯

从表中可以看出,这种考核方法中给出的选项,很可能与被考核者的特征都有差距,这样,考核者就必须反复揣摩每一对陈述中到底哪一句与被考核者更接近一些,考核的准确性提高。在这里,关键问题是这些陈述内容本身是否准确合理,具有科学性。因此,真正的强制选择陈述必须是行为科学专家结合企业实际,针对每个岗位的工作要求来制定,而且其分析、整理都要求很高的科学性。在这样的基础上,虽然每对陈述中的两个选项都可能与被考核者的实际表现相差比较大,但是当把很多选项放在一起形成一个组合时,就可以通过系统化的分析方法,得出被考核者工作绩效的实际结果。

企业运用这种方法的前提条件是:必须在绩效考核方面花大力

气,严格坚持科学性,并且不要求这种方法简单易懂和易行。

二、绩效考核结果的应用

绩效考核结果主要应用在以下几方面。

1. 用于薪酬方案的分配与调整

绩效考核结果为薪酬的合理化提供了决策依据,使组织的薪酬体系更加公平化、客观化,并具有良好的激励作用。

2. 用于职位变动

绩效考核结果可以为职位的变动提供一定的依据。一个人通过绩效考核和反馈,能明确自己的长处和短处,是否适应目前的工作职位,通过职位调整使员工从事更加适合自己的工作。

3. 用于人力资源战略规划

通过绩效考核可以为组织提供总体人力资源质量优劣程度的确切情况,获得有关员工晋升和发展潜力的信息,有利于组织为了未来发展制定人力资源规划。

4. 用于员工的招募和选拔

绩效考核结果可以确定应该采用何种招聘和选拔员工的标准,以提高招聘的质量并降低成本。

5. 用于人力资源开发

根据绩效考核结果,分别满足员工在培训和发展方面的需要,最大限度地发挥他们的优势,使劣势最小化。在实现组织目标的同时帮助员工发展和执行他们的职业生涯规划。

6. 用于正确处理内部员工关系

公正、公平、公开的绩效考核结果为人力资源管理部门在提薪、奖惩、晋升、调动和辞退等重要的人力资源管理环节提供公平客观的数据,减少人为因素对管理的不利影响,有利于保持组织内部员工的相互关系建立在可靠的基础上。

小案例 7-2

微软取消末位淘汰制

微软公司曾实行末位淘汰制，员工以业绩为基础进行绩效评比，然后进行排名，选出前20%为表现超乎预期者，为最有潜力员工，给予最多的奖励、培训和升迁机会；中间70%属于符合预期者，奖金和升迁机会比前者少；最后10%表现未达预期者，必须改善或者离职。

大名鼎鼎的通用电气(GE)前任总裁杰克·韦尔奇曾使用这个工具让通用电气大获成功。《财富》(Fortune)曾经做过统计，在世界500强中，有30%以上的企业在使用这个工具，其中就包括了微软公司。

微软将员工按照能力的高低分为从1—5的五个等级，1为最好，5为最差。每年有一定比例的员工会被"强制"列为最差者。每年年中(6月)往往是主管们非常痛苦的时期，因为他们要开一场"校准"(calibration)会议。主管必须确定自己部门哪些员工最佳，哪些员工最差。虽然你可能觉得自己手下都是业界的精兵强将，业绩还都不错，但还是要决定谁是最差的那一个。因为不这样做，主管是过不了这关的。曾经有人打趣微软的这个制度，如果微软员工中有苹果的史蒂夫·乔布斯、Facebook的马克·扎克伯格、谷歌的拉里·佩奇、甲骨文的拉里·埃里森和亚马逊的杰夫·贝佐斯，不管他们能力和业绩如何，这五个人中必须有两个在平均业绩之下，还必须有一个的业绩是不合格的。

然而，2012年12月，微软宣布将取消员工绩效评比，取而代之的是一个更加关注团队和员工成长的绩效评价体系。微软公司曾经是IT市场的领导者，但是面对苹果公司和Google公司的激烈竞争，它失去了大量的市场份额。微软在不断反思自己的问题，

第七章 绩效考核 261

> 末位淘汰制的绩效管理体系被认为是阻碍公司发展的因素之一。
> 资料来源：根据 HR 人力资源管理案例网资料改编。
> **请思考：**
> 微软为什么取消末位淘汰制？

本章小结

本章主要介绍了绩效考核的含义与内容、绩效考核应遵循的原则、绩效考核如何实施、绩效考核的配套制度、绩效考核指标体系设计方法、绩效考核表格设计、绩效考核的方法以及在绩效考核中常见的问题与解决对策。本章旨在通过这些内容的介绍，使同学们对有关绩效考核的基本内涵有所了解，认识在绩效考核过程中应遵循的原则，了解绩效考核在实施过程中还须有相关的配套制度，并对绩效考核指标体系的科学合理的设计有一定的认识，使绩效考核真正起到有效激励的作用。

案例分析

谷歌的绩效管理

在谷歌每年的内部调查中，绩效管理的满意度一直是最低的。2013 年初，只有 55% 的谷歌员工认为公司的绩效管理令人满意。虽然这个比例比许多其他公司的 30% 要高，但依然很糟糕。员工抱怨最多的两个方面：一是耗费太多时间；二是流程不够透明，令人怀疑它的公平性。

2013 年之前，绩效考核每个季度进行一次，每名谷歌员工在每个季度末都会收到绩效考评结果。考评量表总共 41 级，绩效评分从 1.0（表现糟糕）到 5.0（表现惊人）。谷歌员工的平均绩效在 3.3 到 3.4 之间。如果某人连续几个季度的平均分为 3.7 或更高，通常就能升职。

很难说,这个考评体系是否科学。并没有证据表明,41个考评等级比10个等级有本质不同。

每个季度,所有团队主管都要投入大量时间用于绩效考评,考评过程的精确程度近乎滑稽,但是却不能作为确定薪酬的可靠依据。谷歌一年中有多达24周的时间在分配考评任务、校准评级或就考评结果进行沟通。也有些团队主管喜欢这个频率,认为这样可以迫使他们经常检查员工工作,以便发现绩效突然变差的员工。

2013年之后,谷歌开始探索是否有更好的绩效管理方法。谷歌尝试过划分800个工作等级,研究了年度、季度、月度和实时绩效考评,考虑了3分和50分的考评分数体系。根据实验结果,谷歌决定停止季度考评,改为半年进行一次,这一改革立刻节省了50%的考评时间。现在,谷歌采用5级考评量表:需要改进、持续达到期望值、超过期望值、大幅超过期望值和表现杰出。尽管与以前的标签类似,但是实质的评分级别变少了,员工不必再为0.1的评分差别而苦恼。实验还发现,团队主管使用考评体系的两极评级翻了一倍。获得最高评级的员工比例提高,同时,落在最低一档绩效分类的耻辱感也有所降低,经理也可以相对轻松地与陷入困境的员工进行直接而真诚的交谈,帮助他们改进。

谷歌的绩效管理总是以目标设定为起点。目标必须具体、可度量、可检验,而且目标既要有质量标准,也要有效率标准。每个绩效周期开始的时候,CEO会设定公司的目标,激励每个人设定的个人目标要基本与公司整体目标相适应。一旦员工看到公司的目标,很容易就可以将其与自己的目标对比。如果偏离得太多,要么给出一个合理的解释,要么重新设定。

团队主管对各自的员工给出绩效评级后,不同的团队主管会坐在一起,审阅所有员工的初评评级,共同考评手下的员工,进入绩效的校准环节。每5到10位主管一组,在墙上投影出50—1 000位员工的考评情况,讨论每一位员工,达成一个相对公平的评级。这避免了某一个部门主管会因来自员工的压力而提高评级的情况,同时还确保考评结果能够客观反映所有员工的绩效表现。校准过程迫使经理向彼此证明各自决定的合理性,以此消除偏见,此举还可以提升员工的公平感。

每个谷歌员工不仅会得到上级主管的反馈意见,而且还会得到同事的反馈意见。谷歌尝试将同事的"反馈意见模板"做得更具体,以前只要求员工在一张空白纸上列出过去一年所有的成就,现在要求员工列出具体的项目、他们的角色以及取得的成就。

完成绩效评级以后,主管必须与员工进行谈话。谈话的重点不完全是对考核结果的反馈,更重要的是帮员工分析目前存在的问题,以帮助其更好地成长和提高,促进其职业的发展。

资料来源:[美]拉斯洛·博克著,重新定义团队:谷歌如何工作[M],中信出版集团,2015年版。有删改。

请思考:

1. 归纳谷歌绩效管理的流程。
2. 谷歌的目标设定有哪些特点?
3. 绩效评级之后,主管与员工谈话有哪些好处?

实践运用

实践项目:制定绩效考核方案

实践目的:使学生了解绩效考核方案的制定方法和流程,在制定绩效考核方案能够选用合理的绩效考核方法。

实践组织:(1)将班级学生分组,每组5—7人为宜。(2)每组选择一家企业,收集该企业已有绩效考核方案,找出其优点和不足。(3)在原有绩效考核方案的基础上,每组设计一套改进的方案。(4)确定适合所选企业的绩效考核方案。

实践考评:分组汇报实践报告。老师针对绩效考核方案的可行性、科学性、合理性、完整性等予以评判。

第八章 薪酬设计与管理

> 劳动的价值本身不是一个固定的量,而是一个变化的量,即使假定其他一切商品的价值不变,它也是变化的。
>
> ——马克思

薪酬是员工从事劳动的物质利益前提,也是一种根本动力和源泉,但不是员工唯一和全部的追求,"满地都是六便士,他却抬头看见了月亮"。从成本构成的角度来看,薪酬作为劳动成本,会在总成本中占据较大的比重,薪酬的增加会引起总成本的增加,从而导致盈利水平与竞争能力的下降。但从员工的角度来看,薪酬水平的高低直接影响到员工的切身利益,直接影响着员工工作积极性。因此,如何为企业做出贡献的员工给予客观、公正、公平、合理的报酬,如何科学合理地设计薪酬制度吸引和留住关键人才,如何有效地进行薪酬管理,以及如何处理劳动成本与员工薪酬之间的关系,达到既有利于企业创造最佳效益,又保证员工从薪酬上获得经济上与心理上的满足,这些问题构成薪酬设计和管理的主要内容。

第一节 薪酬概述

如何认识薪酬的内在含义,如何通过有效的薪酬管理来达到激励的目的,对于人力资源管理来说是一个十分重要的命题。企业通过设计到位、科学合理的薪酬体系来激发员工的潜力,以实现企业的发展目标。

一、薪酬的含义

薪酬是指员工因为雇佣关系的存在而从雇主那里获得的各种形式的经济收入、有形服务和福利。

从薪酬是否以金钱的形式来表现,或者是否能以金钱来衡量的角度讲,薪酬可以分为经济类报酬和非经济类报酬两种。经济类报酬是指员工的工资、奖金、津贴等外在报酬形式;非经济类报酬是指员工获得的成就感、满足感及良好的工作氛围等。本书主要从这一角度对薪酬构成展开讨论。

从薪酬本身对工作者所产生激励的角度讲,薪酬可以分为外在报酬和内在报酬。外在报酬主要以金钱为主;内在报酬主要体现为晋升的机会、成就感、权利等。

二、薪酬的构成

(一) 经济类报酬

经济类报酬,是指企业因使用员工的劳动而付给员工的钱或实物。具体可以分为直接报酬和间接报酬。

1. 直接报酬

直接报酬包括工资、奖金、津贴与补贴、股权。

(1) 工资,就是根据劳动者所提供的劳动数量和质量,按照事先规定的标准付给劳动者的劳动报酬,也就是劳动价格。这是总体上工资的定义,可以进一步分成基本工资和成就工资两大类:

① 基本工资,是指按照工资等级标准支付且在一定时间内固定不变的报酬。也就是员工只要在企业中就业,并完成规定的工作定额就

能定期拿到的一个固定数额的劳动报酬。

基本工资的计量形式分为计时工资和计件工资。

计时工资，是按照单位时间薪酬标准和劳动时间来计算和支付薪酬的方式。其主要构成要素为：劳动计量与报酬支付的技术标准、劳动计量与报酬支付的时间单位、实际有效劳动时间。主要有小时工资、日工资、月工资三种主要形式，它的适用范围较广。计时工资的好处在于：便于检查，从同工同酬角度出发具有一定的平等性；比较容易管理，劳动力成本易于预测；不以牺牲质量为前提强调产出的数量。

计件工资，是根据员工完成的工作量或合格产品的数量和计件单来支付薪酬的方式。其主要构成要素为：特定单位时间的薪酬标准、单位时间的劳动定额或工作量标准、计件形式、计件单价。相对而言，计件工资的适用范围较窄。

② 成就工资，是指当员工工作卓有成效，为企业做出突出贡献后，企业以提高基本工资的形式付给员工的报酬。它是对员工在过去较长一段时间内所取得的成就的"追认"，一般是一种永久性的工资增加。

(2) 奖金，是指根据员工的工作努力程度和工作绩效高低而决定的劳动报酬。它是一种提供超额劳动的报酬。奖金常见的形式有利润分成、奖励工资、销售提成。

奖金的适用范围广，它直接与企业或部门的绩效挂钩。具体操作时有很多细化形式，利润分成是根据企业利润的多少来支付报酬的形式，它可以是现金，也可以是股权。现金属于短期奖励工资，股权属于长期奖励工资，它主要适用于管理人员和技术人员；销售提成是根据销售收入的一定比例来决定的，比较适用于销售、证券、服务等类型的工种。

由于基本工资在一定时间内是相对稳定的，起到保障基本生活需求的作用，因此，它难以及时反映员工的实际工作努力程度和工作绩效的变化，而奖金可以弥补这方面的不足，可以在肯定员工的突出表现和超额贡献的同时，使员工得到提供超额劳动的回报。

(3) 津贴与补贴，是指对员工在特殊劳动条件、特殊工作环境中的额外劳动消耗和生活费用额外支出的补偿，它是一种补充基本工资的辅助工资。通常我们把与工作联系的补偿称为津贴，把与生活联系的补偿称为补贴。

津贴与补贴的种类较多,不同行业可以有不同的津贴形式。比较常见的有岗位津贴、职务津贴、工龄津贴、特殊津贴、地区津贴、加班津贴、物价补贴、交通费补贴、伙食补贴等。

(4)股权,是指以企业的股权作为员工薪酬的一部分,它是一种长期激励的手段,能够促使员工为企业长期利润最大化而努力。

2. 间接报酬

间接报酬是指企业为员工提供的除工资与奖金之外的一切福利待遇。由于企业的具体情况不同,所以福利的类型也是五花八门、不胜枚举。下面是一些经常被企业选用的福利项目和类型:

(1)公共福利,是指法律规定的一些福利项目,主要有医疗保险、失业保险、养老保险、工伤保险、生育保险和住房公积金等。

医疗保险,这是公共福利中最主要的一种福利,企业必须为每一位正式员工购买相应的医疗保险,确保员工患病时能得到一定的经济补偿。

失业保险,失业是市场经济的必然产物,也是经济发展的必然副产品。为了使员工在失业时有一定的经济支持,企业应该为每一位正式员工购买规定的失业保险。

养老保险,员工年老时将失去劳动能力,因此,企业应该按规定为每一位正式员工购买养老保险。

工伤保险,员工由于种种意外事故受伤致残,为了使员工在受伤致残时得到相应经济补偿,企业应该按规定为每一位正式员工购买工伤保险。

生育保险,是指妇女劳动者因怀孕、分娩而暂时中断劳动时,获得生活保障和物质帮助的一种社会保险制度。实行生育保险制度,有利于保证生育女职工和婴儿的身体健康,促进优生优育,是对妇女生育价值的认可。

住房公积金,是指国家机关、国有企业、城镇集体企业、外商投资企业、城镇私营企业及其他城镇企业、事业单位、民办非企业单位、社会团体及其在职职工缴存的长期住房储金。住房公积金是国家推行的一项住房保障制度,其实质是劳动报酬的一部分,是归属职工个人所有的、专项用于解决职工住房问题的保障性资金。

(2) 个别福利,是指企业根据自身的发展需要和员工的需要选择提供的福利项目。由于企业的情况不同,提供给员工的个别福利有较大差别,主要有以下形式。

养老金,又称为退休金,是指员工为企业工作了一定年限之后,到了一定年龄,企业按规章制度及企业效益提供给员工的金钱。根据各地的生活指数,有最低限度。如果企业已经为员工购买了养老保险,养老金可以相应减少。

互助基金,又称为互助会,是指由企业组织、员工自愿参加的一种民间经济互助组织,员工每月储蓄若干钱,当员工经济发生暂时困难时,可以申请借贷以渡过难关。

辞退金,它是指企业由于种种原因辞退员工时支付给员工一定数额的辞退金。一般来说,辞退金的多少主要根据员工在本企业工作时间的长短来决定,聘用合同中应该有明确规定。

住房津贴,它是指企业为了使员工有一个较好的居住环境而提供给员工的一种福利。

交通费,主要指上下班为员工提供交通方便。包括班车、发放一定数额的交通补贴费等。

午餐补助,它是指企业为员工提供的免费或低价的午餐。有的企业虽然不直接提供工作午餐,但提供一定数额的工作午餐补助费。

海外津贴,它是指一些跨国公司为了鼓励员工去海外工作而提供的经济补偿。

人寿保险,它是指企业全额资助或部分资助的一种保险,员工一旦死亡后,其家属可以获得相应的经济补偿。

(二) 非经济类报酬

非经济类报酬,是指工作者由工作本身所获得的满足感,它是一种非物质形态,包括的内容有以下六点。

1. 参与决策权

工作者有"参政议政"的权力,对企业的发展方向有出谋划策的权力。

2. 自由分配工作时间

工作的自主性较大,对工作时间的安排与分配可以有较大的权力。

3. 较多的职权

较多的职权就意味着有较大的控制监督其他人的权力。

4. 有趣的工作

工作的趣味性较强,可以避免工作的单调性。

5. 个人成长的机会

个人成长的机会较多,职业生涯的发展较有前景。

6. 活动的多元化

工作领域涉及的范围较广,多元化的活动可以满足成就感的需求。

上述这些内容都是工作者参与工作的结果。基于这方面的考虑,才会出现工作丰富化、缩短工作日、弹性工作时间、工作轮换等激发工作者内在满足感的做法。

 小案例 8-1

雷尼尔效应(Rainier Effect)

美国西雅图华盛顿大学准备修建一座体育馆,这一消息立刻引起了教授们的反对。校方最终顺从了教授们的意愿,取消了这项计划。教授们为什么会反对呢?原因是校方选定的位置是在校园的华盛顿湖畔,体育馆一旦建成,恰好挡住了从教职工餐厅窗户可以欣赏到的美丽湖光。为什么校方又会如此尊重教授们的意见呢?原来,与美国教授平均工资水平相比,华盛顿大学教授的工资一般要低20%左右。教授们之所以愿意接受较低的工资,而不到其他大学去寻找更高报酬的教职,完全是出于留恋西雅图的湖光山色。西雅图位于太平洋沿岸,华盛顿湖等大大小小的水域星罗棋布,天气晴朗时可以看到美洲最高的雪山之一——雷尼尔山峰,开车出去还可以到一息尚存的火山——海伦火山。

教授们为了美好的景色而牺牲更高的收入机会,被华盛顿大学经济系教授们戏称为"雷尼尔效应"。这表明,华盛顿大学教授的工资,80%是以货币形式支付的,20%是由良好的自然环境补偿的。由此可见,美丽的景色也是一种无形财富,它起到了吸引和留住人才的作用。

资料来源:根据维基百科资料编写。

请思考:

雷尼尔效应对于认识薪酬的构成有何启示?

三、薪酬的职能

薪酬管理的职能体现在以下五方面。

(一)补偿职能

员工在劳动过程中体力与脑力的消耗必须得到补偿,以保障劳动力的再生产。同时,为了提高劳动力素质,必须进行必要的教育投资,这笔投资也要得到补偿,否则就不会有人愿意对教育进行投资,劳动力素质也就得不到提高。对这两部分的补偿不可能由社会来全部承担,因此,员工通过薪酬的取得,来换取物质资料、文化生活资料,保证体力、脑力的恢复,保证有一定的薪酬可以用于学习与锻炼,增强劳动能力,从而实现劳动力的增值与再生产。

(二)激励职能

根据马斯洛的激励理论,人的基本需求有五个层次:生理需求、安全需求、社会需求、尊重需求和自我实现的需求。人的行为在很大程度上都是为了满足这些基本需求而产生的。所以,设法满足人的基本需求是激励员工努力工作的根本方法,具有很大的有效性。

薪酬的激励功能就在于它是全面满足员工多种需求的重要基础。公平合理的薪酬水平和薪酬制度不仅可以满足员工及其家属的基本生活需求,使员工产生安全感和对预期风险的心理保障意识,还能使员工产生对企业的归属感,提高员工需求的层次。

（三）调节职能

薪酬的差异可以促进人力资源的合理流动与配置。就企业外部而言，劳动力市场中劳动力供求的短期决定因素是薪酬，因此，合理运用薪酬这个经济参数，可以引导劳动力向合理的方向流动。就企业内部而言，不同部门、不同岗位之间由于工作不同，客观存在着劳动强度、工作条件上的差别，这些差别会导致员工流向劳动强度低、工作条件好的岗位，造成劳动力结构性失调。企业可以通过调整内部薪酬结构和水平来解决这些问题，引导人员流动的方向，实现劳动力的合理配置。

（四）效益职能

薪酬对企业来讲是劳动的价格，是所投入的可变成本，所以，不能把企业的薪酬投入简单地看成是一种货币投入，其实它是资本金投入的一种特殊形式，是投入活劳动（通过劳动力）这一生产要素的货币表现。因此，薪酬投入就是劳动投入，而劳动它是经济效益的源泉。

另外，在正常情况下，一个劳动者所创造的劳动成果总是大于他的薪酬收入水平，剩余的部分就是薪酬经济效益。因此，薪酬具有效益职能，正因为具有这种职能，社会才有可能扩大再生产，发展才能得以延续。

（五）统计与监督职能

薪酬的分配是依据劳动的数量与质量来进行的。因此，薪酬可以反映出劳动者向社会提供的劳动量与劳动贡献的大小。同时，薪酬是用来按一定价格购买与其劳动支出量相当的消费资料的，由此也可以反映出劳动者的消费水平。薪酬把劳动量与消费量直接联系了起来，通过对薪酬支付的统计与监督，实际上也就对活劳动消耗做了统计与监督，继而对消费量也是一种统计与监督。这样有助于国家从宏观角度综合考虑合理安排消费品供应量与薪酬增长的关系、薪酬增长与劳动生产率增长、薪酬增长与国内生产总值增长的比例关系。

四、影响薪酬的因素

影响薪酬的因素很多，企业在实施时应该根据实际情况的需要，通盘考虑后作出合适的选择。影响薪酬的因素可以从以下几方面来分析。

(一) 职位的相对价值

主要是指该职位责任的大小、工作的复杂程度、任职资格要求的高低、工作环境的安全性等,可以通过工作分析和职位评价来确定每个职位的薪点。

(二) 企业效益和支付能力

一般而言,企业效益越好,支付能力越强,员工的薪酬水平会越高。但工资增长的速度应该低于企业效益增长的速度。

(三) 部门绩效

在确定薪酬时,可以适当加入部门绩效考核系数,目的在于鼓励团队精神。

(四) 任职者的技术水平

主要是指在此职位上工作的经验、知识和技能的先进性,由此决定薪酬的技能档次。

(五) 市场价格

主要是由人才市场、劳动力市场的供需关系决定,企业的薪酬水平如能大于或等于市场的平均水平,有利于吸引和留住员工。

(六) 法律的规定

各地区都制定了适合本地区区情的最低工资标准,这个因素会对企业整体的薪酬水平产生影响。此外,劳动法中还有一些与薪酬有关的条款,如加班费等相关规定,这些条款也会对薪酬产生一定影响。

五、薪酬管理的原则

薪酬管理需要遵循下述原则。

(一) 按劳付酬原则

要求以劳动为尺度,按照劳动的数量和质量进行报酬分配。这是一条很重要的原则,体现了正确处理企业与员工之间的关系的要求,更是调动员工积极性的重要条件。

(二) 同工同酬原则

要求对从事相同岗位的员工支付同样的基本报酬。这是处理不同岗位工作之间的工资关系的基本原则。因为是否同工同酬,直接影响薪酬制度的内部公平性,由此会对员工的积极性产生影响。

(三) 外部平衡原则

要求一个企业的薪酬水平应与其他同类企业的薪酬水平大致保持平衡,这是薪酬管理制度中调整各类人员工资水平关系的原则。薪酬水平是否符合平衡原则,不仅关系到企业能否招聘到它所需的人才,而且也关系到企业能否留住优秀人才以及能否提高在职员工的积极性。

(四) 合法保障原则

要求企业的薪酬管理制度必须符合国家的法律、法规和政策。在薪酬制度法律化的情况下,员工的工资权益以薪酬制度本身的确定性就有了可靠的保障,因为法律具有不可随意更改和不可侵犯的权威性。除了法律规定的情况之外,任何组织和个人都不能变动法定的工资制度,都不能擅自增减或扣发工资。

第二节 薪酬体系设计

薪酬体系设计是一项十分复杂和重要的工作内容,薪酬体系是否合情合理,是否体现公平性,是否考虑竞争性,是否考虑各种影响因素都会决定薪酬体系执行的有效性。以下将从基本薪酬、奖励薪酬和福利等三个部分阐述薪酬体系的构成。

一、基本薪酬体系

(一) 基于职位的薪酬体系

基于职位的薪酬体系是指员工的薪酬或工资是按照员工在组织内所处的特定职位来发放的,员工薪酬的高低取决于这些职位的价值,而这些职位的价值又是根据一整套评价指标体系得出的。

由于员工实际的劳动付出是难以直接测度的,因此在支付劳动者报酬时,不得不采取一些间接的测度手段。因而,基于职位的薪酬体系实际上就是将员工在组织内所处的特定职位作为测度员工实际劳动付出的一个主要指标,职位薪酬的操作流程如下。

1. 通过工作分析形成工作说明书,并进行工作评价。

基于职位的薪酬体系是依据职位价值来确定薪酬水平的,因此职位薪酬必须建立在工作分析和工作评价的基础上。工作说明书包括该工作的主要工作职责、业绩标准、工作条件、任职资格要求等。工作评价是通过采用一整套标准化、系统化的评价指标体系,对组织内部各工作的价值进行评价,得到各岗位的评价点值,该评价点值就可以作为确定该岗位薪酬水平的主要依据。

工作评价的方法一般有四种,分别是排序法、要素比较法、归类法和要素计点法,这四种方法各有特点,但在实践中最常用的还是要素计点法,如表8-1所示。

表8-1 工作评价的方法

评价时的参照系	方 法 的 性 质	
	非量化的方法	量化的方法
其他的职位	排序法	要素比较法
既定的尺度	归类法	要素计点法

(1)排序法。排序法即按照各个职位的价值大小进行排序,是最简单的一种职位评价方法。由于没有客观的评价标准,评价的主观性较大,而且各职位间确切的差距也不清楚。

(2)要素比较法。要素比较法是排序法的延伸,不过排序的标准和方法更为复杂。要素比较法是根据不同的薪酬要素对典型职位进行多次排序,以确定典型职位之间的相对价值,然后再通过比较其他职位与典型职位的差异,来确定所有职位的相对价值。而且在职位排序的时候,要素比较法已不再是单纯地比较职位之间的相对价值,而是把薪酬的因素也考虑进来。因此尽管要素比较法客观明确,但是操作起来却非常复杂,此处不做过多的解释。

(3)归类法。归类法是指按照一定的标准将职位归入事先确定的等级中的评价方法。在使用该方法时,薪酬管理人员应首先要确定职

第八章 薪酬设计与管理

位等级的数量。组织内职位数量越多、职位种类越复杂，职位等级也就相应越多。然后从工作责任、工作技能、工作条件和努力程度四个方面着手确定薪酬要素，并根据报酬要素确定各个职位等级的定义。最后根据每个职位的工作说明书，对照职位等级定义，将职位归入与等级定义相同的或最为类似的等级中去。

归类法也是一种比较简便的方法，尤其是当职位数量较多时，它比排序法更节省时间。但这种方法的缺点是，当职位类型差别较大时，很难建立通用的职位等级，另外与排序法一样，无法准确衡量各职位之间的价值差距。

（4）要素计点法。要素计点法主要是根据各个职位在薪酬要素上的得分来确定它们的相对价值的一种方法。主要步骤如下：

第一，确定薪酬要素，划分每个薪酬要素的等级。如归类法一样，要素计点法中的薪酬要素可以仍然确定为工作责任、工作技能、工作条件和努力程度四个类别，每一要素类别内可以设置多个要素指标。薪酬管理人员可以根据实际情况增加或减少薪酬要素类别以及要素指标。在确定薪酬要素之后，根据重要程度将每个要素指标划分为若干等级。等级的划分取决于组织内部各职位在该要素指标方面的差异程度，差异程度越大，划分的等级就越多。另外需要注意的是，薪酬管理人员一定要对薪酬要素以及各要素相应等级的含义做出明确的界定。表8-2就是一个有关指导监督责任的例子。

表8-2 指导监督责任的等级划分及含义界定

要素编号：A03
要素名称：指导监督责任 要素类别：工作责任 要素定义：指任职者在正常的权力范围内所承担的正式指导、监督、评价等方面的责任。责任的大小根据任职者直接指导和监督的人数及层次来划分

等　级	等　级　说　明
1	不监督任何人，只对自己的工作负责
2	指导、监督4名以下第一级别人员(含2名)

续表

等级	等级说明
3	指导、监督5—10名第一级别人员,或1—3名第二级别人员
4	指导、监督4—6名第二级别人员,或1—3名第三级别人员
5	指导、监督4—6名第三级别人员,或1—3名第四级别人员

第二,确定每个薪酬要素及其等级的点值。首先应当确定总的评价点数,总点数的大小以能够清楚反应各职位之间差异为宜。一般来说企业的职位种类越多、种类之间的差异度越大,总点数也就越大。然后将总点数依次分配到各个薪酬要素大类、薪酬要素指标以及要素指标的各个等级。分配点数的依据是要素大类、要素指标以及各个等级的权重,权重可以通过经验方法或统计方法得出。

表8-3就是一个点数分配的例子。我们假定总点数为800分,四个大类平均分配,因而分配给工作责任大类的点数就是200分。然后依据工作责任各要素指标以及各个等级的权重,再将大类总分分配到各个薪酬指标及等级上去。

表8-3 工作责任要素指标及其等级的评价点数

编号	要素名称	要素类别	权重	最高点数	等级划分	等级点数
A01	战略实现责任	工作责任	30%	60	1 2 3 4 5	12 24 36 48 60
A02	风险控制责任	工作责任	25%	50	1 2 3 4 5	10 20 30 40 50

第八章 薪酬设计与管理 277

续表

编号	要素名称	要素类别	权重	最高点数	等级划分	等级点数
A03	监督指导责任	工作责任	25%	50	1 2 3 4 5	10 20 30 40 50
A04	沟通责任	工作责任	20%	40	1 2 3 4	10 20 30 40
合计			100%	200		

第三,确定组织内每个职位的点值。前述步骤为职位评级确定了基本标准,接下来就是按照这套标准体系来对组织内各个职位进行具体的评价,并计算出每个职位相应的点数。

具体的方法是:对照工作说明书,确定被评价职位所包含的薪酬要素指标以及所处的等级,从而确定各薪酬要素指标的实际评价点数,然后将全部薪酬要素指标的实际评价点数加总,就得到该职位的最终评价点数。比较各职位的最终评价点数,就可以确定它们之间相对价值的大小。

表8-4是对某职位评价的举例。我们选择组织中的职位A和职位B进行评价。同时为简便起见,我们仅对工作责任这个大类的薪酬指标和等级进行较详细的评价,其他大类可以用类似方法进行评价。

表8-4 组织内各职位点值评价结果

薪酬要素			职位名称计点值			
			职位A		职位B	
要素编号	要素名称	要素大类	所处等级	对应点数	所处等级	对应点数
A01	战略实现责任	工作责任	5	60	4	48

续表

薪酬要素			职位名称计点值			
			职位A		职位B	
要素编号	要素名称	要素大类	所处等级	对应点数	所处等级	对应点数
A02	风险控制责任	工作责任	4	40	3	30
A03	监督指导责任	工作责任	3	30	3	30
A04	沟通责任	工作责任	4	40	4	40
工作责任点数合计				170		148
工作技能点数合计				180		130
努力程度点数合计				180		160
工作条件点数合计				120		150
点数总计				650		588

理论上讲，只有应用要素计点法对组织内所有职位进行评价，职位之间的相对价值才是可信的，但这样做的成本会比较高。在实际工作中通常是选择各类职位的典型职位进行评价，然后再通过比较其他职位与典型职位，来确定所有职位的相对价值。

与前三种方法相比，要素计点法是一种量化方法，它可以准确衡量出各职位之间的价值差距。其缺点是操作起来比较麻烦，此外这种方法也不可能绝对杜绝主观因素的影响，例如要素指标选择、权重和点数分配都会受到主观判断的左右。

2. 在准确界定外部劳动力市场的基础上进行市场薪酬调查

通过对外部市场尤其是竞争者薪酬水平进行调查，并将外部薪酬调查的结果与工作评价的结果相结合，企业就可以确定反映各岗位平均市场价值的薪酬水平。

薪酬调查是指组织收集本地区或本行业其他企业的薪酬信息，从而确定市场薪酬水平的过程。图8-1描述了薪酬调查的一个基本程序。

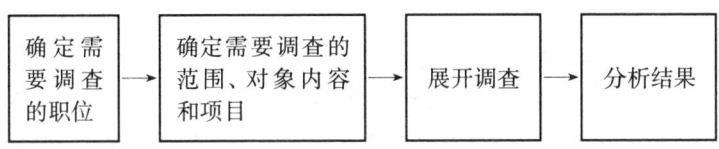

图8-1 薪酬调查的程序

根据图8-1给出的程序,薪酬调查的第一步是确定所需调查的典型职位,然后从外部市场获取有关这些职位的薪酬信息。之所以要进行这种选择,是因为典型职位是组织内具有代表性的职位,同时也是行业内普遍存在的通用职位,这样做有利于节约成本。如果职位仅仅是组织所独有的,对这些职位进行调查是没有意义的。

薪酬调查的第二步是确定调查的范围和对象。调查对象主要包括同一行业的企业和同一地域具有类似职位的企业。在选择调查对象时,还要注意对象的规模。调查的内容和项目通常是在调查表中显示的,包括职位基本信息、薪酬要素信息、调查对象基本信息、任职者基本信息、职位的总体薪酬结构和水平。

最后就是实际开展调查,汇总和整理调查结果,并对调查获得的数据信息进行统计分析。薪酬调查获得的数据可以有两类用途:其一是参考某个职位的市场薪酬数据,然后制订企业相应职位薪酬水平;另一个就是通过统计方法(如回归分析)得到市场薪酬线,并在此基础上制定薪酬政策线。

3. 确定组织的薪酬竞争政策

企业是否完全按照市场薪酬线来确定实际的薪酬水平,取决于企业的薪酬竞争战略。所谓薪酬战略就是企业在薪酬问题上的市场定位,包括领先型、匹配型和拖后型三种:领先型战略即企业的薪酬水平高于相关劳动力市场的平均水平,在这种战略指导下,企业薪酬政策线要高于市场薪酬线;匹配型战略即企业的薪酬水平与相关劳动力市场的平均水平大致相当,这种战略的薪酬政策线与市场薪酬线重合;拖后型战略即企业的薪酬水平落后于相关劳动力市场的平均水平,采用这种战略的企业,其薪酬政策线要低于市场薪酬线。在市场薪酬线的基础上,企业可以结合自己的薪酬战略,制定企业薪酬政策线,确定企业内各职位的实际薪酬水平。

4. 建立薪酬结构

理论上讲,在确定企业的薪酬政策线之后,各职位的实际薪酬水平已经确定,似乎企业的薪酬结构就已经确立。但在实践中,这种做法是不现实的。尤其是当企业职位较多时,为每一个职位设定一个薪酬水平,后续的薪酬管理工作将会很麻烦,管理成本也会很高。另外这种薪酬结构也不利于工作轮换,例如,由点数为 81 的职位轮换到点数为 80 的职位时,其薪酬水平就会降低,这样正常的职位轮换就变成降职处分了。通行的办法是将评价点数比较接近或者排序位置相邻的多个职位划为一个等级,而且每一个等级确定一个薪酬浮动区域,同时,企业还有必要为每个工作确定一个价值和薪酬区间,它包括中点工资、最高工资和最低工资,相邻等级薪酬之间相互重叠,构成薪酬等级结构。

 阅读资料 8-1

宽带薪酬:薪酬管理的新趋势

所谓"宽带薪酬",就是在组织内用少数跨度较大的工资范围来代替原有数量较多的工资级别的跨度范围,将原来十几、二十几甚至三十几个薪酬等级压缩成几个级别,取消原来狭窄的工资级别带来的工作间明显的等级差别。同时将每一个薪酬级别所对应的薪酬浮动范围拉大,从而形成一种新的薪酬管理系统及操作流程。宽带中的"带"意指工资级别,宽带则指工资浮动范围比较大。与之对应的则是国内很多企业实行的"窄带薪酬"管理模式,即工资浮动范围小,级别较多的薪酬管理模式。

在宽带薪酬体系设计中,员工不是沿着公司中唯一的薪酬等级层次垂直往上走。相反,他们在自己职业生涯的大部分或者所

第八章 薪酬设计与管理 281

有时间里可能都只是处于同一个薪酬宽带之中,他们在企业中的流动是横向的,随着能力的提高,他们将承担新的责任,只要在原有的岗位上不断改善自己的绩效,就能获得更高的薪酬,即使是被安排到低层次的岗位上工作,也一样有机会获得较高的报酬。

资料来源:根据百度百科资料改编。

请思考:

试比较宽带薪酬与窄带薪酬两种管理模式的优缺点以及适用条件。

需要指出的是,实际生活中不存在绝对完美的薪酬结构,薪酬管理人员必须结合组织的实际情况和发展战略,综合考虑各种薪酬结构的管理成本、公平性和灵活性,从中选择与组织最匹配的薪酬结构,还应根据内外环境的变化对薪酬结构进行相应调整和完善。

 小案例 8-2

一碗牛肉面引发的薪酬设计难题

我和朋友在路边一个不起眼的小店里吃面,由于客人不多,就顺便和小店老板聊了起来。谈及如今的生意,老板感慨颇多。他曾经在闹市区开了家兰州拉面馆,生意火暴,后来却不做了。朋友感觉很疑惑,就问他为什么。

老板说,"我当时雇了个拉面的师傅,但在工资上总也谈不拢。""开始的时候为了调动他的积极性,我们是按销售量分成的,一碗面给他 0.5 元的提成,经过一段时间,他发现客人越多他的收入也越多,这样一来他就在每碗面里放超量的牛肉来吸引回头客。当时一碗面才 5 块钱,本来就靠薄利多销,每碗多放几片牛肉,那还怎么赚钱!"

"后来看这样不行,钱全被他赚去了,就换了种分配方式,给他每月发固定工资,工资给高点也无所谓,这样他不至于多加牛肉了吧? 因为客多客少和他的收入没关系。"

"可你猜怎么着?"老板有点激动了,"他在每碗面里都少放牛肉,把客人都赶走了!""这是为什么?"现在开始轮到我们激动了,"牛肉的分量少,顾客就不满意,回头客就少,生意肯定就清淡,师傅才不管你赚不赚钱呢,他拿固定的工钱,巴不得你天天没客人才清闲呢!"结果,一个很好的项目因为管理不善而黯然退出市场,尽管被管理者只有一个人。

资料来源:吉车,《商界》,2014年第7期,有删改。

请思考:

如何帮助这位拉面馆老板解决薪酬设计面临的难题。

(二) 基于技能的薪酬体系

基于技能的薪酬体系通常是指两种以员工个人为基础的薪酬方案,其一是知识薪酬,即以员工个人所拥有的专业知识作为组织支付薪酬依据的薪酬方案;其二是技能薪酬,即以员工个人所拥有的专业技能作为组织支付薪酬依据的薪酬方案。

职位薪酬是基于组织内现有职位数量和结构而构建的薪酬体系,员工的实际薪酬收入取决于他本人所占据的职位。与职位薪酬不同,技能薪酬是以员工个体所具备的知识和技能作为制订薪酬的标准。因此,在技能薪酬体系下,组织考核的重点是员工的知识和技能高低,以及特定知识和技能对于组织的价值。当员工个体的知识技能不变的情况下,职位变迁对他本人的实际薪酬水平没有影响。这意味着组织内的职位安排可以有更大的灵活性。不过在本质上,技能与职位是一样的,都是员工实际劳动付出的间接测度手段。

技能薪酬的设计的基础在于确定技能的价值,而技能的价值又是以组织目标以及为实现组织目标所必须完成的各项工作任务为依据的。对组织而言,如果某项技能对于完成组织目标毫无帮助,那么不论其如何难以获得,都是没有价值的。因而,技能价值的确定乃至技能薪酬的设计也是从工作分析开始的。图8-2给出了技能薪酬设计的具体程序。

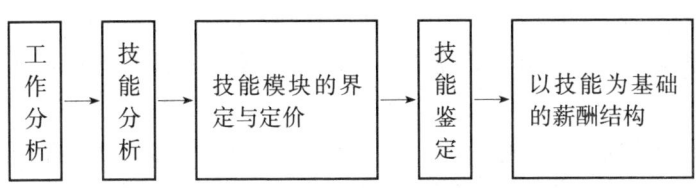

图 8-2 技能薪酬设计的具体程序

1. 工作分析

从图 8-2 可以看出,设计技能薪酬的第一步是工作分析。但是与职位薪酬不同,技能薪酬工作分析的目的是为了确定完成特定任务所需的技能,而不是确定职位职责。职位与技能之间的关系很复杂,同一职位可能需要多种技能,反过来,不同职位都可能需要同种技能。因此,从某种意义上说,技能薪酬的工作分析过程也是组织工作流程的再设计。表 8-5 是对职位薪酬和技能薪酬体系下工作分析的一个比较。

表 8-5 不同薪酬体系下的工作分析

薪 酬 体 系	
以职位为基础	以技能为基础
堆货工 打包工　　技能 D 清洁工 超声波检验员　技能 C 测试工 装配工　　　　　　技能 B 铆工 机件组组长	技能 A

从表 8-5 可以看出,在职位薪酬体系下,某公司组装过程可以划分为 8 个职位,分别是堆货工、打包工、清洁工、超声波检验员、测试工、装配工、铆工和机件组组长。在技能薪酬体系下,这 8 种职位被重新组织成 4 种范围较广的工作类型:A、B、C、D。每一种工作对应一种技能

类型。D 型工作涵盖了堆货工、打包工、清洁工的工作内容，是一种入门工作，所要求的技能水平最低；在此基础上，经过进一步培训，员工就有资格从事 C 型工作。C 型工作要求员工不仅能够胜任 D 型工作的内容，同时还必须能够胜任超声波检验员、测试工这两项工作内容，因而要求的技能水平相应提高。以此类推，A 型工作要求员工胜任所有的工作内容，因此所需的技能水平最高。

2. 技能分析

根据员工从事工作的性质，员工可能掌握的技能可以从三个维度来考察。

第一，技能宽度，是指员工掌握的与某项具体工作相关的技能种类。员工掌握多种技能，就可以在多个职位上进行轮换，同时可以帮助其他员工完成工作。那些能够掌握多种技能的员工通常被称为通才。

第二，技能深度，是指员工所掌握特定技能专业水平的高低。技能深度越浅，说明技能越简单，员工掌握起来越容易；技能深度越深，技能越复杂，员工掌握起来也越困难。那些能够掌握深度技能的员工通常被称为某类工作的专家。

第三，技能垂度，是指员工自我管理的能力和限度。此处的技能主要是指管理方面的技能，主要包括时间规划、领导、协调、控制等，具有较高程度垂直技能的员工能够更好地从事团队任务。

3. 技能模块的界定与定价

在技能分析的基础上，薪酬管理人员需要建立相应的技能模块。技能模块是由特定深度、宽度和垂度范围内的技能构成的组合。

每一个技能模块一般由三种技能要素构成，包括基础技能、核心技能和选择技能。基础技能是特定技能模块的入门技能，是员工获得该技能模块核心技能前所必须具备的技能。核心技能是完成特定工作任务必须达到的关键性技能要求。选择技能是附加的某些管理技能，如判断能力、应变能力和沟通能力等。

在确定技能模块之后，就要对这些模块进行定价。技能模块定价包括两方面的工作：

一是确定技能模块的相对价值。确定技能模块的相对价值是为了保证技能薪酬的内部一致性。技能的价值至少可以从两个方面来评价:首先是技能获取的难度。难度越大,价值越高。技能获取的难度可以从培训时间、培训费用、接受培训的生理、心理、资历和基础知识条件、通过培训检测的概率等多个方面来考察。其次是技能模块相对于组织的重要性。这可以从失误的后果、技能的价值贡献、监督责任、教育责任等多个方面来考察。技能模块相对价值的评价方法可以参照工作评价的方法,如归类法、排序法或者计点法等。其评价结果可以是量化的点数,也可以是相对次序。

二是进行外部市场调查。与职位薪酬类似,技能薪酬的外部市场调查也是选择与外部竞争组织相对应的典型技能模块,寻找技能模块点数与薪酬水平之间的关系,以保证技能薪酬的外部竞争性,从而确定组织内技能模块的市场薪酬线和薪酬政策线。需要指出的是,有一些企业是行业创新者,行业中尚未有太多的竞争性企业,直接获得相应技能模块的市场薪酬水平可能比较困难,这需要市场调查人员采取某些转化手段,利用职位薪酬的市场数据来间接估计技能薪酬的市场水平。

4. 员工技能鉴定

员工技能的鉴定需要确定三个方面的内容:鉴定者、鉴定内容、鉴定方法。鉴定者可以来自企业内部,如员工的上级、同事,也可以来自企业外部,如政府机构、学校、培训机构的业内专家等。一般来说,由来自多方面的专业人士组成一个技能鉴定委员会,可以保证鉴定结果更加公正、客观、可信。鉴定内容通常是根据企业的技能模块的要求来设计的,由于技能模块一般包括基础技能、核心技能和选择技能,相应地,技能鉴定内容也就包括这些技能的培训课程或培训项目和要求达到的分数,以及这些技能的实际运用情况,包括实际的业绩和失误等。鉴定的方法多种多样,包括笔试测验、现场操作、情景模拟等。方法的选择关键在于同所要考察的内容相匹配,同时也要考虑鉴定的成本。

对于实行技能薪酬的组织来说,员工技能的鉴定是一项重要的日常工作,组织需要定期或不定期举行。大型的、全面的、定期举行的技能鉴定活动可以同组织的技能培训工作相结合,同时可以督促员工不断提高自身的技能水平。而一些小型的、单项的、不定期的能力鉴定可以同某些技能竞赛相结合，既可以方便地获得员工相应的技能信息，也可以调动员工学习技能的积极性，以迅速地推广某些新技能。

5. 建立技能薪酬结构

对于实行职位薪酬的组织，薪酬结构设计为出发点在于实现成本节约、薪酬公平和管理灵活三个目标，同时还要保持这三个目标之间的动态平衡。而对于实行技能薪酬的组织来说，将评价得分接近的多个技能模块划入同一技能等级，显然可以节约薪酬管理成本，尤其是对于那些技能模块较多的组织，管理成本的节约会更加明显。但是对同一等级中实际得分不同的技能模块，实行相同或类似的薪酬水平同样也会引起有关公平性的争议。因此在技能薪酬的结构设计中，需要对成本节约和薪酬公平这两个目标也给予足够的重视。

而对于管理灵活性的问题，技能薪酬和职位薪酬的设计思想几乎是背道而驰的。职位薪酬体系的薪酬浮动区间和重叠结构这两种设计的目的在于增加管理上的灵活性。对于实行技能薪酬的组织而言，薪酬水平取决于员工掌握的技能而不是所从事的工作和所处的职位。换言之，员工的收入水平的提高更多地取决于他在技能学习方面花费的努力，而不受职位空缺的限制。如果技能模块之间薪酬水平有较大差别，而且员工对技能模块的选择不受限制，那么多数员工就可能会选择学习那些薪酬水平较高的技能，而忽视另一些薪酬水平较低的技能。当这两类技能模块在学习上不具有严格递进效果时，员工的整体选择偏好可能会使得组织由于缺乏精通某些技能的员工而无法平稳地运行，甚至瘫痪。因此在某种意义上，技能薪酬的结构设计的重点恰恰在于限制它的灵活性，以保证组织运行的平稳性。

由于不同的组织对技能等级内的基础技能、核心技能和选择技能的具体要求也各不相同，从而也就形成不同内涵的技能薪酬结构设计，组织可以根据具体情况进行选择。

(1) 阶梯模型。所谓阶梯模型不仅是指技能等级的薪酬水平像楼梯一样，随着技能等级所包含技能的难度、复杂性的提高而提高，而且是指员工在沿着技能等级阶梯上升时，不许出现跳级现象。

之所以采用阶梯模型，一种情况是因为组织内技能等级之间具有客观的学习递进效果。所谓学习递进效果是指,员工在掌握较低等级技能之前,根本没有能力接受较高等级的技能培训,而不得不循序渐进,多数深度技能具有这样的特点。另一种情况则是员工在掌握较低等级技能之前,不允许接受较高等级的技能培训和技能鉴定。无论出于何种情况,阶梯模型基本上保证了员工中的技能分布与组织任务之间的匹配,因而与职位薪酬结构最为接近。

(2)技能模块模型。技能模块模型是指员工在掌握入门技能后,就可以根据自己的实际情况选择技能等级,参加相应的培训和技能鉴定。它与阶梯模型不同的是它允许员工跳级。

虽然各个技能等级都有相应的基础技能、核心技能和选择技能的要求,但是较高等级与较低等级在技能要求上并不具有严格的递进关系,组织也不要求员工严格按照等级阶梯循序渐进。员工实际掌握的技能完全取决于员工的选择偏好以及能力水平。因此,为保证技能分布与组织任务之间的匹配,技能等级以及各等级的内容设计必须与组织员工的实际能力匹配。例如,为了控制较高技能等级的员工数,可以加大该等级的课程难度或者提高能力鉴定的标准。如果组织内员工能力素质普遍较高,组织还可以通过技能竞赛的方式,按比赛成绩的顺序筛选适当数量的员工进入某一技能等级。

与阶梯模型相比,技能模块模型更能体现员工的能力水平,也更有利于激发员工的学习技能的积极性,但是在组织运行的稳定方面相对较差。

(3)积分累计模型。对一些组织来说,某些技能如客户技术可能需要组织内所有员工都能够熟练掌握。因此,如果将这项技能作为所有技能等级的基础课程或者核心课程,那么即使允许员工自由选择技能等级,也能保证这类技能的普及,进而有利于组织目标的实现。另一种办法是组织并不严格规定每个技能等级的课程内容,而是规定每项技能课程的学分,以及每个技能等级所要求达到的总学分,这样员工可以按照自己的偏好在多种技能中进行选择和组合。只要这些课程组合的总分达到某一等级的学分要求并通过相应的能力鉴定,他就可以获得该等级的薪酬收入。为了保证特定技能的普及,组织可以加大这些

人力资源管理教程

技能的分值,引导员工在进行技能选择和组合时,优先选择这类技能。这就是所谓的积分累计模型。很显然,这种模型的灵活性介于阶梯模型和技能模块模型之间。

虽然技能薪酬在设计技术、管理手段等多个方面还不很成熟,但其重要性无疑会越来越重要。对大多数组织来说,作为一种管理策略,可以将职位薪酬与技能薪酬结合起来使用。当然在结合过程中,可以针对组织内不同的人员类型,赋予这两类薪酬体系不同的权重。

小案例 8-3

替身演员报酬比正式演员高

主演全球著名音乐剧《猫》的演员有两类,一类是正式演员,必须参加每周定量的排练和演出,如在百老汇每周必须演出20场,从而每周获得2 000美元的报酬;另一类是替身演员,每场演出都在后台静坐待命。替身演员并不一定会上台表演,但他们却被要求学会该剧中五个不同角色的表演,一旦某位正式演员受伤不能演出了,他们就得登台救场。在报酬上,他们每周无论是否登台演出20场,都可以得到2 500美元。

资料来源:根据三亿文库资料改编。

请思考:

替身演员为什么比正式演员能更轻松地拿到更多的报酬?

二、奖励薪酬体系

基本薪酬体系是针对员工为企业做出一般意义上的贡献所支付的报酬,但是为鼓励员工能够为企业做出超乎寻常的贡献,只有通过设计合情合理的奖励薪酬体系,才能发挥应有的激励功能。员工的基本薪酬体系一般是相对固定的,当有超额劳动产生时,奖励薪酬则会有较多的灵活性来奖励员工的超额劳动。

（一）一线员工的奖励薪酬

一线员工奖励薪酬体系设计的基本思路是：将员工在职位中因较高效率而节约的人力资源成本全部或部分作为奖励依据，以激励其在企业人力资源投入的节约上做出超乎寻常的努力。一般体现为以下两种具体的制度：

1. 按件计酬制度

奖酬体系以与完成职位工作量的件数相联系的薪酬率作为奖酬计量的变量之一。当员工完成工作的件数达不到某一确定的标准时，企业给其支付基本薪酬；当员工完成职位工作的件数高于某一确定的标准时，按其超额完成的件数计量奖酬。如表8-6示例：

表8-6 按件计酬制度

员工	标准件数（件）	实际件数（件）	超额件数（件）	基本薪酬（元）	奖励薪酬率（元/件）	奖励薪酬（元）
A	15	10	0	450	20	0
B	15	15	0	450	20	0
C	15	20	5	450	20	100
D	15	25	10	450	20	200

2. 按时计酬制度

奖酬体系以与职位工作时间相联系的薪酬率为奖酬计量的变量之一。当员工的职位效率高于某一确定的标准，在得到基本薪酬的同时还可以因高效而获得企业的奖酬。如表8-7示例：

表8-7 按时计酬制度

员工	标准耗时（小时）	实际耗时（小时）	节约工时（小时）	基本薪酬（元）	奖励薪酬率（元/小时）	奖励薪酬（元）
A	100	130	0	450	4	0
B	100	100	0	450	4	0
C	100	75	25	450	4	100
D	100	60	40	450	4	160

（二）销售人员的奖励薪酬

销售人员的职位具有很大特殊性，销售的达成既是企业整合力量的充分体现，又取决于各人的技术水平和努力程度。根据在营销过程中这两种因素重要程度的权衡对比，销售人员的奖酬体系设计思路可以从以下三种形式上来考虑：

1. 固定薪金制

固定薪金制是指在一定时期内，销售人员的薪酬与其个人的职位工作业绩没有必然的联系。在此意义上可以说，固定薪金制不是销售人员的奖酬制度，而是基本的薪酬内容。销售人员的固定薪酬由两部分内容组成：一是基本薪酬，二是奖励薪酬。而这两部分内容在一定时期内与个人的职位绩效都没有紧密的联系。

固定薪金制的优点是企业将其营销效果主要维系在企业的整体实力上，可以强化销售人员的团队意识，不断放大企业的营销优势，克服了佣金制给企业带来的弊端。但缺点是销售人员的积极性有可能受到压抑。

2. 佣金制

佣金制是指销售人员的薪酬完全按其销售量或销售额的一定比例来提取。决定销售人员薪酬的主要变量有两个：一是销售人员一定时期内的销售量或实现的利润量；二是销售人员可得到的提成比例。

佣金制的优点是能较为充分地调动销售人员的积极性，可以使销售人员注意以尽可能少的营销投入得到尽可能多的营销产出。缺点是销售人员对企业具有较大的离心倾向。

3. 佣金与薪金混合制

在这种制度下，销售人员的薪酬总额由两部分组成：一是基本薪酬，它与销售人员的职位业绩完全没有联系；二是佣金，它与销售人员的职位业绩相关。考虑到销售人员有旱涝保收的基本薪酬，他们的提成比例较佣金制会相对低一些。

佣金与薪金混合制可以在一定程度上兼有佣金制和固定薪金制的优点，也可以在一定程度上中和两种制度的缺点。

（三）管理人员的奖励薪酬

由于管理岗位没有可量化的物质产出，其业绩主要体现在两个方面：一是管理对象的工作绩效，但员工的绩效与管理人员并不明显存在一一对应的逻辑关系；二是企业的整体绩效，企业的经营是各部门通力协作、系统运行的结果。在实际工作中，为顺应管理职位与员工绩效之间的逻辑关系，维护或强化部门内外的协作关系，企业设计管理人员的奖酬体系一般采用以下几种方式：

1. 收益分享计划

收益分享计划实际上是将由于成本节约而带来的收益在企业与员工之间分摊的一项计划。收益分享计划是以组织绩效为导向的奖酬制度，同时衡量绩效因素具有一定的可控性，因此，非常适用于对管理人员的激励。

收益分享计划包括斯坎隆计划和鲁卡尔计划两种形式。

斯坎隆计划的操作步骤。第一，确定收益增加的来源，将所有来源的收益增加额加总；第二，确定收益增加净额和可分配收益总额；第三，用可分配收益总额除以工资总额得出分配的单价，用员工个人工资额乘以单价，就可以得到该员工分享收益的总额。

鲁卡尔计划的操作步骤。第一，确定员工对价值增值的贡献率；第二，确定预期生产价值；第三，确定生产成本节约总额；第四，确定可分享的生产成本节约总额；第五，根据员工实际工资占总额的比例分享上述净值。

2. 股权计划

它是企业以股票为媒介所实施的一种长期激励的计划，它将员工利益与企业整体绩效结合起来，克服了收益分享计划中的短期行为。一般情况下，这种计划主要针对企业高中层管理人员，常见的股权计划可以分为三类：现股计划、期股计划和期权计划。

现股计划，是指公司通过奖励的方式向员工直接赠予公司的股票，或者参照股票当前的市场价格向员工出售公司的股票，使员工立即获得现实的股权。这种计划一般要求员工在一段时间内不得出售所持股票，这样可以促使员工更加关心企业的长远发展。

期股计划,是指公司和员工约定在未来某一时期员工要以一定的价格购买一定数量的公司股票。购买价格一般参照股票当前价格来确定,如果未来股票价格上涨,员工按照约定价格买入股票就可获得收益;如果未来股票价格下跌,那么员工就会有损失。

期权计划,是指公司给予员工在将来某一时期内,以一定价格购买一定数量公司股票的权利,员工到期可以行使这种权利,也可以放弃这种权利。购买股票的价格一般参照当前的市场价格。

小案例 8-4

Uber 拟给司机股份解决劳资关系问题,或成为零工经济先例

Business Insider 中文站 2017 年 6 月 30 日报道,Uber 近日与美国证券交易委员会进行了会谈,讨论给予专车司机股份的可能性。如果证券交易委员会同意 Uber 的这一提案,其他零工经济公司(零工经济是指由工作量不多的自由职业者构成的经济领域,利用互联网和移动技术快速匹配供需方,主要包括群体工作和经应用程序接洽的按需工作两种形式)很可能会效仿 Uber 的做法。

对于 Uber 的专车司机来说,持有一家快速成长的初创公司的股份可能会获得较高收益。这家私人控股的打车公司目前的估值大约为 690 亿美元,它被公认为未来几年内可能 IPO 上市的热门候选人之一。目前 Uber 正在试图修复与专车司机的关系,因为专车司机对 Uber 越来越重要。Uber 以前也曾为寻求双方的共识做过不少努力,但均未取得良好效果。Uber 已在部分城市推出了小费功能,并且提高了工伤补偿金。对 Uber 的承包商模式持反对意见的人指出,由于司机不是全职员工,因此他们无法获得任何福利,而且很难获得合理的工资

资料来源:根据腾讯网资料改编。

请思考:

你认为零工经济公司股权计划设计有什么特殊性?

3. 团队奖励计划

许多组织在未做好在整个组织中推行可变薪酬计划准备的时候,会首先在一些特定的职位群体团队中试行这种奖励计划。管理人员在这种奖励计划中所获得的奖金是以团队绩效为依据的。

三、福利体系的设计

(一) 福利的分类

不同的企业,福利的具体内容和具体项目往往会有所差异。但是究其根本不外乎两大类:一类是国家法定的福利,另一类是企业自主的福利。

1. 国家法定福利

国家法定福利是由国家相关法律和法规规定的福利内容。国家法定福利具有强制性,任何企业都必须执行。我国目前的法定福利主要包括以下内容:

(1) 法定社会保险。法定社会保险包括基本养老保险、基本医疗保险、失业保险、工伤保险和生育保险,企业必须按照员工工资的一定比例为员工缴纳保险费。

(2) 公休假日和法定假日。目前我国实行每周双休的公休日制度,同时规定了元旦、春节、国际劳动节、国庆节等为法定休息日。在公休日和法定节假日加班的员工应享受相当于基本工资双倍或三倍的津贴补助。

(3) 带薪休假。带薪休假是指员工工作满一定的时期后,可以带薪休假一定的时间。我国《劳动法》第 45 条规定:"国家实行带薪休假制度。劳动者连续工作一年以上的,享受带薪年休假。"

(4) 地方政府规定的其他福利项目。在中央政府的法定福利项目之外,各地地方政府根据本地区特殊情况相应规定的福利项目,如住房公积金等。

阅读资料 8-2

"五险一金"变"六险二金"？别激动！

如果找工作时还在关注"五险一金"，那你就out了，以后大家讨论的将是"六险二金"。找工作时遇到给你上"六险二金"的企业，别犹豫！拥抱它！

通常所说的"五险一金"指的是养老保险、医疗保险、失业保险、工伤保险、生育保险+住房公积金。"五险二金"="五险一金"+"企业年金"，其中的企业年金是企业及其职工在依法参加基本养老保险的基础上，通过集体协商自主建立的补充养老保险制度，是我国多层次养老保险制度体系中第二支柱的重要组成部分。简单来说，就是除基本养老保险之外，再由单位和企业员工多缴的一份钱。这样在退休的时候，就可以拿双份养老金。

"六险二金"=五险一金+企业年金+补充医疗保险。其中的补充医疗保险是相对于基本医疗保险而言的，包括企业补充医疗保险、商业医疗保险、社会互助和社区医疗保险等多种形式，是基本医疗保险的有力补充，也是多层次医疗保障体系的重要组成部分。

事实上，补充医疗保险和企业年金（一种补充养老保险）都是企业自愿缴纳，并非国家强制缴纳，而且补充医疗保险和企业年金早已就有，只不过新出台的《企业年金办法》从2018年2月1日实施。

资料来源：根据新浪网资料改编。

2. 企业自主福利

企业自主福利是企业在国家法定福利之外向员工提供的其他福利项目。此类福利由于不具备强制性，因此没有统一的标准，各企业往往能够根据自己的具体情况灵活决定。一般来说，企业自主福利包括以下内容：

(1) 国家法定社会保险之外的各类保险和福利,包括退休福利、医疗保健福利、意外伤害福利、员工特殊贡献的带薪休假等。

(2) 各种过节费,其形式可以是实物、现金或购物券等。

(3) 加班补助,在国家规定的加班补助之外,企业还可以额外提供免费的加班伙食、饮料等。

(4) 住房福利,如免费单身宿舍、夜班宿舍、廉价公房出租、购房低息贷款、购房补贴等。

(5) 交通补贴,免费班车服务、市内交通补贴、交通部门向员工提供的折扣票购买权等。

(6) 教育培训福利,企业内部免费脱产培训、公费进修、报刊订阅补助等。

(7) 文体活动和旅游福利,有组织的集体文体活动、企业自建的文体设施、各种文体活动的折扣票和免费票等。

(8) 生活服务福利,洗澡和理发津贴、夏季降温费、冬季取暖费、优惠提供本企业的产品和服务等。

(9) 金融福利,信用储金、存款户头特惠利息、低息贷款、预支薪金、额外困难补助等。

(二) 福利体系设计流程

1. 确定福利项目

过去在确定福利项目时很少考虑个性化的员工需求,导致企业花了钱、员工却不买账的现象。实际上不同员工的需求层次是不一样的,例如年轻员工对个人能力提升和晋升等机会性福利需求较明显,而对实物性福利可能更淡化一些,因而在确定福利项目时要因人而异。企业可以对员工展开调查,在企业财力可承受以及具有可操作性的条件下尽量满足员工的需求。当企业满足了员工的某些特殊需求时,员工更会对企业"心存感激"。

小案例 8-5

福利设计众口难调

小福刚到一家效益不错的公司任职,被任命为人力资源经理。新官上任,领导要小福重新设计公司的福利制度,原因是公司"花了很多钱,但讨不到员工欢心"。公司原来实行车补,但是没车的员工怨声载道;公司实行幼儿免费入托,可是没有小孩或小孩不上幼儿园的员工又颇有微词;逢年过节,公司统一给员工送的礼物也引起不少员工的不满,认为不如购物卡、奖金实惠。原有的福利分配实在是"众口难调"。

资料来源:彭良平,《人力资源管理》,清华大学出版社,2016年版,有删改。

请思考:

请你帮助小福对公司福利再设计,尽可能地让员工对企业福利满意。

2. 确定福利限额

可以以基本工资为标准,根据福利在报酬中所占的比例来确定每个人的福利限额。因为基本工资综合考虑了职位因素和员工个人因素,能较好地反映员工对企业的价值贡献,在此基础上确定福利限额更能体现福利制度的内部公平性。

3. 确定提供福利的形式

福利形式越灵活就越能满足员工的不同需求,因此福利的功能就越容易实现。但随之而来的是成本增加、管理难度加大。福利形式要依据企业的具体情况而定。

4. 建立沟通反馈机制

通过事前的沟通了解员工对福利制度的态度和期望,通过反馈机制,及时诊断存在的问题并采取有效措施修订福利方案。

第八章 薪酬设计与管理   297

 阅读资料 8-3

弹性福利(Flexible Benefit)

也称菜单式福利、自助餐式福利,是指企业确定对每个员工福利的投入(通常用积分形式体现)的前提下,由员工在福利菜单中选择适合自己的福利。这种福利模式使企业既控制了总体成本,又使得投入的每一分钱都获得效用最大化。弹性福利的出现,在很大程度上解决企业成本管理和员工满意度的矛盾。

资料来源:根据百度资料改编。

小案例 8-6

京东智慧福利平台助企业告别福利管理"老大难"!

福利发放是困扰企业管理者的一个"老大难"。从计划经济时代的米面粮油,到今天不拘一格的福利组合,无论是发放方式,还是福利品的构成,无时无刻不考验着企业福利采购部门的耐心和创新的勇气。当新生代、90后、00后步入职场,传统的福利采购、发放模式显然已无法满足员工的心理预期,特别是对于大中型集团企业,庞大的员工规模更是让福利采购变得难上加难。京东上线的京东京喜智慧福利平台,正在帮助企业摆脱这种窘境。

假期前的最后一个工作日,东方航空四川分公司的乘务员小佟结束了当天的飞行任务,抵达离家几千公里的目的地,手机刚刚开机就收到了妈妈发来的微信,"我收到你们公司寄的礼物了,谢谢乖女儿。"

就在几天前,小佟收到工会公告,通知员工可以通过微信扫码的形式领取职工福利。小佟掏出手机扫码后,很快弹出了福利领取页面。以前公司都是统一发放福利，但这次不仅有众多福利品可以自由选择和组合，还可以任意填写送货地址，送给自己或是远方的亲友。小佟表示，"我一开始还以为会和以前一样，让我们将一堆米面油搬回家，没想到这一次的福利品种类这么丰富。我就挑了一条围巾，送给爱美的老妈。"

这种灵活的福利发放模式，首次被东方航空四川分公司应用于实践。新模式带来了新体验，这种体验，福利管理负责人的感受更加真切。按照惯例，逢年过节是福利管理部门最忙的时候，但辛辛苦苦采购来的福利品并不符合所有员工的"胃口"。这次引入的智慧福利平台，不仅实现了信息收集、审批、下单、配送、开票全流程的电子化，还大大降低了福利管理者的工作量，更大幅优化了员工的福利发放体验，口碑、满意度大幅提升，"人性化、便捷、高效"使这家老牌企业的员工福利系统迎来了新转变。

资料来源：根据人力资源杂志微信公众号资料改编。

请思考：

采用智慧福利的方式对企业和员工有哪些好处？

第三节 薪酬管理

薪酬管理的重点为薪酬成本控制、薪酬调整和薪酬沟通。

 薪酬管理

薪酬管理是指针对企业发展和提高竞争力的需要，综合考虑企业内外各种因素的影响，确定自身的薪酬水平、薪酬结构和薪酬形式，并进行薪酬调整、薪酬控制和薪酬沟通的整个过程。

一、薪酬成本控制

（一）薪酬成本控制要素

劳动力成本的主要构成部分就是薪酬成本，因此，劳动力成本的控制要素也就是薪酬成本的控制要素。在一般情况下可以用以下公式表示：

劳动力成本 = 雇佣人数×（人均现金薪酬 + 人均福利成本）

其中：雇佣人数 = 核心员工 + 临时用工

人均现金薪酬 = 基本工资 + 浮动工资

由上述公式可见，控制薪酬成本的关键是控制三个要素：①雇佣人数，主要指用工数量；②人均现金薪酬，包括工资、津贴、奖金等；③人均福利成本，包括医疗保险、带薪休假等。

（二）薪酬成本控制的基本途径

1. 控制员工数量

当员工薪酬水平相同时，员工人数越少，企业所须支付的薪酬额就越低，许多企业十分强调对用工数量的管理，往往会通过提高员工的工作效率来减少用工数量。此外，由于核心员工的减少会给企业带来人才流失、士气低落等副作用，企业对于可替代性较强的岗位通过采用雇佣临时工的方式来对员工人数进行调控，而骨干员工与核心员工队伍则保持相对稳定。

2. 控制基本工资

基本工资的增加对薪酬成本的上升和固定成本的增加有着重要的影响。为了控制人力成本而控制基本工资，主要是控制基本工资加薪的规模、加薪的时间和加薪的覆盖面。由于基本工资增加的主要原因是内部公平性要求、市场状况变动和升职晋级等因素的推动，还需要对这些因素实行管理和调控。

3. 控制浮动工资

企业支付给员工的浮动薪酬包括津贴、分红、利润分享、团队奖金等多种多样的名目。虽然不同的企业薪酬结构中浮动部分的比重会有所不同，但是浮动薪酬已普遍占企业支付给员工的全部薪酬中的相当大一部分，浮动薪酬带来的薪酬成本增长的问题已经很显然了。

浮动薪酬的成本控制除了要控制它的支付规模、时间和覆盖面,还应重点利用它的一次性支付的性质来改善薪酬成本的调节幅度,即可以适当加大它相对于固定薪酬的比例。

4. 控制福利支出

企业福利方面的支出可以分为三类:第一类是与基本工资相关的福利,它随基本工资的变化而变化,份额较大,对薪酬预算和成本的影响也较大,基本工资一定时它的刚性也较大;第二类是与基本工资无关的福利,多为短期福利项目,数额较小,弹性较小;第三类是福利管理费用,它有较高的弹性可以利用。

通过控制福利支出来降低薪酬成本,需要针对这三类福利支出的特性分别实施管理与调控,才能取得实效。

5. 利用适当的薪酬技术促进成本控制

企业可以利用工作评价、薪酬调查、薪酬结构线、薪酬线、薪酬比较比率等薪酬技术促进或改善薪酬成本的控制,节约薪酬成本的支出。

(三)薪酬控制的主要指标

薪酬控制的主要指标包括:人均薪酬成本、人工费比率和人工成本比例,含义见表8-8。

表8-8 薪酬控制主要指标

指标名称	公式	指标属性
人均薪酬成本	年度薪酬总额/年度平均人数	人均指标
人工费比率	薪酬总额/税前收入	综合指标
人工成本比例	薪酬总额/营运成本	结构指标

如果一个企业的人力资源情况呈现高投入、高产出、高效益的状况,上述指标应该是人均薪酬成本高、人工费比率和人工成本比例低。如果是人均薪酬成本低、人工费比率和人工成本比例高,说明企业人力资源使用状况不佳。

二、薪酬调整

薪酬调整是对薪酬体系在执行过程中与环境变化的不适应性进行

调整,使其能更好地发挥薪酬的激励作用。

(一) 奖励性调整

奖励性调整是指根据员工对组织的贡献给予相应的薪酬增加,以奖励员工做出的优良业绩。奖励性薪酬调整使用的时机一般是在员工取得突出成绩之后,旨在促使受到奖励的员工保持这种良好的工作状态,并激励其他员工向其学习。奖励的薪酬形式和方法多种多样,有货币性和非货币性的,有立即支付或将来支付的,有一次性享受、分阶段享受或终身享受的。

(二) 效益性调整

效益性调整是指当本组织效益好、盈利多时,普遍提高全部或部分员工薪酬的形式,这类似不成文的利润分享制度。这种薪酬调整往往是浮动式的,并非永久性的增加薪酬。组织效益欠佳时则可能再调回原来的薪酬水平。效益性调整对员工的激励作用有限,因为它未能区分员工对组织效益提高的贡献程度,未能据此来调整员工的薪酬,因此,会影响那些贡献较大的员工的积极性,让"搭便车者"趁机获利,使用时要有"度"。

(三) 生活指数性调整

生活指数性调整是指为了补偿员工因通货膨胀而导致的实际收入减少或损失而普遍调高薪酬的情况,目的是使员工生活水平不致逐渐恶化,显示组织对员工的关怀。组织应根据一定的物价指数建立薪酬与物价挂钩的指标体系,在保持指标体系的数值稳定的同时,实现薪酬对物价的补偿。生活指数性调整常用的方法有两种:

1. 等比式调整

等比式调整是指所有员工都在原有薪酬基础上调升同一百分比,薪酬调升额不等。其优点是保持薪酬结构内在的相对级差,使工资政策结构线的斜率仍按原规律变化。缺点是薪酬偏高者,升资幅度较大,似乎进一步扩大了级差;薪酬偏低者可能产生"不公平"感。

2. 等额式调整

等额式调整是指按平均律为全体员工给予等额升资。其优点是对全体员工一视同仁,同等困难的解决。缺点是缩小了薪酬的级差,使薪酬结构关系和薪酬结构线的斜率按不同规律变化,动摇了原有薪酬结构设计的依据,造成混乱。

(四) 工龄性调整

工龄性调整主要是考虑到工龄的增加意味着工作经验的积累和丰富,代表着能力或绩效潜能的提高,且在本组织中工作的工龄又代表了员工对本组织的贡献和忠诚,所以许多组织设计了随工龄增加而提升薪酬的制度。常用的形式有两种。

1. 等额递增法

等额递增法是指工龄工资调整实行人人等额逐年递增的做法。但是,这种方法未能考虑工龄中含有绩效的成分,可能会出现重复计酬。

2. 工龄与考绩结果相结合法

这种方法把员工工龄与其绩效考核的结果结合起来作为提薪时考虑的依据,可以避免等额递增法的缺陷。

三、薪酬沟通

薪酬沟通是薪酬管理的重要职能和技术。薪酬沟通贯穿于薪酬方案的制定、实施、控制、调整的全过程,是整个薪酬管理流程中不可或缺的重要一环。事实上,有关薪酬的信息如果得到及时的沟通,就会给薪酬管理带来很大的便利。成功的薪酬沟通应该能够与组织的整体经营战略一致,能够消除员工对新事物的顾虑并说服员工接受。

薪酬沟通的基本步骤如下。

(一) 确定沟通目标

当企业制定了新的薪酬方案或是对既有的薪酬方案进行了改动的时候,企业的薪酬政策以及薪酬方案的执行方式通常也需要进行相应的变革。比如,某企业在变革以前实行普遍加薪制度,即依据资历决定薪酬的增加,经过改革,新的薪酬体系改为以绩效为中心,同时建立了完备的奖金激励方案。在某种程度上讲,这种变革同时也是企业文化的转变,它使得企业更加侧重于责任的承担和对绩效的认可。如果员工不能迅速而准确地意识到这种组织文化和导向的转变,必然会给新方案的执行带来一定的困难。

因此,薪酬沟通不仅能够传达有关薪酬的最新信息,同时还能影响到员工的态度和行为方式,使他们按照组织希望的方式行事。在这种情况下,企业就薪酬问题进行沟通的目标就不仅仅在于把新的薪酬体系告知所涉及的员工和管理者,更重要的是要把它推销给整个企业,得到组织的认可和接受。而这一目的能否达到,会直接影响到薪酬体系的设计和执行结果。

为此,我们可以把企业薪酬沟通的目标概括为以下三个方面:第一,确保员工完全理解有关新的薪酬体系的各个方面;第二,改变员工对于自身薪酬决定方式的既有看法;第三,鼓励员工在新的薪酬体系之下做出最大的努力。在企业的经营现实中,经过这样或那样的变动,上述三个方面的目标可以适用于大多数薪酬沟通方案。此外,在这样三个总的目标之下,企业还可以根据自己的具体情况,结合想要达到的目的,再分别设计出更为具体的沟通目标。

(二) 搜集相关信息

在确定沟通目标之后,下一个步骤是要从决策层、管理者以及普通员工中搜集他们对于薪酬体系的具体看法:既包括对现有体系的评价,也包括对未来变革的设想和期望。只有把这些信息和薪酬沟通目标结合在一起,才可以确保企业和员工们的需要都得到关注和满足。此外,询问员工对薪酬体系的观点、看法以及相关态度,这本身已经表明了企业对员工所想所思的重视。同时,员工们也能由此获得参与感,并增强对企业的认同,这些对于企业的经营成功都是十分重要的。

首先,从所要搜集的信息的内容来看,尽管不同企业在经营状况方面的差异很大,想要达到的目标也不尽相同,但还是有一些信息是值得所有企业都加以重视的。它们包括:

员工们对企业现有薪酬体系的了解程度如何?

管理者和员工是否掌握了与薪酬方案有关的准确信息?

员工们对企业中的薪酬沟通状况持有怎样的看法?他们认为现在的沟通足够吗?

企业采取的管理实践与他们想要传达的信息之间存在不符之处吗?是否存在这样的情况:公司宣称只有优秀的绩效才会得到奖励,而事实上所有的员工都得到了5%的加薪?

在薪酬沟通方面,管理者是否掌握了就薪酬和福利进行有效沟通的技能?

如果企业中已经有了有关薪酬改革的传言,员工们对此持何种态度?他们认为这样做是必须的吗?他们的工作方式会因此而改变吗?

在本企业的组织文化中,对薪酬公开或保密的有关态度是怎样的?管理者如果想向员工传达信息,需要实施哪些特定步骤?

管理者和员工认为哪些沟通手段对于薪酬沟通来说是最有效的:书面文件、光盘、小型集会还是大型会议?

当然,上面列举出来的这些问题只是应该搜集的信息中的一小部分。取决于特定的沟通要求,在不同的情况下需要就不同类型的信息进行搜集。

其次,从信息搜集的方式来看,企业可以采取若干种不同的方式来进行信息的搜集工作,主要包括问卷调查法、目标群体调查法、个体访谈法等。

(三) 制定沟通策略

在搜集到有关员工对薪酬方案的态度和心理感受的信息之后,可以着手在既定的目标框架之下制定薪酬沟通的策略。虽然已有的研究对于组织应该和员工就什么进行沟通、怎样进行沟通并没有明确的限制,但我们还是能够对企业的沟通策略进行分类。具体说来,有些企业采取的是"市场策略"。这种策略与向客户推销商品很相似,目标员工和管理者也充当了客户的角色,而组织的沟通目标在于有效控制客户对于薪酬方案的预期和态度,提高客户满意度。因此,这方面的相应措施可以包括:就客户对薪酬体系的反应进行调查;准确告知客户现有薪酬制度的优势和不足;以及对组织最新的薪酬举措进行宣传。

与之相对应,也有一些企业采取的是"技术策略"。这种策略不太重视薪酬政策本身的质量或优缺点,而是着眼于向客户提供尽可能多的技术细节。这些细节可能会包括:组织的具体薪酬等级、特定薪酬等级的上限和下限、加薪的相关政策等。通过这种做法,可以加深目标员工和管理者对薪酬体系本身的认识和理解,更好地实现沟通的目的。

(四)选择沟通媒介

当企业开始着手确定沟通媒介的时候,一般都会面临着多种备选方案。它们在技术复杂程度上有所差异,沟通效果也有着显著的不同。具体说来,这些媒介可以被划分为四大类:视听媒介、印刷媒介、人际媒介以及电子媒介。

1. 视听媒介

视听媒介涵盖的种类很多,包括幻灯片、活动挂图、电影、录像带和电子远程会议。与其他手段相比,远程电子会议这种视听手段的技术含量相对较高。借助于最新开发的电子沟通技术,它可以在沟通双方之间营造出生动、双向和有问有答的交流氛围,使得沟通的效果达到最大化。但是,也有专家们建议说,为了有效地对沟通全程进行控制,充分发挥双方直接交流的效用,对参与会议的人数加以限制也是十分必要的。

此外,几乎在所有的沟通会议中,幻灯片、活动挂图都是经常会被采用到的手段。在记录与会者的讨论信息、突出重点和直观地进行展示方面,它们是尤其有效的。当然,对于组织而言,它的低廉成本也尤为可贵。

2. 印刷媒介

一般情况下,薪酬手册、书信、备忘录、企业内部刊物、薪酬方案摘要和薪酬指南等都属于薪酬沟通时会使用到的印刷媒介;它们尤其适用于在有限时间内需要将特定的信息向大量员工进行传播的情况。也正是因为这样,当组织选择了远程电子会议等沟通手段时,通常也会把印刷媒介作为补充物或是参考资料。

3. 人际媒介

在薪酬沟通的所有媒介中,人际媒介应该可以算作是最为有效的方式之一,毕竟薪酬沟通在本质上就是一种人际互动的过程。大型或小型的薪酬会议一般都可以给员工和管理者提供面对面的交流和互动的难得机会,而一对一的单独面谈则更是有助于薪酬管理者发现诸多问题,包括薪酬沟通过程中可能会存在的缺陷。

相对来说,人际沟通的规模越小就越有利于双方就共同关注的问题进行深入交流。另外,在企业本身规模较大的情况下,这也意味着更多的财务支出和时间投入;同时,它对管理者的沟通技巧也提出了比较高的要求。

4. 电子媒介

电子媒介是电子化的、以计算机为基础的一种沟通媒介包括信息中心、电话问答系统、交互式个人电脑程序、E-mail 系统等。在当代的信息社会里,它已经成为很多企业很重要的一种沟通手段选择。借助于这种沟通网络,管理者可以随时随地解决员工们遇到的薪酬问题,就企业最新推出的薪酬和福利方案提供咨询,并为员工提供在线福利自选服务。在有些企业里,员工甚至可以根据自己的经济状况和掌握的信息,直接通过组织内部网络从企业的投资项目中撤出自己的份额。因而,电子技术已经在一定程度上改变了当今企业薪酬沟通的全貌。

(五) 举行沟通会议

在任何薪酬沟通方案中,最重要的步骤可能是正式沟通会议的筹办和举行。这种会议一般会位于薪酬沟通流程的末期,目的在于就整个薪酬方案进行解释和推销工作。在一次典型的薪酬沟通会议上,企业一般会就薪酬方案的各个方面进行解释。这些方面包括:工作评价、市场数据调查和分析、薪酬等级的确定、奖金方案的制定、绩效评价体系以及薪酬管理方面的问题。当然,取决于企业的策略不同,不同企业提供信息的详细程度也是存在着很大差异的。同时,员工们大多还会得到自己的职位说明书和一份详细的薪酬等级分布表,以及有关组织的团队奖金方案、绩效评价系统和薪酬管理体系等的书面说明。

(六) 评价沟通结果

薪酬沟通的最后一个步骤是要就整个沟通流程的效果进行评价。对薪酬沟通结果进行评价的最佳时期是举行正式会议之后的 4 个月至 6 个月,而中间的这段时间间隔则为员工们消化薪酬信息、适应新的薪酬体系提供了一个缓冲的机会。与前面提到的信息搜集方法相似,我们亦可以采用问卷调查法、目标群体法或面谈的方法来对沟通结果进行评价。而在理想情况下,此处的调查对象和前面搜集信息的对象也应该是同一群人。这样,根据调查对象在沟通前后对特定问题回答情况的不同,企业就可以从中提炼出有关沟通是否有效的丰富信息。

一般说来,评价过程中可能涉及的问题大多会涵盖以下几个方面:

(1)企业内部成员对于薪酬和福利方案的理解达到了怎样的程度;

(2)管理者和员工之间的沟通状况是否让人满意;

(3)决策层传达的信息和他们采取的做法之间是否是一致的;

(4)员工是否认为绩效和报酬体系之间存在着联系等。

类似的问题还有许多。正是借助这些问题,企业可以对沟通前后的具体状况进行比较,从而不仅能够对本次沟通效果作出中肯的评价,还可以给以后提供诸多有价值的经验和教训,这对企业进一步提高沟通和管理效率也是不无裨益的。

本章小结

薪酬管理是人力资源管理活动的重要部分,本章主要介绍了薪酬的含义与包含的内容、薪酬管理的职能、影响因素,以及薪酬管理应遵循的原则,对薪酬体系分为基本薪酬体系、奖励薪酬体系、福利体系等三个部分做以较为详细地阐述。其中,基本薪酬体系分成基于职位和基于技能两种情形。职位评价是设计职位薪酬的基础和前提,采取的方法一般有排序法、分类法、要素计点法和要素比较法。员工的技能可从技能宽度、技能深度和技能垂度三个维度来考察。薪酬管理重点从薪酬成本控制、薪酬调整和薪酬沟通等方面作了介绍。科学合理地设计和管理薪酬体系,能够使薪酬起到良好维持、保健和激励作用。

案例分析

中国打工皇帝年薪 1.18 亿工资,公司却巨亏 7.14 亿美元

2015 年 11 月,由杨元庆执掌的联想交出了一份巨亏 7.14 亿美元的季度财报,这是联想 6 年来单季度首次出现亏损。很多人把巨亏的原因归结于联想实施国际化战略过程中对摩托罗拉移动的收购,不少业内人士认为,"这是一桩赔本买卖"。对联想而言,无疑,它正处在一个大企业必须经历的减速和刹车阶段,而这期间的阵痛,往往也会引发各种舆论的关注。

因为联想业绩的大幅下滑,杨元庆的薪酬此时也变成了热点。2015年7月,《福布斯》中文版发布的数据显示,杨元庆的年薪高达1.18亿元,再度排名中国上市公司CEO第一,这也是杨元庆连续三年排行榜首。高薪酬、巨亏损,两相对比,着实扎眼。

杨元庆回应高薪质疑说到:我觉得大家之所以薪酬的问题,可能对于像联想这样的企业还是不太了解。实际上在我们并购了IBM个人电脑之后的很长一段时间里,薪酬体系的统一是我们一个很大的困惑。因为国内的员工拿着很低的工资,而我们并购来的员工按照美国市场的标准来拿薪酬,对于我自己来说,我不能比美国的员工、美国的下属、美国的高管拿着更低的工资,这个说不过去。

2017年8月,联想集团公布了2017/18财年第一财季的财报。数据显示,联想三大业务同时亏损,PC业务盈利减少21%,至2.91亿美元;手机业务亏损1.29亿美元;数据中心业务亏损1.14亿美元,这是联想从2015财年以来第二次陷入亏损。受亏损影响,联想股价连续下跌,而互联网上的批评声、分析师的看空也接踵而至。与此同时,联想集团董事长兼CEO杨元庆再次受到外界质疑。

在杨元庆的三大战略中,PC业务作是短期内的盈利重心,将移动与数据中心作为增长引擎,而将基于大数据和人工智能的"设备十云"战略作为联想能够在未来持续保持竞争力的核心。只有三大战略齐头并进,才能保证联想在未来站稳脚跟、占领最大的市场份额。杨元庆曾表示:"转型不蜕层皮就不叫转型,联想财报确实不是很好,但这很正常。如果联想不是坚定地落实三大战略,完全可以交出非常漂亮的业绩"。

资料来源:根据凤凰网资料改编。

请思考:

1. 以联想集团为例,你认为造成"巨亏损、高薪酬"现象的原因有哪些？

2. 简要评价杨元庆关于薪酬解释的合理性。

3. 你认为联想集团在国际化过程中薪酬设计面临哪些难点或挑战？联想集团如何设计薪酬机制才能减少争议？

实践运用

实践项目：薪酬方案设计

实训目的：了解薪酬构成及其在员工激励中的作用，掌握如何应用薪酬管理知识来进行薪酬方案设计。

实践组织：(1)将班级学生进行分组，每组4—6人。(2)每组调研一家企业，了解其薪酬设计构成以及薪酬水平，分析其存在问题及其原因。(3)针对调研企业薪酬管理存在问题，小组为之设计一套新的薪酬方案。

实践考评：每组提交薪酬设计方案，小组选派一名代表在课堂上汇报，老师予以指导评价。

第九章　劳 动 关 系

> 因为先前的事情太好了，结果就难免有些不顺。
>
> ——海明威

　　企业的劳动关系状况直接关系着人力资源效能的发挥，关系到企业形象，关系到员工的劳动态度和行为，从而直接或间接地影响到企业的劳动成本、生产率和利润率，最终会影响企业的市场竞争地位。关于劳动人事争议事件主要涉及劳动关系、劳动报酬、人员辞聘、劳动合同解除、工伤待遇、职工权益保护、职业病等多个方面，会直接影响员工的心态，进而影响企业的管理效果。因此，建立、健全和维护和谐的劳动关系，妥善处理劳动争议、化解与防范劳动纠纷，是企业人力资源管理工作的重要内容。本章重点针对劳动关系确立（劳动合同）、劳动关系维系（劳动安全与健康）和劳动关系争议处理（劳动争议）等三个环节的相关内容加以阐述。

第九章 劳动关系

第一节 劳动关系概述

一、劳动关系的法律属性

基本概念 劳动关系

> 劳动关系的概念有广义和狭义之分。广义的劳动关系是指任何劳动者与任何性质的用人单位之间因从事劳动而结成的社会关系;狭义的劳动关系是指依据国家劳动法律法规,规定和确认当事人双方(劳动者和用人单位)的权利和义务的一种劳动法律关系。

我国的《劳动法》对劳动关系作了明确的界定,劳动法中的劳动关系不是泛指一切劳动者在社会劳动中形成的所有劳动关系,而仅指劳动者与用人单位之间在劳动过程中发生的关系,即狭义的劳动关系,本书所讲的劳动关系含义与其相同。

劳动关系涉及当事人的权利和义务的实现,是由一系列法律法规体系的构建与实施来保障的。劳动法律关系的一方主体——劳动者必须加入某一个用人单位,成为该单位的一员,并参加单位的生产劳动,遵守单位内部的劳动规则;劳动法律关系的另一方主体——用人单位必须按照劳动者的劳动数量或质量付给其报酬,提供工作条件,并不断改进劳动者的物质文化生活。2015 年 4 月,中共中央、国务院印发的《关于构建和谐劳动关系的意见》,是有效指导实践的又一法规。

阅读资料 9-1

我国的劳动法体系

我国与劳动有关的法律法规体系构成大体可以分成六个层次,如表 9-1 所示:

表9-1 我国劳动法体系

层　次	主　要　内　容
1. 宪法	劳动领域有关规定： 第四十二条 中华人民共和国公民有劳动的权利和义务。 第四十三条 劳动者有休息的权利 第四十四条、第四十五条 社会保障制度
2. 法律	《劳动法》（自1995年1月1日起施行） 《劳动合同法》（自2008年1月1日起施行） 《就业促进法》（自2008年1月2日起施行） 《社会保险法》（自2011年7月1日起施行） 《劳动调解仲裁法》（自2008年5月1日起施行）
3. 国务院行政法规	劳动合同：《劳动合同法实施条例》 工时与休假：《职工带薪年休假条例》、《全国年节及纪念日放假办法》 劳动安全与保护：《生产安全事故报告和调查处理条例》 特殊人群保护：《女职工劳动保护规定》、《禁止使用童工规定》 社会保险：《工伤保险条例》、《失业保险条例》、《社会保险费征缴暂行条例》、《国务院关于完善企业职工基本养老保险制度的决定》 劳动监察：《劳动监察条例》
4. 部门规章	劳动与社会保障部发布的《集体合同规定》、《工资集体协商试行办法》、《最低工资规定》、《女职工禁忌劳动范围的规定》、《未成年工特殊保护规定》、《工伤认定办法》等。
5. 地方法规、部门规章	以上海市为例：《上海市集体协商争议协调处理办法》、《上海市企业工资支付办法》、《上海市职工基本医疗保险综合减负实施办法》、《上海市长期护理保险结算办法（试行）》等。
6. 其他	包括有关司法解释（如《最高人民法院关于审理劳动争议案件适用法律若干问题的解释》）和规范性文件（如《工会参与劳动争议处理试行办法》等。

资料来源：编者整理。

二、劳动关系的基本内容

劳动关系的内容是指主体双方依法享有的权利和承担的义务。即劳动者与用人单位之间在劳动时间、劳动报酬、安全卫生、劳动纪律、福利保险、教育培训、劳动环境等方面形成的关系。

（一）劳动者的权利和义务

我国《劳动法》第三条规定劳动者依法享有的权利有：劳动就业权、职业选择权、劳动报酬权、劳动保护权、休息休假权、社会保险权、职业培训权、劳动争议提请处理权等。

1. 平等就业的权利

劳动者有劳动就业权，是指具有劳动能力的公民有获得职业的权利。劳动是人们生活的第一个基本条件，是创造物质财富和精神财富的源泉。劳动就业权是有劳动能力的公民获得参加社会劳动和切实保证按劳取酬的权利。公民的劳动就业权是公民享有其他各项权利的基础。如果公民的劳动就业权不能实现，其他一切权利也就失去了基础。

2. 选择职业的权利

劳动者选择职业的权利，是指劳动者根据自己的意愿选择适合自己才能、爱好的职业。劳动者拥有自由选择职业的权利，有利于劳动者充分发挥自己的特长，促进社会生产力的发展。劳动者在劳动力市场上作为就业的主体，具有支配自身劳动力的权利，可根据自身的素质、能力、志趣和爱好以及市场信息，选择用人单位和工作职位。选择职业的权利是劳动者劳动权利的体现，是社会进步的一个标志。

3. 取得劳动报酬的权利

劳动者取得劳动报酬是公民一项重要的权利。我国宪法明文规定的"各尽所能，按劳分配"原则，也是我国经济制度的重要组成部分。宪法还规定，实行男女同工同酬，国家在发展生产的基础上，提高劳动报酬和福利待遇。随着劳动制度的改革，劳动报酬成为劳动者与用人单位所签订的劳动合同的必备条款。劳动者付出劳动，依照合同及国家有关法律获取劳动报酬，是劳动者的权利。而及时定额地向劳动者支付工资,则是用人单位的义务。用人单位违反这些应尽义务,劳动者有权依法要求有关部门追究其责任。获取劳动报酬是劳动者持续地行使劳动权必不可少的物质保证。

小案例9-1

日照一公司以酒代薪发放工资,务工人员左右为难

2016年2月22日,市民张先生反映,他在日照一家劳务公司打工,领工资时公司说目前还没有收到工程账款,有些账目也正在核对,只能先用酒来顶替工资。据张先生介绍,他是做木工的,已经在这家劳务公司工作好几年了,以前公司都会按时发放工资。没想到年后正月初九他们领工资时,领到的却是价值3 000多元的酒。这让张先生很为难,这么多酒弄回家怎么处理。据张先生说,他所在的劳务公司有两三百人都没有领到工资,用酒来顶替工资也是有的人有,有的人没有,而工资也是从几千元到几十万元不等。

当天,记者联系了张先生所在的公司,工作人员表示,用酒替工资也是无奈之举。因为房地产开发商拖欠着施工方工资,施工方又欠着劳务公司,他们要不到钱,无法给工人们发放工资,实在是没有办法,所以只能先用手头的酒来顶替,而这都已经经过他们本人同意。

资料来源:根据日照新闻网资料改编。

请思考:

结合相关法律和本案例,你认为该公司"以酒代薪"合法吗?

4. 获得劳动安全卫生保护的权利

劳动者有权获得劳动安全卫生保护,是保证劳动者在劳动中的生命安全和身体健康,是对享受劳动权利的主体切身利益最直接的保护,其中包括防止工伤事故和职业病。如果企业劳动保护工作欠缺,其后果不仅是某些权益的丧失,而且使劳动者健康和生命直接受到伤害。目前我国已制定了大量关于劳动安全保护方面的法规,形成了安全技术的法律制度、职业安全卫生行政管理制度以及劳动保护监督制度等,但有些用人单位片面追求高利润,降低劳动条件标准,以致发生恶性事故。我国《劳动法》规定,用人单位必须建立健全劳动安全卫生制度,严格执行国家安全卫生规程和标准,为劳动者提供符合国家规定的劳动安全卫生条件和必要的劳动防护用品,对从事特种作业的人员进行专门培训,防止劳动过程中的事故,减少职业病危害。

5. 享有休息休假的权利

我国宪法规定,劳动者有休息的权利,国家建设劳动者休息和休养设施,规定职工工作时间和休假制度。我国《劳动法》规定的休息时间包括工作间歇、两个工作日之间的休息时间、公休日、法定节假日以及年休假、探亲假、婚丧假、生育假、事假、病假等。1994年我国对休息制度作了一次较大的调整,由原来的每周48小时工作制,改为44小时工作制。从1995年5月1日起减少到每周40小时工作制。缩短工作时间是提高劳动生产率的一种手段,也适应了劳动者提高生活质量的需求。休息、休假的法律规定既是实现劳动者休息权的重要保障,又是对劳动者进行劳动保护的一个方面。我国《劳动法》规定,用人单位不得任意延长劳动时间。

6. 享受社会保险和福利的权利

疾病和年老是每个劳动者都不可避免的,社会保险是劳动力再生产的一种客观需要。我国《劳动法》规定劳动的保险项目包括五种,即养老保险、医疗保险、工伤保险、失业保险、生育保险。但目前我国社会保险还存在一些问题,如社会保险基金制度不健全,国家负担重,社会保险的实施范围不广泛,发展不平衡,社会化程度低,影响劳动力合理流动等。随着生产力水平的提高和社会财富的增加,劳动者有享受越来越完善的社会福利和职工福利的权利,这种权利也必须受到法律保护。

7. 有接受职业技能培训的权利

我国宪法规定,公民有受教育的权利和义务。所谓受教育既包括受普通教育,又包括受职业教育。公民要实现自己的劳动权,必须拥有一定的职业技能,而要获得这些职业技能,越来越依赖于专门的职业培训。因此,劳动者若没有职业培训权利,那么劳动就业权利也就成为一句空话。

8. 有提请劳动争议处理的权利

劳动争议是指劳动关系当事人,因执行《劳动法》或履行集体合同和劳动合同的规定而引起的争议。劳动关系当事人,作为劳动关系的主体,各自存在着不同的利益,双方不可避免地会产生分歧。用人单位与劳动者发生劳动争议,劳动者可以依法申请调解、仲裁、提起诉讼。劳动争议调节委员会由用人单位、工会和职工代表组成。劳动仲裁委员会由劳动行政部门的代表、同级工会、用人单位代表组成。解决劳动争议应贯彻合法、公正、及时处理的原则。

劳动者依法应承担的主要义务为:

(1) 按质按量地完成生产任务和工作任务。

(2) 遵守用人单位的劳动纪律和规章制度。

(3) 学习政治、文化、科学、技术和业务知识。

(4) 保守国家和企业的机密。

(二)用人单位权利和义务

用人单位的主要权利有:依法录用、调动和辞退职工;决定企业的机构设置;任免企业的行政干部;制定工资、报酬和福利方案;依法奖惩职工。

用人单位的主要义务有:依法录用、分配、安排职工的工作;保障工会和职代会行使其职权;按职工的劳动质量、数量支付劳动报酬;加强对职工思想、文化和业务的教育、培训;改善劳动条件,搞好劳动保护和环境保护。

三、改善劳动关系的途径

(一)立法

劳动争议的产生很大程度上是因为相关法律法规不健全,劳动者与用人单位因利益问题而产生冲突时,无所适从。因此可以通过立法,明确各方的责、权、利,并在法律的基础上进行调解和仲裁。各国均用立法调整劳动关系,如日本的劳动立法分个别劳动关系法、集体劳动关系法和劳动市场法三类。个别劳动关系法主要是指最低劳动标准方面的立法,如《劳动基准法》、《劳动安全卫生法》、《最低工资法》、《劳灾保险法》、《劳动者派遣法》等。集体劳动关系法是指调整劳资双方团体之间劳动关系方面的立法,如《工会法》、《劳动关系调整法》、《国有企业劳动关系调整法》等。劳动市场法是指在劳动者就业之前对政府、劳动者、资方及社会中介机构有关行为的立法,如对劳动者的开发培训、职业介绍等方面的法律规定。近年来,我国也在逐步完善劳动立法。有了完善的劳动立法,当利益各方发生矛盾时,便有法可依,就可以在法律的基础上加以调整。

(二) 建立企业内部的职工权利保障体系

企业内部的职工权利保障体系主要指内部组织保障。内部组织保障是用人单位根据有关规定设立某种内部组织,并赋予其一定职权,以维护职工权利的一种权利保障形式。如工会、职代会、劳动争议协调委员会、职工以董事身份参加董事会和职工以监事身份参加监事会等组织形式都具有某种职工权利保障职能,这些组织形式都可以代表职工与企业协调劳动关系,避免矛盾的激化。

(三) 培训和教育

企业各方人员为改善劳动关系,应加强对企事业各方人员的培训与教育。首先,应加强对企业决策者的培训。职工的多数权利的实现机制与企业决策者密切相关。企业决策者应自觉地负起保障职工权利的职责,维护职工权利,以促进和谐劳动关系的建立。然而,由于职工权利的实现在某种程度上削弱了企业决策者的管理权力,因此企业决策者往往会忽视对职工权力的保障,有时甚至会成为职工权利的侵犯者。企业决策者对职工权利的保障能在多大程度上起作用,取决于社会的文明程度、法制状况和决策者的认知水平、管理风格等因素,所以培训决策者是十分重要的。其次,应加强企业各级主管人员的培训。企业各级主管的管理工作对象是广大职工,他们的工作作风、业务知识、法律意识如何直接对劳动关系发生影响。通过培训,可以增强他们的劳动关系意识,掌握处理劳动关系问题的原则和技巧。此外,还应加强对劳动关系双方进行法制、"企业共同体"、"伙伴关系"等意识的培训和教育,为劳动关系的稳定奠定良好的基础。

(四)提高职工的工作和生活质量

通过建立和完善企业内部规章、使职工参与民主管理、工作丰富化和扩大化,以及物质激励与精神激励、内激励与外激励等多种激励形式和手段,来提高职工的工作满意度。从而提高职工的工作质量和生活质量,这是改善劳动关系的根本途径。

小案例 9-2

入职 26 年,因打盹 5 分钟被解雇

梁某自 1991 年 11 月入职中山市小榄镇一家制品有限公司(后变更为中山某科技有限公司)。任职期间,梁某曾在电镀车间、表面处理车间从事电瓶车运输操作工作。2016 年 9 月 9 日,梁某因身体不适眯眼"打盹五分钟",却被公司当天做出纪律处理通知,给予梁某解除劳动合同并不支付任何赔偿的处理,并于当天告知其以后不用再回厂上班。梁某随后提起仲裁和诉讼。

梁某认为自己行为轻微,公司以所谓严重违反公司员工手册的理由单方面解雇他,属于以变相的方式无理解雇一个在公司工作长达 26 年的老员工。梁某称,自己虽然签收了员工手册,但根本无从知悉其内容,因此员工手册对他不产生约束力。梁某还表示,他只是因为头痛吃了药,所以在车间眯眼休息了 5 分钟,并不存在严重违反劳动纪律的情况。

2017 年 12 月 25 日,中山市第二人民法院终审判决用人单位解除行为属于违法,应赔偿员工 151 261.3 元。

资料来源:根据搜狐网资料改编。

请思考:

结合本案例谈谈如何构建和谐的劳动关系。

第二节 劳动合同

一、劳动合同的含义

 劳动合同

又称劳动协议或劳动契约,是指劳动者与用人单位确立劳动关系、明确双方权利和义务的协议。西方国家又称雇佣合同、雇佣协议或雇佣契约。

劳动合同具备以下三个主要特点。

(一)劳动合同是劳动关系双方主体之间的劳动协议

签订劳动合同的主要目的是以用人单位和劳动者这两方为主体建立劳动关系。其中劳动者不受年龄(未成年人除外)、性别、文化程度、民族、种族和宗教信仰等的限制,只要其具备劳动能力和人身自由,同时为用人单位所雇佣,就可以成为劳动合同的一方当事人或签订人;用人单位也不论其性质和生产经营方向等,只要依法具备雇佣劳动者的资格,就可以成为与劳动者相对应的劳动合同的另一方当事人或签订人。劳动合同签订,是用人单位和劳动者双方在自愿协商、达成一致的基础上完成的。

(二)劳动合同是双方当事人间关于劳动权利和义务的约定

劳动者参加企业的劳动,要服从用人单位的劳动管理和分配,要遵守企业的劳动规则和其他规章制度等;用人单位负责安排、组织和管理劳动者的劳动,要按照劳动者的劳动成果和效率支付劳动报酬和其他福利,要给劳动者提供相应的劳动条件和环境等。劳动合同对用人单位和劳动者之间的这些劳动权利和义务关系进行必要的约定,以作为用人单位和劳动者履行义务和实现权利的依据。

(三) 劳动合同一经签订,便具有法律效力

劳动合同是双方当事人之间的劳动协议,也是双方当事人之间的一种法律行为,具有特定的法律属性。劳动合同一旦签订,便具有法律效力,双方当事人必须严格履行,不得违反,否则,要受到法律的制裁。

二、劳动合同的内容

我国《劳动法》第 19 条规定,一份合法有效的劳动合同应具备下列条款。

(一) 劳动合同期限

劳动合同期限,分为有固定期限、无固定期限和以完成一定的工作为期限。无固定期限的劳动合同,是指不约定终止日期的劳动合同。用人单位和劳动者只要遵照平等自愿、协商一致的原则,都可以签订无固定期限的劳动合同。按照《劳动法》第 20 条规定,劳动者在同一用人单位连续工作满 10 年以上,当事人双方同意续延劳动合同的,如果劳动者提出订立无固定期限的劳动合同,应当订立无固定期限的劳动合同。劳动者被用人单位录用后,双方可以在劳动合同中约定试用期,试用期应当包括在劳动合同的期限内,并且最长不得超过 6 个月。

(二) 工作内容

工作内容,是劳动合同中权利义务的基础,是劳动者所从事的工种和工作职位,以及在工作职位上必须达到的工作要求,如劳动定额、产品质量标准等。

(三) 劳动保护和劳动条件

劳动保护和劳动条件是劳动者在工作中所享有的生产、工作条件,即用人单位保障或者提供劳动者正常生产及工作所必需的基本条件,包括劳动场所和设备、劳动安全卫生设施、符合国家规定标准的劳动防护用品等。

《劳动法》第 54 条规定:"用人单位必须为劳动者提供符合国家规定的劳动安全卫生条件和必要的劳动防护用品,对从事有职业危害作

业的劳动者应当定期进行健康检查。"按照有关法律的要求,工作场所的光线应当充足,噪声、有毒有害气体和粉尘浓度不得超过国家规定的标准;建筑施工、易燃易爆和有毒有害等危险作业场所应当设置相应的防护设施、报警装置、通讯装置、安全标志等。对危险性大的生产设备设施,如锅炉、压力容器、起重机械、电梯、用人单位内机动车辆等,必须经过安全评价认可,取得劳动部门颁发的安全使用许可证后,方可投入运行;用人单位提供的劳动防护用品,必须是经过政府劳动部门安全认证合格的劳动防护用品。

《劳动法》第56条规定:"劳动者在劳动过程中必须严格遵守安全操作规程。劳动者对用人单位管理人员违章指挥、强令冒险作业,有权拒绝执行;对危害生命安全和身体健康的行为,有权提出批评、检举和控告。"根据这一规定,劳动者在劳动安全卫生方面的权利主要包括以下几点。

(1) 劳动者有权利得知所从事的工作可能对身体健康和生命安全造成的危害。用人单位有义务使劳动者了解这些危害,并且有责任对劳动者进行与其从事的工作相适应的劳动安全卫生培训。

(2) 劳动者有权利获得保障其健康和安全的劳动条件和劳动防护用品。用人单位有责任改善劳动条件,为劳动者发放符合国家安全卫生标准的劳动防护用品。

(3) 劳动者有权对用人单位管理人员违反操作规程的指令予以拒绝。用人单位不得以此为由给劳动者处分或者解除劳动关系。

(4) 劳动者对危害生命安全和身体健康的行为,有权提出批评、检举和控告。用人单位必须采取积极的措施,并不得对劳动者进行打击报复。

劳动者在享受权利的同时,也必须承担相应的义务。

(1) 劳动者在劳动过程中必须严格遵守安全操作规程。

(2) 劳动者必须按照规定,正确使用各种劳动防护用品。

(3) 在劳动过程中,劳动者应服从合乎法律规定的生产指挥。

(4) 劳动者在发现劳动过程中不安全因素或者危及健康的险情时,有义务向管理人员报告。由于妇女与男子的身体结构和生理特点有很大的区别,所以用人单位在日常的生产经营活动中还需对女工依法加以特殊的保护。

(四)劳动报酬

在劳动合同中,必须遵守国家的法律规定,例如,支付的工资不得低于当地的最低工资标准,工资必须以货币形式支付,工资必须能够体现效益与公平原则等。劳动报酬条款应当明确工资的支付周期、工资的支付时间、工资的支付数额等。除工资之外,此类条款还应包括奖金、津贴等。如有必要,应当明确加班工资的计算方法、支付办法,职工下岗期间的工资待遇等。

(五)劳动纪律

劳动纪律是在劳动过程中,劳动者必须遵守的劳动规则,包括国家的法律、法规规定的规则以及用人单位制定的、符合国家法律规定的劳动规则。

(六)劳动合同终止的条件

劳动合同的终止是指因劳动合同期限届满或者劳动合同履行中发生特定的情况,合同双方当事人的权利义务自行终结。按照《劳动法》第23条的规定,劳动合同期满或者当事人约定的劳动合同终止的条件出现,劳动合同即行终止。因此,劳动合同终止的条件除了合同期满之外,双方当事人可以在劳动合同中约定其他终止条件,例如,用人单位倒闭或破产、劳动者死亡等。

(七)违反劳动合同的责任

违反劳动合同的责任,是指违反劳动合同约定所应承担的责任。劳动部于1994年12月3日发布了《违反和解除劳动合同的经济补偿办法》,于1995年5月10日发布了《违反〈劳动法〉有关劳动合同规定的赔偿办法》(以下简称《赔偿办法》)。这两个行政法规可以作为确定违反劳动合同责任的依据,是劳动合同的必备条款。此外,双方当事人可以根据具体情况,在符合国家法律的前提下,自行约定其他具体的违反劳动合同的责任。双方当事人可以约定其他条款,如交通、住房、有关聘用条件等。

第九章 劳动关系 323

小案例 9-3

游戏主播告直播平台未与其签劳动合同

"80后"小伙王泽是网络游戏的职业玩家,订阅粉丝数达几十万人。某直播平台看到王泽的高人气,决定将其挖到自家平台进行独家直播。

2015年12月,王泽与上海某互娱文化有限公司(以下简称互娱文化公司)签订《直播主播独家合作协议》,安排其在旗下直播网站上进行主播。次月,当王泽拿到互娱文化公司支付的报酬时,发现公司未帮他缴纳"五险一金"。王泽认为自己和公司是劳动关系,遂向公司提出为自己缴纳社会保险费,公司以非公司员工为由拒绝了这一要求。后来,王泽要求公司补签劳动合同,遭到拒绝。

2016年2月,王泽退出互娱文化公司旗下直播网站的指定直播房间,并向劳动人事争议仲裁委员会申请仲裁,因不服仲裁结果,向宝山法院提起诉讼。

资料来源:新民晚报,2018年2月26日,有删改。

请思考:

1. 结合本案例说明建立劳动关系的要件,并简要说明劳动关系与合同关系区别。

2. 你认为宝山法院会做出何种审理结果?

三、劳动合同的订立、变更、解除和终止

法律对劳动合同的订立、变更、终止和解除进行了规定,只有遵守这些规定,劳动合同才具有法律效力。

(一)劳动合同订立

为了保证劳动合同订立工作的顺利进行,用人单位在劳动合同订立时要遵循以下几个基本原则。

1. 劳动合同订立的基本原则

(1) 平等自愿的原则。用人单位在订立劳动合同时,用人单位和

劳动者双方的法律地位是平等的,合同的订立完全出于双方自己的意愿,不存在任何一方的意志强加于另一方的情况。凡是以欺诈、威胁和乘人之危等手段将自己的意愿强加于对方的行为,都是违背平等自愿原则的。

(2) 协商一致的原则。这是指用人单位和劳动者在平等自愿的基础上,就用人单位劳动合同的各项条款各自发表意见,进行充分协商,最终达成完全一致的意见。只有在协商一致基础上签订的劳动合同,法律才能够要求双方当事人认真履行合同规定的义务,维护双方当事人的合法权益。

(3) 互利互惠原则。用人单位与劳动者的关系就其本质上来说是一种经济利益关系。因此,双方当事人在劳动合同订立时,就要对双方的经济利益在平等自愿的基础上展开讨论,而要最终达成协商一致,就必须在经济利益上保证双方当事人的互利互惠,没有互利互惠这个前提条件,劳动合同不可能达成协商一致。因此,协商一致是互利互惠的结果。

(4) 符合法律的原则。这就是要求用人单位劳动合同的订立要符合有关法律的规定,主要表现在三个方面。①合同的主体要符合法律的规定;②合同的内容要符合法律的规定;③合同的订立程序要符合法律的规定。

2. 劳动合同的订立步骤

用人单位在对应聘者进行全面考核后,本着择优录取的原则,确定被录用或聘用人员,并签订劳动合同。在订立劳动合同时,一般应遵循以下步骤:

(1) 用人单位提出劳动合同草案。用人单位在决定录用或聘用有关劳动者以后,要向劳动者提交劳动合同草案。劳动者有权对自己不清楚的条款要求用人单位有关人员做出解释和回答。

(2) 用人单位向劳动者介绍有关规章制度。在用人单位向劳动者提交劳动合同草案的同时,还要向劳动者详细介绍单位内部的劳动规章制度。这是因为劳动合同一旦签订,劳动者必须完全遵守和执行用人单位内部的劳动规章制度。

（3）双方协商劳动合同内容。在用人单位向劳动者提供合同草案和介绍劳动规章制度的基础上，双方就要对合同草案条款逐一进行磋商，并对需要补充的条款进行认真协商和研究。合同条款主要涉及用人单位劳动安全状况、劳动卫生条件、工作环境、工资和劳动报酬、社会保险和福利待遇、试用期待遇等内容。在对合同内容的协商过程中，必须经过双方充分讨论和反复研究。在双方达成一致意见后，协商阶段即告结束。

（4）双方签约。双方当事人在签约前，还要认真审阅合同文书的内容是否真实，是否全部是经过双方协商一致的结果。在确认无误的基础上，双方当事人通过一定仪式签字、盖章。如果合同不需要鉴证，则双方当事人签字、盖章后，所签合同即具有法律效力。

（5）合同鉴证。这是指按照国家规定或当事人的要求，用人单位将合同文本送交合同签订地或履行地的合同鉴证机构或劳动行政主管部门，合同鉴证机构或劳动行政主管部门依法审查、鉴定合同的合法性，并提交有关鉴证证明。凡需要鉴证的合同，只有在鉴证后才会生效。

（二）劳动合同的变更

劳动合同订立以后，若无特殊情况，双方当事人必须认真履行，任何一方不得擅自变更合同的内容和条款。但在履行合同的过程中，由于用人单位生产经营状况的变化和劳动者劳动、生活条件的变化以及国家政策、法规和社会经济条件的改变等，双方当事人依法也可以变更合同的内容和条款。所谓劳动合同的变更，就是指双方当事人依法对已经生效但尚未履行或尚未完全履行的合同的内容和条款进行修改或增减的行为。

劳动合同的变更一般包括两种类型：法定变更和协议变更。法定变更，是指在法律规定的原因出现时，经当事人一方提出，可以变更劳动合同。协议变更，是指双方当事人经协商一致，达成协议，对劳动合同进行变更；同时，这种变更也必须符合法律的规定。

1. 劳动合同变更的条件

劳动合同的变更一般只涉及合同的部分条款，需要变更的条款一般符合以下条件。

(1) 尚未履行或尚未完全履行的有效条款。已经完全履行的条款，没有必要变更；无效的条款，也没有必要变更。

(2) 依法可变更的条款。法律规定不准变更的条款，一律不准变更。世界上多数国家的劳动立法，都有对劳动合同某些条款不许变更的规定。比如，合同的当事人和合同的期限等条款，很多国家规定不许变更。

(3) 直接引起合同变更的条款。合同中某些条款由于合同履行主客观条件的变化，使得对其履行成为不必要或没有可能，这时，就会引起合同的变更。可见，这些条款本身就是引起合同变更的原因，劳动合同的变更，就是要对这些直接引起合同变更的条款进行修改或增减。对于与合同变更原因无关的条款，就没有必要变更。

2. 劳动合同变更的程序

劳动合同的变更，必须遵守一定的程序。

(1) 一方当事人向另一方当事人提出变更合同的请求。提出请求的当事人可以是用人单位，也可以是劳动者。不管是哪一方当事人提出变更合同的请求，都要就合同变更的理由、内容、条款和条件等作出说明，并给对方当事人一个答复的期限。

(2) 被请求方按期向请求方作出答复。被请求方在接到请求方变更合同的要求后，要在请求方给出的期限内给予答复；不准对对方的请求置之不理。被请求方的这种答复可以是同意，也可以提出不同的意见，供双方进一步协商；对于不符合法律规定的请求，被请求方可以表示不同意。

(3) 双方协商，达成书面协议。双方当事人就要求变更的合同内容和条款进行协商，在取得一致意见的基础上，达成和拟定书面协议；书面协议要就变更的内容和条款进行详细说明，并就变更后的条款生效日期作出规定。书面协议要经双方当事人签名、盖章后才有效。

(4) 备案或鉴证。凡在订立时经过备案或鉴证的劳动合同，变更合同的书面协议也需要送交用人单位主管部门备案，或到鉴证机构办理鉴证手续。需要鉴证的变更协议，只有在鉴证后才能生效。

(三) 劳动合同的解除

劳动合同的解除是指双方当事人提前终止劳动合同的履行,结束权利和义务关系。对于劳动合同的解除,多数国家都有自己的立法规定,并有限制条件和程序。

1. 劳动合同解除的条件

关于劳动合同解除的条件,可以分两种情况来说明:用人单位解除合同的条件和劳动者解除合同的条件。

(1) 用人单位解除合同的条件主要表现在两个方面。

① 因劳动者过失解除劳动合同。《劳动法》第 25 条规定,劳动者符合下列情形之一的,用人单位可直接解除劳动合同:

试用不合格,即在试用期间被证明不符合录用条件的。

严重违纪,即严重违反劳动纪律或用人单位规章制度的。

给用人单位造成损害,即严重失职、营私舞弊、对用人单位利益造成重大损失。

承担刑事责任,即被依法追究刑事责任的。

② 非因劳动者过失解除劳动合同。《劳动法》第 26 条规定,劳动者符合下列情形之一的,用人单位可以解除劳动合同,但应提前 30 天以书面的形式通知劳动者本人。

劳动者患病或非因公负伤,医疗期满后,不能从事原工作也不能重新安排的工作的。

劳动者不能胜任工作,经过培训或调整工作职位,仍不能胜任工作。

用人单位劳动合同订立时所依据的客观情况发生重大变化,致使原合同当事人双方协商不能就变更合同达成协议的。

用人单位还可以通过裁员的形式解除用人单位劳动合同,但必须在用人单位濒临破产进行法定整顿期间以及用人单位生产经营状况发生严重困难,确定必须裁员时进行。

(2) 劳动者解除合同的条件。《劳动法》第 31 条规定,劳动者解除劳动合同,应当提前 30 天以书面的形式通知用人单位,但属于下列情形之一的,劳动者可以随时通知用人单位解除劳动合同:在试用期内,用人单位以暴力、威胁或者非法限制人身自由的手段强迫劳动者劳动；用人单位未按照合同的约定支付劳动者劳动报酬或提供相应的劳动条件的。

2. 劳动合同解除的程序

关于劳动合同解除的程序，一般包括以下几项。

(1) 合同解除的事前环节。

很多国家的劳动立法规定，用人单位在向劳动者发出解除合同关系以前，要经过一些必要的程序。这些程序工作主要有：对劳动者进行批评教育、纪律处分或解除警告等；征求工会或有关职工的意见；向主管部门或行政当局报告并经批准。

(2) 签订合同解除的协议或发出合同解除的通知。

合同的解除一般要由双方当事人就解除的日期和法律后果等依法签订书面协议；一方决定的解除也要由决定方向对方发出书面通知。当然，书面通知的发出期限，各国的法律规定是不一样的。

(3) 合同解除的事后环节。

合同当事人就合同解除签订协议或发出通知后，依法还要做好以下三个主要事项：

① 工会出面。工会有权对有关合同的解除发表自己的意见，合同解除方尤其是用人单位应当认真研究和对待工会的意见。

② 争议处理。若因合同解除出现争议，还需经过调解、仲裁、诉讼或其他的办法来加以处理。

③ 备案。一些国家规定，合同的解除还要由用人单位报主管部门或行政当局备案。

(四) 劳动合同的终止

劳动合同的终止有广义和狭义之分。狭义的劳动合同的终止，是指双方当事人已经履行完毕合同约定的所有权利和义务，或其他法律事实的出现而使双方当事人劳动关系已不复存在，且任何一方均没有提出继续保持劳动关系的请求，合同就此终止法律效力。广义的劳动合同的终止，不仅包括狭义的用人单位劳动合同的终止，而且还包括劳动合同的解除。

1. 劳动合同终止的条件和原因

(1) 合同期限已满。定期劳动合同在合同约定的期限届满后,除非双方当事人依法续订或依法延期,否则合同即行终止。

(2) 合同目的已经实现。以完成一定工作为期的劳动合同在其约定的工作完成以后,或其他类型的劳动合同在其约定的条款全部履行完毕以后,合同因目的的实现而自然终止。

(3) 合同约定的终止条件出现。劳动合同或集体合同对劳动合同约定的终止条件实际出现以后,劳动合同就此终止。

(4) 当事人死亡。劳动者一方死亡,合同即行终止;雇主一方死亡,合同可以终止,也可以因继承人的继承或转让第三方而使合同继续存在,这要依实际情况而定。

(5) 劳动者退休。劳动者因达到退休年龄或丧失劳动能力而办理退休手续后,合同即行终止。

(6) 用人单位不复存在。用人单位因依法宣告破产、解散、关闭或兼并后,原有用人单位不复存在,其合同也告终止。

2. 劳动合同终止中出现的问题

在劳动合同的终止中,经常会出现以下列举的一些问题,应给予重视和正确处理。

(1) 用人单位或劳动者一方在合同期限届满时,强迫对方续订合同。劳动合同期满即行终止,不存在任何附带条件。确实是因生产或工作需要,可以续订合同,但必须征得双方当事人的同意;任何一方无权强迫另一方续订合同。否则,所续订的合同是无效的,续订行为本身也是违法的。在实践中,一般是由于劳动者是用人单位的生产或技术骨干,或者用人单位曾为劳动者的培训支付了大量的费用等,劳动者离开用人单位,会给用人单位带来较大的损失等原因,用人单位可能会强迫劳动者续订合同。处理这类问题的方法是,用人单位应与劳动者签订较长期限(如10年及以上)的合同或不定期合同,并规定一方违约要向另一方赔偿相应的经济损失,以尽量减少用人单位的损失。

(2) 合同到期后,双方当事人既不办理续订合同手续,又不终止合同,继续保持事实上的劳动关系。这主要是由于双方当事人或一方当事人的法律意识淡薄造成的。保持事实上的劳动关系往往会给双方当事人的权益带来损害,尤其是劳动者的权益更容易受到侵害,因为事实上的劳动关系得不到法律的保护。为避免这种情况的出现,要对用人单位和劳动者加强合同法律意识的宣传和教育,敦促双方当事人在合同期限届满时,及时办理续订手续或终止合同。

(3) 双方当事人在办理续订手续时不合法或不完备。合同期限届满后,双方当事人若不终止合同,就要办理续订手续。在实践中,续订手续的办理经常会出现这样的情况:用人单位不与劳动者协商,不经劳动者签字,而是由他人代为办理。用人单位通过这种方式续订的合同不具有法律效力,对用人单位会祸害无穷。劳动者一方一旦不承认续订合同的有效性,或采取不辞而别的行为,用人单位的损失无从追究。因此,为避免此类事件的发生,双方当事人在续订劳动合同时,一定要按照有关规定,办理有关手续,以防任何一方的权益受到损害。

第三节 劳动安全与健康

员工的安全与健康的保障是组织在管理运作过程中极为重要的一环。因为员工的安全与健康的保障不仅利于企业的正常运作,也使业主和经营者避免可能的起诉,最重要的是能保障劳工的生命安全与身体健康。由于我国安全生产工作基础薄弱,技术装备差,职工技术素质不高,使一些安全生产的法律法规很难在工作中贯彻落实。特别是近年来伴随着中小企业的蓬勃发展,其安全生产方面的问题也更加突出。对企业而言,安全事故不仅造成正常的生产和运转的中断,同时,由于需要付出抚恤金、事故处理费等费用而增加企业的成本。因此,做好员工劳动安全与健康的工作意义重大。

一、劳动安全

员工的安全问题主要是指由于工作条件以及诸如违章操作、疲劳作业等人为因素对员工造成的伤害。

(一) 劳动安全问题的成因

许多人认为安全事故的发生往往是由于坏运气或老天爷的支配,事实上事故的发生主要是由于劳动中的不安全因素造成的。一般来说,劳动中的不安全因素可分为两类:不安全的条件因素和个体因素。

不安全的条件因素包括:机器设备设计或安装的不合理;损坏的机器设备;工作方法不当;防护设施差以及工作制度不合理或不完善等因素;由工作特性决定的工作环境的自然危险性,如矿山、地下、高空作业,场地拥挤,布局不合理等易发事故的环境。另外,某些职业或岗位本身的特点也是造成事故的一个客观因素。

从个体因素来看,劳动者的个体行为因素主要包括:劳动者科学文化知识和技术素质低;有生理缺陷,反应迟钝,应急能力低;对机器设备的操作不熟悉;劳动纪律松弛、违章违纪作业;缺乏安全意识,没有警惕性;注意力不集中,情绪不佳;由某种生理的原因导致的暂时性行为失调;生物钟现象和过度疲劳使劳动者处于抑制状态;责任心不强,工作马虎随便;蓄意肇事;个体企图省事省力而心存侥幸等等。个体行为因素往往是造成事故的更为重要的原因。

(二) 加强劳动安全管理的主要措施

1. 通过安全教育强化安全意识

应用现代化手段有针对性地进行生动具体、形式多样的安全教育。首先要将安全意识渗入到企业员工的头脑中。可以结合技能培训、生产管理、质量监督等进行有针对性的专业技术和防范能力的教育和培训,让员工真正了解事故的类型、场所、发生原因,清楚在实际工作中的不安全行为以及避免伤害的方法等,尤其是要以事故伤害案例进行正反面教育,晓之以理,明之以害,以增强安全意识,从而将安全教育融入企业日常生产和经营管理的过程之中。企业还可以通过各种宣传手段,例如在员工代表大会上宣讲安全防护政策、法规和安全标准等;组织以安全与健康为主题的讨论会、知识竞赛;发放宣传材料等对员工进行宣传教育,提高员工的安全意识,并潜移默化为一种自觉的行动。

2. 安全生产责任的认定

安全生产责任的认定是指以一定形式、一定手续促使各级领导认清自己在安全生产上的职责,制定自己履行职责的具体措施,落实"谁主管,谁负责"的原则。安全生产责任的认定使领导责任者有一定的压力,促使其提高安全意识,对安全工作的合理定位有积极作用。

3. 提高安全操作规程的科学性

很多现行的安全操作规程存在着参数极限不清、规范性差、动态适应性差的缺点,模糊了遵章与违章的界限。因此应该运用安全系统工程理论对安全操作规程进行不断修订,以提高其科学性、合理性和实用性。

4. 注重危险设备的更新与隐患的整改

要从思想上重视对新建、改建项目的审查工作,对于重大危险部位的改进和重大隐患的整改所需费用应有特殊政策。生产过程中的机械防护、电气防护等基本措施切不可忽视。

5. 在危险作业工人中推广应用生物周期

从研究危险作业工人的不安全行为和事故前的心理情绪调查结果看,研究人的情绪、体力、智力的周期变化,推广应用生物周期控制事故的发生是十分必要的。

6. 明确重大事故的安全管理重点

注意收集、交流重点危险行业设备状况,以季节变化、生产密度变化、职工思想活跃程度变化,不断提出或提醒重点行业、重点企业和重点工序防止事故的要求,动态地明确防止重大伤害的管理重点是必要的工作手段。

7. 制定事故责任者的处罚办法

为了提高事故的调查处理效果,切实把"三不放过"原则(即原因不查清不放过、广大群众不受教育不放过、责任人不受处理不放过)落到实处,制定事故责任者处罚办法,作为事故肇事者处分的依据,以避免和减少重复性事故发生概率。

二、劳动健康

工作过程中危害劳动者的不仅有生产的不安全因素,还有各种影响劳动者健康的因素。劳动健康问题主要是指由于工作场所存在的各种有害因素以及源于工作、家庭、社会等方面的压力而造成的对员工的伤害,劳动健康可以分为身体健康和心理健康两方面的内容。

(一) 身体健康

对人体造成不良影响的职业性有害因素种类很多,当有害因素作用不大时,人体的反应仍然能处于正常的生理变化范围之内。但当其强度过高或累积时间超过一定限度时,人体就可能出现一定的功能性或器质性病变,从而出现相应的临床征象,影响作业能力,甚至全部丧失劳动能力。这类疾病统称为职业性疾病或广义的职业病。

1. 身体健康问题的成因

(1) 与生产工艺、机器设备有关的因素。与生产工艺、机器设备有关的职业危害因素主要有化学性、物理性、生物性危害因素。化学性危害因素主要包括各类生产性毒物和粉尘,可能引起职业中毒和职业病。物理性危害因素包括作业环境温度过高或过低、电磁辐射、电离辐射、噪声、振动以及恶劣的气象条件,这些危害因素同样可能造成职业病。生物性危害因素主要指生产过程中那些使人致病的微生物和寄生虫。上述的因素一些是由于工作本身的特性决定的,一些与职业场所的环境设计有关。如:厂房过于狭小,工作地布局不合理等;防尘、防毒、防暑降温、防震等设备缺乏或不完善;安全防护设施不完善,或个别防护用具存在缺陷等;工作场所通风照明等不符合功效学的要求等等。不同的生产工艺过程需要不同的设备,要求不同的操作过程,形成不同的生产环境,并且可能存在某些职业性危害因素。随着技术的发展,这些危害因素也逐渐为人们所认识并被控制和减少,但另一方面,也有一些新的危害随之产生。

(2) 与员工本身有关的因素。与员工本身相关的职业危害因素主要有由于组织不合理、工作时间过长或作息制度不合理等使员工的大脑或个别器官过度紧张;劳动强度过大或劳动安排与人的生理状态不相适应;长时间处于某种不良体位,长时间使用不合理工具或重复某一单调工作等等。

上述种种危害因素,都可能对员工健康产生不良影响,其影响程度主要取决于危害因素的强度、人体与危害因素的接触时间和个体免疫力、环境差异等几个方面。有些危害因素强度不大,并不影响人的健康和劳动能力,但长期作用下,能引起身体的某些外表改变,即形成"职业特征",如皮肤色素沉淀、颈椎疾病、"鼠标手"等。有些因素还会降低人体免疫力,像经常在有空调的环境工作的人容易患感冒,纺织业的工人易患呼吸道疾病,矿工易患的胃病及十二指肠溃疡等等。

2. 解决员工身体健康问题的主要措施

(1) 加强安全防护措施。从条件角度看,主要采取的防护措施有两个层次。第一层次的防护主要是物质形式的保护措施,也就是通过安全防护用品在员工与有危害的工作场所之间设置一种"物质屏障"。这种方法固然防止了许多事故的发生,保障了员工的安全不受损害,但是有些防护用品在使用中会有许多消极作用,例如,手套、面罩、呼吸器和防护靴等防护用品会令使用者行动不便,可能会影响到生产的进行。这也是一些企业主不愿采取防护措施的原因。第二层次的防护主要是机械设备的防护。即对一些机器设备加装安全装备,与第一层次的防护相比,这种保护措施使得工作者比较灵活,但机器的操作上可能会产生影响效率的情况。

(2) 设计符合人类生理特点的工作环境。按照人体功效学的理论,人与工作环境是相互作用的。工作环境适合人类生理特点,就能够提高效率,同时更利于员工身心健康。以在计算机操作姿势为例,随着计算机的普及,越来越多的人需要整日面对着电子屏幕工作。除了电子辐射的危害以外,长期以同样的坐姿工作对人体健康也很不利,但科学的上机姿势则可以减少这些不利。从人体功效学的角度看,良好的姿势,应该是形态自然、方便作业且舒适省力,需要相应的桌椅设置的支持。形态是否自然,取决于人的生理特征;如果姿势自然却不便于作业,则应该考虑改进作业工具的设计;如果姿势自然而便于作业,却不够省力舒适,应该从支持人体姿势的桌椅设置上来考虑改进。换句话说,人的特性和作业的目标是既定的,作业工具和桌椅设置则是可变的,设计工程师需要在制造成本、技术水平等限制因素方面来优化这些可变的量,以使作业场所的设计能较好地适应人的特性,并有利于达到作业的目标。

此外,还可以通过工作环境的设计,保证员工健康、舒适、愉悦和高效地工作,如使工作场地保持正常的温度和湿度,保持良好的通风条件和照明条件,控制工作地的噪音,对有害的气体和工业风尘进行处理,增加非正式的交流场所,工作环境的色彩调节等。

(二) 心理健康

由于时代的变化和竞争的日益激烈,大多数人都非常在意自己的工作或者事业的发展机会,对一份好工作和高薪酬更是视如珍宝,不愿失去,于是就将生活中的大多数时间用于加班、学习充电、为工作而留连于交际场所,没有时间与家人共享美好时光和生活的乐趣,而是不断地承受着来自于工作、家庭、社会等方面的压力,从而产生一些心理疾病。

1. 压力的作用

适当的压力会使人情绪紧张,思想高度集中,思维能力亢进,反应速度加快,动作灵敏,记忆力好,员工的工作效率和学习效率会明显提高。如,许多员工在劳动竞赛的时候,就可能发挥超常水平,把工作干得更出色。有些员工在高额奖金的刺激下,会成倍地超额完成生产任务。因此,在从事某项重要工作的时候,应当使员工保持一定的压力。

压力有一定的积极作用,但它也有不容忽视的消极作用。如果压力过大,持续时间过长,就会产生一系列的消极作用。如压力过大,有时反而会使人的机体起到抑制作用,也就是说压力过大,有的时候反而动作更慢,力量更小,手脚发颤,技术、经验、知识、能力发挥不出来,这样使工作受到不必要的损失。而且持续的、高强度的压力对人体特别有害。如压力会使人的血压增高,形成高血压,或引起人体的内分泌失调,还会促使血栓的形成等。我们应该在适当的场合制造一定的压力,但是不能过多、过久地制造压力,这样会对员工产生不良影响。

2. 解决员工心理健康问题的主要措施

(1) 适当设置目标。目标太高往往挫折较大,目标太低又使人没有奋斗的动力,因此员工应该确立适当的目标,使自己通过努力可以达到这个目标,以减少挫折感和压力。

(2)培养抗压能力。一件事对个体造成的压力有多大,是由每个人的抗压能力所决定的,因此应该培养员工的抗压能力。

(3)培养业余爱好。当一个人遇到压力时,如果他有生动有趣、丰富多彩的业余爱好,这有利于可以转移自己的兴奋点,缓解精神压力,保护身心健康,使自己的心理活动趋于平衡,这样压力就比较容易消除。

(4)宣泄。人的压力有的时候就像气球里的气压,气压过高气球会爆炸,压力过强员工可能会生病。宣泄就像是在气球上扎一个小洞,让气球内的气压慢慢降低,宣泄应该在不妨碍他人的条件下进行。

(5)咨询。咨询就是向亲朋好友、心理专家或其他专家诉说自己心中的不满,征求对方的意见。

第四节 劳动争议处理

一、劳动争议处理的原则

 劳动争议

有广义和狭义之分。狭义的劳动争议指因执行劳动法或履行劳动合同、集体合同的规定而引起的争议。广义的劳动争议不仅包括因执行劳动法或履行劳动合同、集体合同的规定而引起的争议还包括因制定或变更劳动条件而产生的争议。

劳动争议处理的原则是劳动争议处理机构在处理劳动争议时必须遵循的基本原则,即劳动争议的调解程序、仲裁程序都要遵循。它主要包括以下几个方面。

(一)着重调解、及时处理的原则

劳动争议的调解贯穿于劳动争议处理的各个程序,用人单位劳动

争议处理工作的全过程都属于调解,其他处理程序也都必须坚持先行调解,调解不成时才能进行裁决或判决。及时处理强调各道处理程序的时间限制:受理、调解、仲裁、判决、结案都应在法律、法规规定的时限内完成,以保护当事人的合法权益,防止矛盾激化。

(二) 合法性原则

劳动争议处理机构处理劳动争议的所有活动和决定都要以事实为依据,以法律为准绳。

阅读资料 9-2

《劳动争议调解仲裁法》

本法是一部专门处理劳动争议的程序法,由全国人大常委会于 2007 年 12 月 29 日公布,自 2008 年 5 月 1 日起施行。《劳动争议调解仲裁法》针对劳动争议处理实践中存在的突出问题做了许多制度上的修订和完善,对劳动争议的及时妥善解决具有直接的意义。《劳动争议调解仲裁法》扩大了适用范围,优化了处理程序,强化了调解程序,完善了仲裁程序,加强了司法救济,延长了仲裁申请时效,缩短了处理时限。

资料来源:编者整理。

(三) 公平性原则

劳动争议处理机构在处理劳动争议时必须保证争议双方当事人处于平等的法律地位,具有平等的法律义务,不得偏袒任何一方。

二、解决劳动争议的途径和方法

劳动争议是劳动关系双方发生矛盾、冲突的表现,争议的有效解决则是使劳动关系双方由矛盾、冲突达到统一、和谐。根据我国劳动法的有关规定,当发生劳动争议时,争议双方应协商解决;不愿意协商或协商不成,当事人可以申请用人单位劳动争议调解委员会调解;调解不成或不愿意调解,当事人申请劳动争议仲裁机构仲裁;当事人一方或双方不服仲裁裁定,则申诉到人民法院,由人民法院审理并做出最终判决。因此解决劳动争议常用的方法有:通过劳动争议调解委员会进行调解;通过劳动争议仲裁委员会进行裁决;通过人民法院处理劳动争议等形式。

(一)通过劳动争议调解委员会进行调解

调解委员会调解劳动争议是在其主持下,查明事实,分清责任,通过说服教育、劝导协商的方法,促使劳动争议当事人在互谅互让的基础上达成协议,从而化解争议。

1. 劳动争议调解委员会

劳动争议调解委员会是负责调解本用人单位内部劳动争议的群众性组织。调解委员会由职工代表、用人单位行政代表和用人单位工会委员会代表组成。职工代表由职工代表大会(或职工大会)推举产生;用人单位代表由厂长(经理)指定;用人单位工会委员会代表由用人单位工会委员会指定。

2. 劳动争议调解的内容

用人单位劳动争议调解委员会依法调解用人单位与员工之间发生的下列劳动争议。

(1)因开除、除名、辞退员工和员工辞职、自动离职发生的争议。

(2)因执行国家有关工资、社会保险、福利、培训、劳动保护的规定发生的争议。

(3)因履行劳动合同发生的争议。

(4)法律、法规规定应当调解的其他劳动争议。

3. 劳动争议调解委员会的职责

(1)开展劳动法律法规、用人单位内部劳动管理规则的宣传教育工作,预防劳动争议的发生。建立必要的工作制度,进行调解登记、档案管理和分析统计工作。

(2)按照法律规定的原则和程序处理本单位的劳动争议,回访、检查当事人执行调解协议的情况,督促当事人履行调解协议。

(3)调解委员会调解劳动争议应当遵循当事人双方自愿原则,经调解达成协议的,制作调解协议书;双方当事人应当自觉履行;调解不成的,当事人在规定的期限内,可以向劳动争议仲裁委员会申请仲裁。

4. 劳动争议调解委员会调解程序

当事人应当在知道或应当知道其权利被侵害之日起 30 日内,以口头或书面形式向调解委员会提出,并填写《劳动争议调解申请书》。调解委员会接到当事人的申请后,在申请被受理前,及时了解情况,组织双方协商解决。如果当事人通过协商不能解决,或者不愿意协商解决,可以申请调解。调解委员会应在 4 日内做出受理或不受理申请的决定,对不受理的,应向申请人说明理由。调解的步骤为:

(1) 对争议事项展开细致调查,了解事实真相。

(2) 由调解委员会主任主持召开调解会议,对于简单的劳动争议,可以由调解委员会指定 1—2 名调解委员进行调解。

(3) 调解委员会依据查明的事实,在分清是非的基础上,依照有关的法律、法规,以及依照法律、法规制定的用人单位规章制度和劳动合同,公正地提出调解建议,征求双方当事人的意见,促使双方自愿达成调解协议。

(4) 调解达成协议的,制作调解协议书;调解不成的,也应做好记录,并在调解意见书上说明情况。调解委员会调解劳动争议,应当自劳动争议双方当事人申请调解之日起 30 日内结束,到期未结束的,视为调解不成。

(二) 通过劳动争议仲裁委员会进行仲裁

劳动争议仲裁是指劳动争议仲裁机关根据劳动争议当事人的申请依照法定的程序,按照劳动法律法规,对劳动争议做出裁决,从而使争议得到处理的一种方式。

1. 劳动争议仲裁委员会

劳动争议仲裁机关是按照有关劳动争议处理的法律规定而设立的、采用调解和仲裁方式处理劳动争议的机关,一般是指是各县、市、市辖区设立的劳动争议仲裁委员会。仲裁委员会是国家授权,依法独立处理劳动争议案件的专门机构,仲裁委员会的代表由劳动行政主管部门、工会以及用人单位的三方组织选派,委员的确认或更换须报同级人民政府批准。仲裁委员会组成人员必须是单数,主任由劳动行政主管部门的负责人担任;劳动行政主管部门的劳动争议处理机构为仲裁委员会的办事机构,负责办理仲裁委员会的日常事务;仲裁委员会实行少数服从多数原则。

2. 劳动争议仲裁的内容

劳动争议仲裁委员会仲裁以下发生在用人单位和职工之间的劳动争议。

(1) 因开除、除名、辞退员工和员工辞职、自动离职发生的争议。

(3) 因执行国家有关工资、社会保险、福利、培训、劳动保护的规定发生的争议。

(3) 因履行劳动合同发生的争议。

(4) 因认定无效劳动合同、特定条件下订立劳动合同、用人单位裁减人员、经济补偿和赔偿发生的劳动争议。

(5) 法律、法规规定应当调解的其他劳动争议。

3. 劳动争议仲裁程序

劳动争议仲裁程序是指劳动争议仲裁法律为仲裁机关、仲裁人员、劳动争议当事人规定的处理劳动争议的步骤,劳动争议的仲裁程序按下列步骤进行。

(1) 劳动争议案件的申诉。与该劳动争议有直接利害关系的一方应当自劳动争议发生之日起 60 日内向所在的县、市、市辖区劳动争议仲裁委员会提出书面申请,申诉人应当向仲裁机关确定与谁发生了劳动争议,即在提出的申诉中指明权利侵害人。发生劳动争议的用人单位与劳动者不在同一仲裁委员会管辖地区的,由劳动者当事人工资关系所在地仲裁委员会处理。

(2) 受理。仲裁委员会应当自收到申诉书之日起 7 日内做出受理或者不予受理的决定。仲裁委员会决定受理的,应当自做出决定之日起 7 日内将申诉书的副本送达被诉人。并组成仲裁庭;决定不予受理的,应当说明理由。

(3) 仲裁准备。被诉人应当自收到申诉书副本之日起 15 日之内提交答辩书和有关证据。被诉人没有按时提交或者不提交答辩书的,不影响案件的审理。仲裁庭应当于开庭的4日前,将开庭时间、地点的书面通知送达当事人。

(4)开庭裁决。当事人接到书面通知,无正当理由拒不到庭的,或者未经仲裁庭同意中途退庭的,对申诉人按照撤诉处理,对被诉人可以作缺席判决。仲裁庭处理劳动争议应当先行调解,在查明事实的基础上促使当事人双方自愿达成协议。协议的内容不得违反法律、法规。经调解达成协议的,由仲裁庭制作仲裁调解书,作为当事人履行的依据。仲裁决定须在7日内完成,当事人对仲裁决定不服的,自收到裁决书之日起15日内,可以向人民法院起诉;期满不起诉的,裁决书即发生法律效力。

(5)结案。仲裁庭处理劳动争议,应从组成仲裁庭之日起60日内结案。案情复杂需要延期的,报仲裁委员会批准后可以适当延长,但最长延期不得超过30日。

(三)通过人民法院处理劳动争议

1. 人民法院处理劳动争议案件的范围

(1)争议事项范围。因履行和解除劳动合同发生的争议,因执行国家有关工资、保险、福利、培训、劳动保护的规定发生的争议,法律规定由人民法院处理的其他劳动争议。

(2)企业范围。包括国有企业、县(区)属以上城镇集体所有制企业、乡镇企业、私营企业、"三资"企业。

(3)职工范围。与上述企业形成劳动关系的劳动者;经劳动行政机关批准录用并已签订劳动合同的临时工、季节工、农民工;依据有关法律、法规的规定,可以参照本法处理的其他职工。

2. 人民法院受理劳动争议案件的条件

(1)劳动关系当事人间的劳动争议,必须先经过劳动争议仲裁委员会仲裁。

(2)必须是在接到仲裁决定书之日起15日内向人民法院起诉的,超过15日,人民法院不予受理。

(3)属于受诉人民法院管辖。

小案例 9-4

文学硕士掉入"文字迷宫"

2016年,江苏师范大学文学硕士纪元在江苏省徐州市事业单位公开招聘中报考了市城市房屋征收办公室,这是市城乡建设局下辖的一家事业单位。在通过资格审查、笔试、面试均第一,纪元以为这次铁定要被录用了。

没想到,就在录用结果公示前两个小时,她突然接到城乡建设局人教处的通知——因专业不符,她的录用资格被徐州市人社局取消。

纪元的研究生专业是"比较文学与世界文学",徐州市招聘专业要求中列的专业是"中国语言文学"。她的母校及用人单位都相信,按照国务院学位办的划分,"中国语言文学"是一级学科,"比较文学与世界文学"专业属于该学科下的8个二级学科之一。

但徐州市人社局认为,纪元的专业属于"中国语言文学类",不是"中国语言文学","差一个字都不行"。纪元报考的岗位要求"硕士研究生及以上"学历,可研究生专业中并无"中国语言文学"。她说,中国找不出一个硕士研究生,毕业证书上专业那栏写着"中国语言文学"。

电话抗议、局长信箱、行政复议、司法诉讼,纪元的申诉绕了一圈又一圈。报考专业设定中这个错误的指示牌,将她带入一个维权迷宫中。

然而,尚未有部门愿意对此负责。

资料来源:中国青年报,2017年6月21日。

请思考:

谈谈你对这件事的看法。

本章小结

　　劳动关系的概念有广义和狭义之分,狭义的劳动关系是指依据国家劳动法律法规,规定和确认当事人双方(劳动者和用人单位)的权利和义务的一种劳动法律关系。劳动关系的内容是指主体双方依法享有的权利和承担的义务。改善劳动关系的途径主要有:立法;建立企业内部的职工权利保障体系;培训和教育;提高职工的工作和生活质量等。

　　劳动合同是指劳动者与用人单位确立劳动关系、明确双方权利和义务的协议。劳动合同的内容包括劳动合同期限;工作内容;劳动保护和劳动条件;劳动报酬;劳动纪律;劳动合同终止的条件;违反劳动合同的责任;而且法律对劳动合同的订立、变更、终止和解除作了规定。

　　员工的安全问题主要是指由于工作条件以及诸如违章操作、疲劳作业等人为因素对员工造成的伤害。劳动中的不安全因素可分为两类:不安全的条件因素和个体因素。通过安全教育、安全生产责任认定、提高安全操作规程的科学性、注重危险设备的更新与隐患的整改等措施加强劳动安全管理。劳动健康问题主要是指由于工作场所存在的各种有害因素以及源于工作、家庭、社会等方面的压力而造成的对员工的伤害,劳动健康可以分为身体健康和心理健康两方面的内容。

　　劳动争议亦有广义和狭义之分。狭义的劳动争议指因执行劳动法或履行劳动合同、集体合同的规定而引起的争议。广义的劳动争议不仅包括因执行劳动法或履行劳动合同、集体合同的规定而引起的争议,还包括因制定或变更劳动条件而产生的争议。劳动争议处理应本着着重调解、及时处理;合法和公平的原则。当发生劳动争议时,争议双方应协商解决;不愿意协商或协商不成,当事人可以申请用人单位劳动争议调解委员会调解;调解不成或不愿意调解的当事人可以申请劳动争议仲裁机构仲裁;当事人一方或双方不服仲裁裁定则可申诉到人民法院,由人民法院审理并做出最终判决。

案例分析

常德沃尔玛关店引劳资冲突

2014年,沃尔玛常德分店在超市入口处张贴《停业公告》,称该店将于3月19日停业,并张贴《员工安置通知》称,据《劳动法》,将对员工支付"N+1"倍月薪的补偿(N为工作年限),同时,员工可选择沃尔玛其他卖场的同级别岗位。但是,该安置方案遭店工会为代表的员工抵制。分店工会方面认为,沃尔玛常德分店的关闭致使100多名员工失业,属于经济性裁员,并且店方关于职工安置的方案没有征求工会意见并与工会协商,因此属于违法解除劳动关系,要求资方支付原拟定补偿标准两倍的赔偿。而沃尔玛方面则认为,此次关店不属"经济性裁员",不能接受工会提出的经济赔偿诉求。之后,当地政府搭建沟通平台,但未取得实质性的成果。

与此同时,从3月5日起,沃尔玛店大部分员工即被停止工作,公司调派外店员工进店盘点、搬运超市相关资产。此举遭到常德分店员工阻止。员工阻止的理由为,沃尔玛自称闭店是"提前解散",但《公司法》规定公司提前解散必须封存财产予以清算,公司转移资产属于违法行为应该制止。两个多月来,劳资双方一直处于相持态势。与此同时,店工会曾两次向资方书面提出集体协商邀约书,但没有获得资方回应。截至3月28日,135名员工中有44名接受资方方案。该日,资方宣布拒绝安置方案的员工的劳动合同被终止,并将"N+1"的补偿金打入员工工资卡。

在这种情况下,沃尔玛员工和工会向常德市劳动争议仲裁院提起了两份劳动仲裁申请:一份是黄兴国等为代表的69名员工集体劳动争议仲裁申请书,诉求主要为,沃尔玛以"提前解散"为由终止员工劳动合同违法,应当依照《劳动合同法》第四十七条规定的经济补偿标准的两倍向劳动者支付赔偿金。另一份是店工会为申请人的关于履行集体合同争议的仲裁申请书,诉求内容为沃尔玛的安置通知无效,以及店方应承担违反集体合同的违约责任等。

曾参与《劳动合同法》起草的常凯认为,一个案件由员工集体和基层工会同时提起劳动争议申请,这在我国劳动争议处理中还是第一次。经劳动仲裁机构研究,两份仲裁申请均被受理。

5月21日,常德市仲裁院主持庭审前调解。劳方当事人及代理律师全部出席,资方只有代理律师到场。结果由于资方律师表示如何调解需向公司汇报,致使调解无效,进入仲裁开庭审理。

资料来源:根据凤凰网资料改编。

请思考:

1. 你认为沃尔玛店方终止劳动关系是否有法律依据?终止劳动合同是否违反法律程序?
2. 你认为店工会具有提起争议的主体资格吗?
3. 劳动合同内容以作为集体合同履行争议的内容吗?

实践运用

实践项目:调查劳动纠纷实例

实践目的:调查一起劳动纠纷实例(最好是未决案例),通过分析导致纠纷原因,深刻理解劳动合同签订注意事项,避免劳动纠纷发生。

实践组织:(1)将班级学生分组,每组6—8人,调查劳动纠纷涉及的某一主体,既可以是企业方,也可以是员工方(不必同时调查)。(2)针对引致纠纷的问题,分析可能涉及的劳动合同条款或法律规定。(3)分析导致纠纷的原因或者因素。(4)在调查报告中提出解决办法或建议,待与实际结果比对。

实践考评:每组提交调查报告,老师予以评分(调查报告中的措施建议与有关主管部门处理一致的,可给予优良以上成绩;不一致的可视具体分析情况给予成绩)。

参 考 文 献

[1] 曹亚克,王博,白晓鸽.最新人力资源规划、招聘及测评实务[M].中国纺织出版社,2004.

[2] 陈剑.人力资源管理[M].清华大学出版社,2017.

[3] 杜映梅,Bessie.职业生涯规划[M].对外经济贸易大学出版社,2005.

[4] 樊丽丽.员工情绪管理[M].中国经济出版社,2004.

[5] 郭京生,张立兴,潘立.人员培训实务手册[M].机械工业出版社,2002.

[6] 贺小刚,刘丽君.人力资源管理[M].上海财经大学出版社,2015.

[7] 李健.人力资源管理:理论·案例·实训[M].清华大学出版社,2017.

[8] 李中斌,扬成国,陈银法.人力资源开发与管理通论[M].经济管理出版社,2003.

[9] 廖泉文.人力资源管理[M].高等教育出版社,2003.

[10] 廖泉文.招聘与录用[M].中国人民大学出版社,2002.

[11] 刘善仕.卓越人力资源实践[M].清华大学出版社,2004.

[12] 刘昕.薪酬管理[M].中国人民大学出版社,2002.

[13] 马新建.人力资源管理与开发[M].石油工业出版社,2003.

[14] [美]拉斯洛·博克.重新定义团队:谷歌如何工作[M].中信出版集团,2015.

[15] 彭剑锋.人力资源管理概论[M].复旦大学出版社,2003.

[16] 彭良平. 人力资源管理[M]. 清华大学出版社,2016.

[17] 钱振波. 人力资源管理:理论·政策·实践[M]. 清华大学出版社,2004.

[18] 尚娟. 人力资源管理[M]. 西安电子科技大学出版社,2014.

[19] 石金涛. 现代人力资源开发与管理[M]. 上海交通大学出版社,1999.

[20] 孙海法. 现代企业人力资源管理[M]. 中山大学出版社,2002.

[21] 王宝华,王宝石. 人力资源管理[M]. 机械工业出版社,2004.

[22] 王玉. 企业战略管理[M]. 上海财经大学出版社,2005.

[23] 魏迎霞,李华. 人力资源管理[M]. 河南大学出版社,2017.

[24] 吴国存,李新建. 人力资源开发与管理概论[M]. 南开大学出版社,2001.

[25] 吴志明. 员工招聘与选拔实务手册[M]. 机械工业出版社,2002.

[26] 武欣. 绩效管理实务手册[M]. 机械工业出版社,2001.

[27] 肖琳. 人力资源管理概论[M]. 东北财经大学出版,2016.

[28] [英]迈克尔·阿姆斯特朗. 战略化人力资源方法[M]. 张晓萍等译. 华夏出版社,2004.

[29] 余桂兰,魏海燕. 人力资源管理[M]. 清华大学出版社,2004.

[30] 余凯成,程文文,陈维政. 人力资源管理[M]. 大连理工大学出版社,2001.

[31] 张文贤. 人力资源总监:人力资源管理创新[M]. 复旦大学出版社,2005.

[32] 张震. 人力资源管理[M]. 东南大学出版社,2004.

[33] 赵曙明. 人力资源战略与规划[M]. 中国人民大学出版社,2002.

[34] 郑强国,吴青梅. 人力资源管理[M]. 清华大学出版社,2016.

[35] 郑晓明,吴志明. 工作分析实务手册[M]. 机械工业出版社,2002.

[36] 郑晓明. 现代企业人力资源管理导论[M]. 机械工业出版社,2002.

[37] 周文霞. 职业生涯管理[M]. 复旦大学出版社,2004.

图书在版编目(CIP)数据

人力资源管理教程/袁蔚等主编. —2 版. —上海：复旦大学出版社，2018.8(2023.7 重印)
ISBN 978-7-309-13868-9

Ⅰ.①人... Ⅱ.①袁... Ⅲ.①人力资源管理-高等学校-教材 Ⅳ.①F243

中国版本图书馆 CIP 数据核字(2018)第 196063 号

人力资源管理教程(第二版)
袁 蔚 杨加陆 方青云 孙 慧 主编
责任编辑/谢同君

复旦大学出版社有限公司出版发行
上海市国权路 579 号 邮编：200433
网址：fupnet@ fudanpress.com http://www.fudanpress.com
门市零售：86-21-65102580 团体订购：86-21-65104505
出版部电话：86-21-65642845
盐城市大丰区科星印刷有限责任公司

开本 787×960 1/16 印张 22.25 字数 304 千
2023 年 7 月第 2 版第 9 次印刷

ISBN 978-7-309-13868-9/F·2490
定价：52.00 元

如有印装质量问题,请向复旦大学出版社有限公司出版部调换。
版权所有 侵权必究